# Geschichte Schottlands

**HERGESTELLT VON SKRIUWER**

**Copyright © 2024 beim Skriuwer.**

Alle Rechte vorbehalten. Kein Teil dieses Buches darf ohne schriftliche Genehmigung in irgendeiner Form verwendet oder reproduziert werden, außer im Fall kurzer Zitate in kritischen Artikeln oder Rezensionen.

Bei **Skriuwer** sind wir mehr als nur ein Team – wir sind eine globale Gemeinschaft von Menschen, die Bücher lieben. Auf Friesisch bedeutet „Skriuwer" „Schriftsteller", und das ist der Kern dessen, was wir tun: Bücher zu erstellen und mit Lesern auf der ganzen Welt zu teilen. Wo auch immer Sie sich auf der Welt befinden, **Skriuwer** ist hier, um zum Lernen zu inspirieren.

**Friesisch** ist eine der ältesten Sprachen Europas, eng verwandt mit Englisch und Niederländisch, und wird von etwa **500.000 Menschen** in der Provinz **Friesland** (Fryslân) im Norden der Niederlande gesprochen. Friesisch ist die zweite Amtssprache der Niederlande, aber wie viele Minderheitensprachen steht auch Friesisch vor der Herausforderung, in einer modernen, globalisierten Wet zu überleben.

Wir verwenden das Geld, das wir erhalten haben, um die friesische Sprache zu fördern.

Für weitere Informationen wenden Sie sich bitte an: **kontakt@skriuwer.com** (www.skriuwer.com)

**Haftungsausschluss:**

Die Bilder in diesem Buch sind kreative Neuinterpretationen historischer Szenen. Obwohl wir uns größte Mühe gegeben haben, die Essenz der dargestellten Epochen präzise einzufangen, können einige Abbildungen künstlerische Verschönerungen oder Annäherungen enthalten. Sie sollen die Atmosphäre und den Zeitgeist der Zeit einfangen und nicht als präzise historische Aufzeichnungen dienen.

# INHALTSVERZEICHNIS

## KAPITEL 1: DIE FRÜHZEIT UND ERSTE BESIEDLUNG

- Erste Jäger- und Sammlergruppen im Steinzeitalter
- Übergang zu Ackerbau und Viehzucht
- Entstehung früher Siedlungen und Megalithanlagen

## KAPITEL 2: KELTISCHE STÄMME, PIKTEN UND SKOTEN

- Eisenzeitliche Kulturen und die Rolle der Pikten
- Einwanderung der Skoten und ihre Vermischung mit einheimischen Völkern
- Frühe Konflikte und Verbindungen zwischen den Stämmen

## KAPITEL 3: RÖMISCHE EINFLÜSSE UND GRENZKONFLIKTE

- Vorstöße der Römer nach Nordbritannien und Grenzsicherung
- Hadrianswall und Antoninuswall als römische Befestigungen
- Lokaler Widerstand und wirtschaftliche Kontakte

## KAPITEL 4: CHRISTIANISIERUNG & MISSIONSBEWEGUNGEN

- Frühe Missionare wie Ninian und Columba
- Keltische Kirche und Einfluss auf Bildung und Glaube
- Klöster als Zentren der Gelehrsamkeit und Religion

## KAPITEL 5: WIKINGERÜBERFÄLLE UND NEUE MACHTVERHÄLTNISSE

- Wikingereinfall in Küstenregionen und Inseln
- Plünderungen, Siedlungen und kultureller Austausch
- Umstrukturierung von Herrschaft und Allianzen

## KAPITEL 6: DAS ENTSTEHENDE KÖNIGREICH ALBA

- Kenneth MacAlpin und die Vereinigung von Pikten und Skoten
- Innenpolitische Festigung und Widerstände
- Grundlagen für späteres Königtum und Verwaltung

## KAPITEL 7: DIE DUNKELD-DYNASTIE UND INTERNE MACHTKÄMPFE

- Fortsetzung der Königsfolge nach Kenneth MacAlpin
- Rivalitäten zwischen Clans und Thronanwärtern
- Erste Ansätze einer königlichen Verwaltung

## KAPITEL 8: NORMANNISCHER EINFLUSS UND GESELLSCHAFTLICHER WANDEL

- Ankunft normannischer Ritter und Feudalstrukturen
- Burgenbau, Lehenswesen und soziale Veränderungen
- Konflikte mit altem Adel und Anpassung an neue Sitten

## KAPITEL 9: DIE SCHOTTISCHEN UNABHÄNGIGKEITSKRIEGE – ERSTER TEIL

- Aussterben der schottischen Königsfamilie und Thronstreit
- Edward I. von England und die englische Besetzung
- William Wallace und der frühe Widerstand

## KAPITEL 10: ROBERT THE BRUCE UND BANNOCKBURN – ZWEITER TEIL DER UNABHÄNGIGKEITSKRIEGE

- Robert the Bruce als Nachfolger Wallaces
- Schlacht von Bannockburn und Festigung der schottischen Unabhängigkeit
- Dauerhafte Anerkennung des schottischen Königtums

## KAPITEL 11: DIE STEWARTS UND IHR AUFSTIEG

- Ende der Bruce-Nachkommen und Beginn der Stewart-Dynastie
- Kultur, Clankonflikte und internationale Beziehungen
- Schottlands Kriege und wechselnde Bündnisse in Europa

---

## KAPITEL 12: REFORMATION UND RELIGIÖSE SPANNUNGEN

- John Knox und die presbyterianische Lehre
- Konflikt zwischen Katholiken (Maria Stuart) und Protestanten
- Durchsetzung der Calvinistischen Kirche und politische Folgen

---

## KAPITEL 13: JAKOB I. UND DIE VEREINIGUNG DER KRONEN

- James VI. von Schottland wird James I. von England
- Wirkung der Personalunion auf Schottlands Politik
- Konflikte mit dem presbyterianischen Kirchenwesen

---

## KAPITEL 14: BÜRGERKRIEGE & DIE HERRSCHAFT CROMWELLS

- Charles I. und die Schottischen Bischofskriege
- Covenanters, englisches Parlament und Bürgerkrieg
- Cromwells Protektorat und seine Folgen für Schottland

---

## KAPITEL 15: RESTAURATION & DIE GLORIOUS REVOLUTION

- Rückkehr der Stuart-Monarchie unter Charles II.
- Unterdrückung der Covenanter und „Killing Times"
- Entmachtung Jakobs II. und die Glorious Revolution von 1688/89

---

## KAPITEL 16: DIE UNION VON 1707

- Hintergründe: Scheitern des Darien-Projekts und englischer Druck
- Inhalte des Unionsvertrags und das „Equivalent"
- Auflösung des schottischen Parlaments und Folgen für Wirtschaft und Politik

## KAPITEL 17: DIE JAKOBITISCHEN AUFSTÄNDE

- Versuche der Stuarts (1715, 1719, 1745) und Rückeroberung des Throns
- Bonnie Prince Charlie und die Schlacht von Culloden
- Niederschlagung, Repressionen und Ende der altgälischen Strukturen

---

## KAPITEL 18: AUFKLÄRUNG & WIRTSCHAFTLICHER WANDEL

- Schottische Aufklärung mit Denkern wie Hume, Smith und Reid
- Frühe Industrialisierung, städtisches Wachstum in Glasgow und Edinburgh
- Agrarrevolution, Highland Clearances und Veränderungen in der Gesellschaft

---

## KAPITEL 19: ROMANTIK, LITERATUR UND DAS AUFKEIMENDE NATIONALGEFÜHL

- Robert Burns, James Macpherson und Sir Walter Scott
- Mythische Verklärung der Highlands und Kulturblüte
- Verstärkung des schottischen Selbstbewusstseins innerhalb Großbritanniens

---

## KAPITEL 20: ABSCHLIESSENDE ENTWICKLUNGEN BIS ZUM FRÜHEN 19. JAHRHUNDERT

- Anfänge der Industrialisierung, wachsende Städte und Kolonialbeteiligung
- Fortschreitende Integration Schottlands im britischen Staat
- Fortbestehende kulturelle Eigenart und Grundlinien für die weitere Geschichte

# KAPITEL 1: DIE FRÜHZEIT UND ERSTE BESIEDLUNG

## Geografische und klimatische Voraussetzungen

Die Landschaft, die wir heute als Schottland bezeichnen, ist geformt von einer rauen Natur. Wenn wir an Schottland denken, tauchen schnell Bilder von hohen Bergen, tiefen Tälern und zerklüfteten Küsten auf. Doch bevor Menschen diese Region besiedelten, waren die Bedingungen oft unwirtlich. Durch mehrere Eiszeiten hindurch lagerten sich große Gletscher über dem Land. Diese Eismassen formten Täler, Fjorde und Hügel und hinterließen große Mengen an Gesteinsmaterial, sobald das Klima wärmer wurde.

Allmählich zogen sich die Gletscher zurück, und das heutige Schottland wurde langsam bewohnbar. Frühe Menschen lebten zu dieser Zeit meist nomadisch und folgten Herden wilder Tiere. In einer Phase, in der das Klima etwas milder war, begannen sie, sich auch nördlicheren Gebieten zuzuwenden. Schottland blieb jedoch im Vergleich zu südlicher gelegenen Regionen Europas immer kühler und feuchter. Die Ausläufer des Nordatlantiks und die dortigen Wetterströmungen beeinflussten früh das Leben der Menschen.

In dieser Epoche gab es noch keine festen Pfade, keine Dörfer, keine Städte. Die Menschen lebten in Kleingruppen, oft Familienverbände, die ständig auf der Suche nach Nahrung waren. Entlang der Küsten waren Meerestiere, Fische und Pflanzen wichtige

Nahrungsquellen, im Landesinneren lebten Rotwild und andere Tiere, die als Jagdbeute dienten.

Diese Witterungs- und Nahrungsbedingungen stellten die Grundlagen dafür, wie sich die ersten Bewohner Schottlands organisierten. Der Übergang von ständig umherziehenden Jägern und Sammlern zu sesshafteren Gemeinschaften war ein langsamer Prozess. Doch bevor man überhaupt von Sesshaftigkeit sprechen kann, muss man die frühesten Lebensspuren dieser Menschen verstehen.

## Die ältesten archäologischen Funde

Archäologen, die in Schottland arbeiten, haben Werkzeuge, Knochen und Feuerstellen entdeckt, die auf eine Besiedlung in der Mittelsteinzeit (Mesolithikum) hinweisen. Manche Funde lassen darauf schließen, dass sich bereits vor rund 10.000 Jahren kleine Gruppen hier aufhielten. Dabei handelt es sich hauptsächlich um Artefakte wie Feuersteinklingen, die zur Jagd oder zum Schneiden von Tierfellen genutzt wurden.

Feuerstein selbst findet man in einigen Regionen Schottlands nicht in großen Mengen, was bedeutet, dass er entweder über weite Strecken gehandelt oder transportiert werden musste. Das zeigt, dass selbst in diesen frühen Zeiten ein Netz von Verbindungen zwischen verschiedenen Gebieten existierte. Gruppen, die weiter südlich lebten, tauschten möglicherweise Werkzeuge gegen Ressourcen aus Schottland.

Neben Werkzeugen gibt es auch Spuren von primitiven Unterkünften. Man hat etwa Überreste von Pfostenlöchern gefunden, die auf einfache Hütten hinweisen. Solche Bauten boten Schutz vor Wind und Wetter. Besonders in den küstennahen Gebieten finden sich häufig Muschelhaufen, sogenannte „Middens", die darauf hindeuten, dass Schalen- und Krustentiere eine bedeutende Nahrungsquelle waren.

Jene Menschen waren gut an ihr Umfeld angepasst. Fischfang in Flüssen und an der Küste, Jagd in den Wäldern und das Sammeln von Beeren und Nüssen standen im Mittelpunkt des Überlebens. Man war abhängig von den natürlichen Rhythmen und von saisonalen Wanderbewegungen. In vielen Fällen legten diese Gruppen weite Strecken zurück, um den besten Nahrungsquellen zu folgen.

## Der Übergang zur Sesshaftigkeit

Mit Beginn der Jungsteinzeit (Neolithikum) setzte ein Wandel ein, der sich nicht nur in Schottland, sondern in großen Teilen Europas vollzog: Menschen begannen Ackerbau und Viehzucht zu betreiben. Dieser Prozess erfolgte allmählich. Ob er durch Zuwanderung von Gruppen, die bereits Ackerbau kannten, oder durch eigenen Innovationsgeist entstand, ist in der Forschung bis heute nicht endgültig geklärt. Wahrscheinlich kam es zu einer Mischung aus beidem.

In Schottland war Ackerbau eine Herausforderung. Das raue Klima und die vergleichsweise kurze Vegetationsperiode machten es schwierig, Getreide in großen Mengen anzubauen. Dennoch legten Menschen Felder an, rodeten Wälder und hielten erste Haustiere wie Rinder und Schafe. Diese Umstellung ermöglichte ein zuverlässigeres Nahrungsangebot, bedeutete aber auch mehr Arbeit und neue Anforderungen an Gemeinschaftsstrukturen.

Gleichzeitig entstanden dauerhafte Siedlungen. Die Menschen errichteten einfache Steinhäuser oder Holzbauten und blieben länger an einem Ort. Diese Sesshaftigkeit veränderte das soziale Gefüge. Man entwickelte Vorratshaltung und musste Gemeinschaften organisieren, die Feldarbeit und Viehbetreuung koordinierten.

Dieser Prozess brachte kulturelle Neuerungen mit sich. Es entstanden Töpfereien, in denen Gefäße zur Lagerung hergestellt wurden. Außerdem entwickelten die Menschen neue Werkzeuge: Steine wurden glatter geschliffen, was feinere Klingen und Äxte ermöglichte. Für das damalige Leben bedeutete das eine große Verbesserung der Effizienz in Haushalt, Ackerbau und Handwerk.

## Megalithkultur und religiöse Vorstellungen

Wenn man an die Jungsteinzeit in Schottland denkt, kommen einem schnell die imposanten Steinmonumente in den Sinn. Diese Megalithanlagen umfassen Steinkreise, Dolmen und Grabhügel. Sie sind beeindruckende Zeugnisse einer komplexen Gesellschaft, die über große Ressourcen und einen gewissen Überschuss verfügte, um solch aufwendige Bauwerke zu errichten.

Besonders in Regionen wie Orkney und den Hebriden findet man gut erhaltene Zeugnisse. Skara Brae auf Orkney ist eines der bekanntesten Beispiele für eine steinzeitliche Siedlung. Dort lebten Menschen in kleinen Häusern aus Stein, die miteinander durch Gänge verbunden waren. Dieses Bild einer eng verbundenen Gemeinschaft spricht für eine bereits fortgeschrittene Gesellschaftsstruktur.

Die Steinkreise und Hügelgräber weisen außerdem auf religiöse oder rituelle Praktiken hin. Man weiß nicht genau, welche Götter oder übernatürlichen Kräfte verehrt wurden, doch die Ausrichtung einiger Bauwerke nach astronomischen Begebenheiten – etwa Sonnenwenden oder Tagundnachtgleichen – lässt auf eine intensive Beschäftigung mit dem Verlauf der Gestirne schließen.

Neben religiösen Riten war die Bestattungskultur wichtig. Die Beisetzung in Gemeinschaftsgräbern unter Megalithhügeln legt nahe, dass Ahnenverehrung eine Rolle spielte. Man glaubte wohl an eine enge Verbindung zwischen Lebenden und Toten. Solche Gemeinschaftsgräber verdeutlichen, dass soziale Bindungen und gemeinsame Traditionen zentrale Elemente des neolithischen Lebens waren.

## Der Einfluss äußerer Kontakte

Schon in prähistorischen Zeiten war Schottland nicht völlig isoliert. Es gibt Hinweise darauf, dass es Handelskontakte oder zumindest Austauschbeziehungen mit anderen Teilen der Britischen Inseln und sogar mit dem europäischen Festland gab. Zum Beispiel stammen bestimmte Steinsorten oder dekorative Gegenstände nicht aus lokalen Vorkommen, sondern mussten eingeführt werden.

Schottland verfügte über einige begehrte Rohstoffe, wie etwa hochwertigen Stein für Werkzeugherstellung oder Felsmaterial, das sich besonders für Grabschmuck eignete. Diese Ressourcen könnten den Anreiz für Handel geboten haben. Zugleich brachten Händler oder Reisende neue Ideen mit, beispielsweise Techniken zur Töpferei oder Neuerungen im Ackerbau.

Im Laufe der Zeit entwickelten sich wichtige Küstenrouten, da die Seefahrt im Vergleich zur Überlandreise oft schneller und einfacher war. Allerdings blieben weite Teile des Landes im Inneren noch lange schwer erreichbar, was zu einer gewissen kulturellen Vielfalt führte. Unterschiedliche Stämme und Gemeinschaften entwickelten jeweils eigene Lebensweisen, was sich in ihrer Bauweise, Bestattungskultur und Werkzeugherstellung abzeichnet.

## Bronzezeit

Der nächste große Entwicklungsschritt war das Aufkommen der Bronzezeit. Metallurgie, insbesondere die Fähigkeit, Kupfer und später Bronze herzustellen, veränderte das Leben in Schottland. Diese Neuerung erreichte die Region wahrscheinlich sowohl über den Seeweg als auch über Handelsrouten vom europäischen Festland.

Bronze besteht aus Kupfer und Zinn, was den Vorteil hatte, härter und haltbarer zu sein als Stein. Werkzeuge wie Äxte, Messer und Speerspitzen wurden robuster und konnten präziser eingesetzt werden. Diese neuen Werkzeuge beschleunigten Rodungen, verbesserten die Jagd und erleichterten das Bearbeiten von Holz. Auch in rituellen Zusammenhängen spielten Metallgegenstände eine Rolle, etwa bei Opfergaben oder Grabbeigaben.

Die Gesellschaften, die diesen Wandel durchliefen, werden in der Archäologie oft durch ihre typischen Grab- und Keramikformen charakterisiert. Es entstanden Hügelgräber mit einzelnen Bestattungen, sogenannte Tumulus-Gräber, bei denen einzelne Personen, oft Anführer oder wichtige Persönlichkeiten, aufwändig beigesetzt wurden. Dies deutet auf eine stärkere Hierarchisierung hin: Einzelpersonen hatten offenbar einen gehobenen Status.

Mit der Zeit gelangte Schottland auch an Zinn, vermutlich aus dem Südwesten Englands oder über Handelsverbindungen mit Kontinentaleuropa. Dieser Rohstoff war essenziell, um Bronze herzustellen. Die Verbreitung von Bronzegegenständen sagt viel über soziale Netzwerke und Machtstrukturen aus. Offensichtlich reichte der Einfluss einzelner Eliten soweit, Handelswege abzusichern und die Produktion von Bronze zu kontrollieren.

## Siedlungsformen und soziale Strukturen in der Bronzezeit

Während in der Jungsteinzeit Gemeinschaftsbestattungen dominierten, kamen in der Bronzezeit vermehrt Einzelbestattungen in größeren Grabhügeln auf. Grabbeigaben – zum Beispiel kunstvoll gearbeitete Dolche, Schmuck oder Werkzeuge – unterstreichen den Status des Verstorbenen. Auch Goldschmiedearbeiten sind aus der späten Bronzezeit bekannt, was auf spezialisierte Handwerker schließen lässt.

Parallel dazu entstanden neue Siedlungsformen. Oft lebten die Menschen in runden Hütten, die aus Holz, Lehm und Stroh errichtet wurden. Man legte diese Rundhäuser in kleinen Gruppen an. In einigen Fällen deuten Wälle oder Palisaden auf eine Befestigung hin, besonders in Regionen, in denen Konkurrenz um Ressourcen bestand.

Es ist möglich, dass sich schon in dieser Epoche eine Art frühe Stammesführung herausbildete. Anführer konnten durch ihr Geschick im Handel, im Umgang mit Metall und in kriegerischen Auseinandersetzungen an Einfluss gewinnen. Der Besitz von Bronzeklingen oder goldenen Schmuckstücken verlieh ihnen Prestige.

Trotzdem waren die meisten Gemeinschaften weiter stark von der Landwirtschaft abhängig. Viehzucht, Feldbau und Handwerk stellten die Grundlage des täglichen Lebens dar. Überregionale Kontakte begünstigten kulturellen Austausch, führten aber auch zu Konkurrenz. Es kam vor, dass Gruppen um Weideflächen oder Rohstoffquellen stritten.

## Übergang zur Eisenzeit

Die Eisenzeit markiert erneut eine wichtige Umwälzung. Eisen, anders als Kupfer oder Zinn, fand man in Schottland häufig in Form von Eisenerz. Die Verarbeitung verlangte hohe Temperaturen und spezielle Schmelztechniken, doch sobald die Menschen diese Metallurgie beherrschten, hatten sie Zugang zu einem relativ leicht verfügbaren Rohstoff.

Eisenwerkzeuge waren stabiler und konnten einfacher produziert werden als Bronzegegenstände. Das führte zu einem weiteren Wachstum der Landwirtschaft, denn Eisenpflugscharen oder -hacke erleichterten das Bestellen der Felder erheblich. Auch in der Kriegsführung veränderte sich einiges: Schwerter, Lanzenspitzen und Pfeilspitzen aus Eisen waren tödlicher und effizienter.

In Schottland bedeutete die Eisenzeit zudem, dass Gemeinschaften nun stärker befestigte Siedlungen anlegten. „Hillforts", also befestigte Anhöhen, dienten als Rückzugsorte und Machtzentren. Diese Hügelbefestigungen variieren in Größe und Bauweise, doch sie zeugen von einer zunehmend defensiven Denkweise. Konflikte zwischen den Gemeinschaften mögen zugenommen haben, oder man wollte sich zumindest für den Ernstfall wappnen.

Zugleich blieb der Handel wichtig. Händler brachten weiterhin fertige Metallwaren oder Rohstoffe in und aus dem Land. Auch Ideen über Kunst, Religion und Gesellschaft breiteten sich auf diese Weise aus. Mit der Eisenzeit legte man also einen weiteren Grundstein für spätere kulturelle Entwicklungen.

## Die Rolle von Kunst und Symbolik

In allen vorgeschichtlichen Epochen Schottlands spielte Kunst eine gewisse Rolle, sei es in Form von Felsritzungen, Keramikdekor oder in der Verzierung von Waffen und Schmuck. Schon in der Jungsteinzeit sind spiralförmige Symbole auf Felsen erhalten. In der Bronze- und Eisenzeit wurden geometrische Muster, Tierdarstellungen oder abstrakte Ornamente beliebt.

Solche Verzierungen dienten vermutlich nicht nur ästhetischen Zwecken, sondern hatten auch symbolische Bedeutung. Sie könnten Stämme oder Clans repräsentiert haben oder von religiösen Vorstellungen zeugen. Die Art, wie Waffen geschmückt waren, lässt auf den Status ihres Besitzers schließen. In Gräbern der Oberschicht fanden sich oft kunstvoll gearbeitete Gegenstände, während einfache Bauern oder Handwerker nur wenige oder gar keine Grabbeigaben hatten.

Zugleich entwickelten sich regionale Stile, was auf kulturelle Unterschiede in den verschiedenen Landesteilen hinweist. Die Highlands, die Lowlands und die Inseln verfeinerten zum Teil eigene Motive und Handwerkstraditionen. Dies spiegelt die natürliche Zersplitterung des Landes wider: Berge, Täler und Gewässer erschwerten die einheitliche Entwicklung, förderten aber einen Reichtum an kultureller Vielfalt.

## Veränderungen durch Klimaschwankungen

Schon in vorgeschichtlicher Zeit hatte der Klimawandel Auswirkungen auf Schottland. Zwar verliefen diese Veränderungen langsamer als moderne Klimaschwankungen, doch sie waren dennoch bedeutsam. Es gab Phasen, in denen das Klima vergleichsweise mild und trocken war, was den Ackerbau begünstigte. In anderen Perioden wurde es kälter und feuchter, was zu Ernterückgängen führte.

Besonders in den Highlands mit ihren kargen Böden konnten härtere Winter oder anhaltender Regen die Nahrungsproduktion einschränken. Das führte manchmal zu Wanderungsbewegungen in fruchtbarere Regionen, beispielsweise in tiefer gelegene Täler oder Küstengebiete.

Die Sorge um Nahrungssicherheit könnte auch dazu geführt haben, dass Gemeinschaften ihre Siedlungen befestigten. Konkurrenz und Auseinandersetzungen um fruchtbares Land oder Viehweiden können in kälteren, feuchteren Phasen häufiger vorgekommen sein. Dennoch ist darüber wenig eindeutig belegt, denn schriftliche Quellen fehlen. Wir können nur aus archäologischen Zeugnissen und späteren mündlichen Überlieferungen schließen, wie intensiv diese Konflikte gewesen sein mögen.

Während manche Gemeinschaften den Widrigkeiten trotzten, gaben andere Standorte auf. So entstanden Gebiete mit Siedlungsdichte neben fast unbewohnten Regionen. Diese Unterschiede prägten Schottland schon früh und wirkten sich darauf aus, wie politische und kulturelle Strukturen später geformt wurden.

## Die Entwicklung von Gemeinschaften & frühen Hierarchien

Die archäologischen Funde weisen darauf hin, dass Schottlands prähistorische Bevölkerung keine einheitliche, zentral gesteuerte Kultur bildete. Vielmehr gab es zahlreiche lokale Gruppen mit jeweils eigenen Traditionen. Um den Handel, die Landwirtschaft und die Verteidigung zu organisieren, mussten sie sich jedoch zunehmend abstimmen und Führungsrollen verteilen.

In vielen Gebieten scheint es kleine Häuptlingsschaften gegeben zu haben. Ein Häuptling konnte durch Mut in der Schlacht, durch geschickten Handel oder durch religiöse Autorität Einfluss gewinnen. Häufig dürfte das Ansehen einer Person zudem vom Besitz seltener Gegenstände wie Metallwaffen oder Goldschmuck abhängen.

Die Frage, ob sich bereits in dieser Zeit staatenähnliche Strukturen entwickelten, ist schwierig zu beantworten. Man geht heute davon aus, dass politische Organisationen noch relativ dezentral waren. Man lebte in Clans oder Sippenverbänden, die zeitweise Bündnisse schlossen, um sich gegen feindliche Gruppen zu verteidigen.

Diese frühen Hierarchien bildeten den Ausgangspunkt für die späteren Stammeskulturen, aus denen sich unter anderem die Pikten und andere Gruppen entwickelten. So war bereits in der Frühzeit eine gewisse Verfestigung sozialer Strukturen zu erkennen, wenn auch nur in regionalen Maßstäben.

## Die Bedeutung von Ritualen und Festen

Rituale waren ein fester Bestandteil prähistorischer Gesellschaften. Der Jahreskreislauf mit den Sonnenwenden und Tagundnachtgleichen war bedeutsam. Man vermutet, dass diese Ereignisse in den Megalithanlagen oder an anderen kultischen Plätzen gefeiert wurden.

In der Bronze- und Eisenzeit traten Opferfunde auf: Tierknochen, Waffen oder sogar menschliche Überreste in Mooren oder Gewässern. Solche Niederlegungen könnten Teil von Fruchtbarkeitsritualen oder Schutzbeschwörungen gewesen sein. Möglicherweise sollten die Opfer die Götter gnädig stimmen, damit Ernten gelingen oder das Vieh gesund blieb.

Auch gemeinschaftliche Feste spielten eine Rolle, um den Zusammenhalt zu stärken. Bei solchen Anlässen trafen sich verschiedene Gruppen, tauschten Neuigkeiten aus und handelten. Sie boten Gelegenheit, Streitigkeiten beizulegen oder Bündnisse zu erneuern.

Die Weitergabe von Traditionen erfolgte mündlich. Älteste, Druiden oder spirituelle Führer waren die Hüter dieser Überlieferungen. Schottland hatte in dieser frühen Zeit noch keine Schriftkultur, sodass Mythen, Gesänge und Erzählungen mündlich von Generation zu Generation weitergegeben wurden.

## Handel und Austausch in den Küstenregionen

Ein Großteil des überregionalen Austauschs fand entlang der Küste oder über Flüsse statt. Mit Einbäumen oder einfachen Booten konnten weite Strecken zurückgelegt werden, ohne dass man sich durch die dichten Wälder und Berge des Landesinneren kämpfen musste.

Die Westküste mit ihren vielen Inseln und Fjorden bildete eine Art natürliches Netzwerk. Dort wurden Waren wie Salz, Fische, Tiere und Werkzeuge gehandelt. Auch kulturelle Einflüsse reisten diesen Routen entlang. So gelangten fremde Keramikstile oder neue Architekturideen nach Schottland.

Wer die Seefahrt gut beherrschte, hatte einen Vorteil im Kampf um knappe Ressourcen und Prestige. Vermutlich gab es Gemeinschaften, die auf Boote spezialisiert waren und als Vermittler zwischen verschiedenen Regionen dienten. Einige dieser maritimen Handelswege wurden später von den keltischen Gruppen fortgeführt, die von Westen her einwanderten.

Insgesamt begünstigten Küsten- und Flusssysteme die Verbreitung von Innovationen. Zwar war das Leben in den Highlands weiterhin entbehrungsreich, doch an den Küsten konnten sich bereits in der Frühzeit stabile Gemeinschaften entwickeln, die auch komplexere gesellschaftliche Strukturen bildeten.

## Archäologische Rätsel und Wissenslücken

So faszinierend die Überreste aus Frühzeit und Stein-, Bronze- sowie Eisenzeit auch sind, bleiben doch viele Fragen offen. Vieles von dem, was wir heute über diese Epochen sagen, beruht auf wissenschaftlichen Deutungen. Felsritzungen, Keramikfragmente und Grabbeigaben geben Hinweise, doch sie sprechen nicht immer eine eindeutige Sprache.

Es kann sein, dass manche Rituale oder Gebräuche in einer Region wichtig waren, während sie anderswo keine Rolle spielten. Vielleicht haben einzelne Gemeinschaften besondere Techniken entwickelt, die dann verlorengingen. Die schriftlose Kultur hinterlässt Archäologen reichlich Spielraum für unterschiedliche Theorien.

Fest steht allerdings, dass diese Epochen die Grundlagen für alles schufen, was später in Schottland an politischen und kulturellen Entwicklungen entstehen sollte. Die Beharrlichkeit, die Anpassung an das raue Klima und der starke Gemeinschaftsgeist legen den Grundstein für die Charakteristika, die man bis in die spätere Geschichte hinein findet.

Gerade das Fehlen klarer schriftlicher Zeugnisse macht diese Zeit zugleich spannend und herausfordernd. Es bleiben immer wieder neue Grabungen, die neue Fragen aufwerfen oder alte Annahmen widerlegen.

## Gesellschaftliche Wandlungen in der späten Eisenzeit

Gegen Ende der Eisenzeit wurden einige Gemeinschaften größer, es entstanden Ansätze von Stammeskönigtümern. Auch die Errichtung von befestigten Siedlungen auf Hügeln häufte sich. Hinter diesen Hillforts könnte der Wunsch gestanden haben, Reichtümer oder wichtige Personen zu schützen.

Gleichzeitig erkennen wir eine verstärkte Gliederung der Gesellschaft. Einige Menschen genossen offenbar Privilegien und konnten sich von der täglichen Feldarbeit freikaufen, um sich politischen oder religiösen Aufgaben zu widmen. Es entsteht das Bild einer Schicht von Kriegern oder Adeligen und einer breiten Schicht von Bauern und Handwerkern.

Handwerkliche Spezialisierung nimmt zu, wenn man an die Schmiedekunst denkt. Ein guter Schmied war in der Eisenzeit unverzichtbar. Er konnte Waffen reparieren oder herstellen, Werkzeuge anfertigen und vielleicht sogar künstlerische Arbeiten liefern. Solche Handwerker hatten einen angesehenen Status und zogen eventuell weiter, um überall dort Arbeit zu finden, wo ihre Dienste gebraucht wurden.

Diese Verdichtung sozialer Strukturen bereitete den Boden für spätere politische Formierungen. Erste Stammesgebiete mit eigenen Symbolen und Traditionen bildeten sich heraus. Diese Stammesgesellschaften sollten später mit äußeren Einflüssen – etwa den Römern und verschiedenen keltischen Gruppen – in Kontakt und Konflikt geraten.

## Frühzeitliche Beziehungen zum europäischen Festland

Obwohl Schottland geografisch am Rande Europas liegt, gab es in der Spätbronze- und Eisenzeit vielfältige Berührungspunkte mit dem Kontinent. Die Handelsrouten übers Meer führten nicht nur nach Irland oder Südengland, sondern auch nach Gallien (dem heutigen Frankreich) und in weitere Regionen.

Manche Archäologen sprechen davon, dass technologische Impulse wie fortgeschrittene Schmiedekunst oder künstlerische Stile (etwa im keltischen Kunsthandwerk) auch über diese Routen nach Schottland gelangten. Zudem brachten Seefahrer womöglich Berichte von großen Reichen oder Stammesverbänden jenseits des Meeres.

Parallel könnten Sagen und Mythen von Schottland auf dem Kontinent kursiert sein. Es ist aber ungewiss, wie sehr fremde Völker dieses Land im hohen Norden wahrnahmen. Sicher ist nur, dass, wer die Seefahrt beherrschte, in Schottland zu einer Elite zählen konnte. Denn Handel über lange Strecken verlangte Mut, Geschick und ein Händchen für diplomatische Beziehungen.

Die Kontakte zum Festland machten sich auch bei Grabfunden bemerkbar. Fremdartige Münzen oder Schmuckstücke tauchen in schottischen Kontexten auf, was bedeutet, dass zumindest vereinzelt Wertsymbole einer fremden Währung oder fremder Kulturen bekannt waren.

## Erste Berührungen mit dem Begriff „Kulturraum Schottland"

Die Menschen in der Frühzeit dachten natürlich nicht in nationalstaatlichen Kategorien wie heute. Dennoch lässt sich rückblickend ein Gebiet definieren, das weitgehend dem heutigen Schottland entspricht. Hier teilten die Einwohner einige gemeinsame Merkmale, bedingt durch Klima, Geografie und wirtschaftliche Gegebenheiten.

Die sprachliche Vielfalt war zu diesem Zeitpunkt vermutlich noch groß, und man unterschied sich stark in lokalen Dialekten oder Sprachen. Dennoch verband die Gemeinschaften eines: das Leben im rauen Norden und die daraus resultierenden Herausforderungen.

Erst in späteren Epochen sollte man beginnen, schriftlich festzuhalten, was diese Region und ihre Bewohner ausmachte. Die Grundlage dafür legten jedoch jene Menschen, die in Stein- und Bronzehäusern lebten, Hillforts errichteten und über das Meer Handel trieben. Sie waren die, die Schottland den ersten menschlichen Stempel aufdrückten.

## Das Ende der Vorgeschichte und der Blick auf kommende Einflüsse

In der späten Eisenzeit zeichnen sich größere Veränderungen am Horizont ab. Die römische Expansionspolitik sollte bald dafür sorgen, dass Schottland – oder zumindest Teile davon – in den Fokus einer hoch organisierten Macht geriet. Doch bevor dies geschah, hatte sich hier eine eigenständige, komplexe Gesellschaft entwickelt, mit religiösen Bräuchen, sozialer Gliederung und wirtschaftlichem Austausch.

Diese Frühzeit war geprägt von ständigen Anpassungen an die natürlichen Bedingungen und von einer allmählichen Verbesserung technischer Fähigkeiten. Sie ließ starke Gemeinschaften entstehen, die im Notfall auch verteidigen konnten, was sie besaßen.

Mit Blick auf die kommenden Kapitel kann man sagen, dass diese Epoche das Fundament für die spätere Geschichte Schottlands bildete. Viele Bräuche, die sich in den nächsten Jahrhunderten weiterentwickeln sollten, haben hier ihre Wurzeln. Auch die geografischen Trennlinien zwischen Highlands und Lowlands waren in Ansätzen schon erkennbar.

So endet die Zeit der Vorgeschichte in Schottland nicht abrupt, sondern geht allmählich in jene Phase über, in der römische Soldaten und ihre Infrastruktur erste schriftliche Zeugnisse hinterlassen. Das wird im nächsten Kapitel genauer betrachtet.

## Zusammenfassung der kulturellen Errungenschaften

Die großen Fortschritte der Frühzeit bis zur Eisenzeit lassen sich in mehreren Punkten zusammenfassen:

1. **Werkzeugentwicklung**: Von einfachen Steinklingen über fein geschliffene Steinbeile bis hin zu Bronze- und schließlich Eisenwerkzeugen – jede Stufe brachte effizientere Mittel, um das karge Land zu bewirtschaften und sich zu verteidigen.
2. **Siedlungswesen**: Von nomadischen Jägern und Sammlern über erste Dörfer mit einfachen Hütten bis hin zu befestigten Hillforts. Die steigende Komplexität spiegelt den sozialen Wandel wider.
3. **Religiöse und rituelle Bauwerke**: Megalithanlagen, Grabhügel und Steinkreise sind Ausdruck eines Glaubens an übernatürliche Mächte oder Ahnen. Der aufwendige Bau zeugt vom Willen, Gemeinschaftsprojekte durchzuführen.
4. **Handel und Austausch**: Küsten- und Flusssysteme erleichterten den Kontakt mit anderen Regionen. Waren und Ideen zirkulierten und formten ein vielfältiges Netzwerk.
5. **Soziale Differenzierung**: Mit dem Metallzeitalter entstanden neue Hierarchien. Einzelbestattungen in Hügelgräbern und wertvolle Grabbeigaben weisen auf Anführer oder Eliten hin.

# Ausblick

Mit diesem Wissen um die ältesten Spuren der Besiedlung und Entwicklung Schottlands ist der Boden bereitet für alle weiteren Kapitel. Wir haben die dynamische Frühzeit erkundet – eine Epoche voller Entbehrungen, aber auch voller Innovationen. Nun wird sich zeigen, wie diese frühen Kulturen auf die nächsten großen Herausforderungen reagieren: die Ankunft fremder Mächte, neue politische Strukturen und den Einfluss der Römer, der in Kapitel 3 eine zentrale Rolle spielen wird.

Hier endet das erste Kapitel unserer umfassenden Geschichte Schottlands. Wir haben einen Blick auf die Anfänge geworfen, die Menschen, ihre Werkzeuge, ihre Religion und ihre frühen Gesellschaftsformen. Im nächsten Kapitel widmen wir uns den keltischen Stämmen, den Pikten und den Skoten und sehen, wie sich diese Gruppen in Schottland etablierten und ihre eigenen Spuren hinterließen.

# KAPITEL 2: KELTISCHE STÄMME, PIKTEN UND SKOTEN

## Wer waren die Kelten?

Bevor wir uns auf Schottland konzentrieren, lohnt sich ein Blick auf den Begriff „keltisch". Unter „Kelten" versteht man verschiedene Volksgruppen, die sich in der Eisenzeit über weite Teile Europas ausbreiteten. Sie waren keine einheitliche Nation, sondern eine Ansammlung von Stämmen, die ähnliche Sprachelemente, Kunststile und kulturelle Bräuche teilten.

Es wird angenommen, dass keltische Gruppen über Jahrhunderte hinweg nach Großbritannien kamen. Ihre Kultur verbreitete sich vor allem in den westlichen und nördlichen Regionen. Kennzeichnend für die Kelten waren ihre kunstvollen Metallarbeiten, insbesondere verziert mit Schwungmustern und Tiermotiven. Ebenso ist ihre soziale Organisation erwähnenswert: Sie war stammesbasiert, häufig gegliedert in kriegerische Eliten, Druiden (religiöse Spezialisten) und Bauern.

Obwohl die Kelten in vielen Teilen Europas lebten, entwickelten die einzelnen Stämme jeweils regionale Besonderheiten. Die keltische Sprache in Schottland hatte also andere Ausprägungen als etwa in Gallien oder Irland. Gerade in den westlichen Landesteilen Schottlands wirkten Einflüsse aus Irland besonders stark, da die geographische Nähe Reisen und Austausch erleichterte.

Insgesamt lässt sich sagen, dass die keltische Kultur im nördlichen Britannien die bereits vorhandenen Gemeinschaften beeinflusste, sich mit diesen vermischte oder in Konflikt geriet. Dadurch entstand eine kulturelle Vielfalt, aus der schließlich unterschiedliche Gruppen hervorgingen, die wir in den Quellen meist als Pikten oder Skoten identifizieren.

## Wer waren die Pikten?

Die Pikten sind bis heute von einem gewissen Geheimnis umgeben. Die Römer nannten sie „Picti", was so viel heißt wie „die Bemalten" oder „die Tätowierten". Ob das darauf hindeutet, dass sie sich auf besondere Weise schmückten, ist nicht abschließend geklärt. Sie werden oft als eigenständige Volksgruppe betrachtet, die vor allem im Osten und Norden Schottlands ansässig war.

Vieles über die Pikten bleibt spekulativ, da sie selbst kaum schriftliche Quellen hinterließen. Wir kennen sie vor allem durch Berichte anderer, zum Beispiel der Römer, und durch piktische Symbolsteine. Diese Steine tragen geheimnisvolle Symbole: Tiere, geometrische Figuren und abstrakte Muster. Manche Forscher vermuten, dass sie Clanzeichen oder Hinweise auf Familienlinien sein könnten.

Zur Frage ihrer Herkunft gibt es verschiedene Theorien. Einige nehmen an, dass die Pikten Nachfahren der frühesten Eisenzeitbewohner waren, die später durch keltische Einflüsse verändert wurden. Andere vermuten eine Mischkultur aus älteren indigenen Gruppen und neu zugewanderten Kelten. Jedenfalls entwickelten die Pikten in der Spätantike eigene Königreiche und waren lange Zeit eine bestimmende Macht in Schottland.

Siedlungsreste der Pikten umfassen sowohl Befestigungen auf Hügeln als auch kleinere Siedlungen. Ihre Gesellschaft schien nach Stammeslinien organisiert zu sein. Frauen hatten wahrscheinlich in der Erbfolge eine bedeutende Rolle, weshalb man manchmal von einer matrilinearen Nachfolge ausgeht. Ob das zutrifft, ist in der Forschung umstritten, doch es ist klar, dass piktische Dynastien über mehrere Generationen hinweg regierten und später sogar das Fundament für das Königreich Alba bildeten.

## Wer waren die Skoten?

Die Bezeichnung „Skoten" führt manchmal zu Verwirrung, denn heute nennt man das gesamte Land „Scotland". Tatsächlich leitet sich „Scotland" von den Skoten ab, einem ursprünglich aus Irland kommenden Volk. In älteren Quellen bezeichnet man sie als „Scotti".

Diese Skoten siedelten zunächst im Gebiet Dalriada (Dal Riada oder Dál Riata), das sich über Teile der Westküste Schottlands und den Nordosten Irlands erstreckte. Sie sprachen eine frühe Form des Gälischen und brachten damit ihre Kultur und Sprache nach Schottland. Aus diesem Grund sind die heutigen gälischen Sprachen in Schottland mit dem Irischen eng verwandt.

Die Skoten gründeten eigene kleine Königreiche und führten zeitweilig Krieg gegen benachbarte Völker, darunter die Pikten. Ebenso kam es zu Bündnissen und Heiratsverbindungen. Auf diese Weise verschmolzen Einflüsse. Manche Gebiete wurden zweisprachig, andere hielten eher an piktischen Traditionen fest.

Über die Zeit gewannen die Skoten im westlichen Schottland an Macht. Ihr Königreich Dalriada entwickelte eine bemerkenswerte Seefahrtskompetenz, sodass es in der Lage war, Gebiete auf beiden Seiten des Irischen Meeres zu kontrollieren.

Der Prozess, durch den sich aus diesen Stämmen das spätere Schottland formte, war langwierig und von vielen Konflikten geprägt. Eine zentrale Gestalt, die später als „Schöpfer" eines gemeinsamen Königreiches betrachtet wurde, war der Skotenkönig Kenneth MacAlpin, der im 9. Jahrhundert die Pikten und Skoten vereint haben soll. Dies ist allerdings eine vereinfachte Darstellung der Historie, die erst in späteren Quellen ausführlicher erscheint.

## Keltische Einflüsse im täglichen Leben

Keltische Gemeinschaften, zu denen sowohl Vorläufer der Pikten als auch die Skoten gehörten, brachten eigene Kunststile und Handwerkstechniken nach Schottland. Dazu zählen fein gearbeitete Schmuckstücke, die in Gräbern und Schatzfunden auftauchen, sowie kunstvolle Metallarbeiten an Waffen und Gefäßen.

Im täglichen Leben spielte Viehhaltung eine große Rolle. Rinder, Schafe und Schweine waren die wichtigsten Nutztiere. Manche Stämme spezialisierten sich auf die Viehzucht, andere kombinierten Feldbau und Handwerk. Aus archäologischen Funden geht hervor, dass es eine ausgeprägte Tradition des Töpferhandwerks gab, wobei die Gefäße oft dekorative Muster trugen.

Die keltische Gesellschaft war in Clans strukturiert, wobei jeder Clan aus einer größeren Verwandtschaftsgruppe bestand. Loyalität war ein zentraler Wert, und Konflikte zwischen Clans konnten sich über Generationen hinziehen.

Darüber hinaus hatte die Religion eine hohe Bedeutung. Druiden wurden als religiöse Experten verehrt, die angeblich mit der Geisterwelt kommunizieren konnten. Ob es in Schottland tatsächlich eine institutionalisierte Druidenkaste wie bei den Galliern gab, bleibt ungeklärt. Sicher ist jedoch, dass keltische Bräuche Opferungen und Naturverehrung einschlossen. Quellen deuten auf Kultplätze in Wäldern oder an besonderen Naturorten hin, etwa heiligen Quellen oder markanten Felsen.

## Sprachliche Entwicklungen

Während der Eiszeitbewohner und der frühen Stein- und Bronzezeitkulturen keine Sprachen hinterlassen haben, die wir rekonstruieren könnten, kamen mit den keltischen Einwanderern verschiedene sprachliche Einflüsse. Das Gälische (oder Goidelische) entwickelte sich auf den Britischen Inseln in mehreren Dialekten.

Im heutigen Schottland blieb das Gälische vor allem in den westlichen Highlands und den Hebriden lebendig, was auf den Einfluss der Skoten aus Dalriada zurückgeht. Gleichzeitig spricht man in historischen Quellen auch von einer piktischen Sprache, über die sehr wenig bekannt ist. Einige Fachleute halten sie für eine Spielart des Brittonischen (verwandt mit dem Walisischen), andere sehen sie als eigenständige, heute ausgestorbene Sprache.

Wichtig ist hier die Erkenntnis, dass im frühen Schottland keine sprachliche Einheit herrschte. Das Land war eher ein Flickenteppich verschiedener Dialekte und Sprachen. Erst durch die allmähliche politische Vereinigung verschiedener Gruppen kam es zu einer Dominanz des Gälischen in einigen Regionen, während das Englische (oder Scots) später vor allem in den Lowlands Fuß fassen sollte – allerdings erst zu einer Zeit, die deutlich später liegt.

## Konflikte und Bündnisse zwischen Pikten und Skoten

Es ist verlockend, sich die Pikten und Skoten als zwei klar getrennte Lager vorzustellen, doch die historische Realität war komplexer. Es gab Zeiten intensiver Feindschaft und ebenso Phasen enger Zusammenarbeit.

Die Pikten hatten im Osten und Norden Schottlands ihre Machtzentren. Dort errichteten sie Königtümer, die in den Quellen teils verwirrend dargestellt werden, da sich Königslisten und Bezeichnungen oft überschneiden. Die Skoten hingegen stärkten von ihrem Kerngebiet Dalriada aus ihre Position in der Westküste.

Konflikte entstanden häufig um strategisch wichtige Gebiete, Vieh oder Tribute. Zu den wiederkehrenden Motiven in alten Chroniken und Annalen gehört, dass Könige aus Dalriada Feldzüge gegen die Pikten unternahmen und umgekehrt. Jeder Sieg eines Königs bedeutete eine Erweiterung des Einflussbereichs. Allerdings führten diese Eroberungen nicht zu einer dauerhaften Eingliederung, da andere Stammesführer sich weigerten, ihre Unabhängigkeit aufzugeben.

Trotz allem kam es zu politischen Ehen zwischen piktischen und skotischen Adelsfamilien, was in ruhigeren Zeiten die Beziehungen stabilisieren konnte. Diese Ehen waren ein Mittel, um Bündnisse zu festigen oder Fehden zu beenden.

Letztlich trägt das enge Miteinander von Pikten und Skoten stark dazu bei, dass die spätere Kultur Schottlands sowohl keltische als auch ältere Traditionen vereint. Man spricht oft von einer kulturellen Verschmelzung, in der sowohl piktische Symbole als auch gälische Sprache Elemente des entstehenden Königreiches bildeten.

## Die Rolle der Highlands und Lowlands

In dieser keltischen Phase war die geografische Trennung von Highlands und Lowlands bereits spürbar, auch wenn sie später noch ausgeprägter werden sollte. Die Highlands, mit ihrem schwierigen Terrain und weniger fruchtbaren Böden, boten Schutz, hatten aber wirtschaftliche Nachteile. Die Lowlands im Süden und Osten waren offener für Handel und Landwirtschaft, aber auch anfälliger für Invasionen.

Die Pikten hatten in den östlichen Lowlands einige ertragreiche Gebiete, während das westliche Hochland stärker von den Skoten dominiert war. Dennoch darf man sich das nicht zu strikt vorstellen: Es gab auch piktische Einflüsse in den Highlands und skotische Präsenz in tieferen Lagen.

Die Unwegsamkeit der Highlands machte militärische Feldzüge schwierig. Wer in den Highlands regieren wollte, musste Clans an sich binden, die sehr eigenständig waren. Dadurch erklärten sich manche Allianzen, bei denen sich kleine Stammesgruppen entweder den Pikten oder den Skoten anschlossen, je nachdem, was ihnen die bessere Zukunft versprach.

Diese Regionen waren kulturell bunt gemischt. Neben keltischen Siedlern wohnten dort Nachfahren älterer Populationen, die teils an ihren eigenen Bräuchen festhielten. Das Ergebnis war ein Mosaik aus Dialekten und Traditionen, das Schottland schon in dieser frühen Phase zum kulturell vielfältigen Ort machte.

## Die Christianisierung beginnt

Während die Christianisierung Schottlands im nächsten Kapitel (Kapitel 4) detailliert behandelt wird, ist es wichtig zu erwähnen, dass erste christliche Einflüsse bereits mit keltischen Mönchen aus Irland in Kontakt standen. Einige christliche Missionare kamen in die Gebiete der Skoten, die ja eine enge Verbindung zu Irland hatten.

Vor dieser Christianisierung gab es jedoch eine keltische Religion mit Naturgottheiten und einer ausgeprägten Druiden-Tradition (sofern sie in Schottland wirklich genauso ausgeprägt war wie in Irland oder Gallien). Fest steht, dass spätestens im 5. und 6. Jahrhundert erste Klostergründungen stattfanden, die das Leben in manchen Regionen zu verändern begannen.

Hier wird deutlich, dass die Skoten eine besondere Rolle bei der Verbreitung des Christentums spielten. Ihre Nähe zu Irland und ihre Kontakte über das Meer ermöglichten den Austausch von Mönchen und Glaubensideen. Die Pikten hingegen standen diesen Einflüssen anfangs vielleicht skeptischer gegenüber, integrierten sie aber allmählich.

Diese ersten Schritte der Christianisierung waren eng verbunden mit der keltischen Identität. Keltische Mönche legten Wert auf Askese und das zurückgezogene Klosterleben in eher abgelegenen Orten. So entstanden spirituelle Zentren, die später für das gesamte Land bedeutsam wurden.

## Kulturelle Vermischung und die Entstehung erster Königreiche

Ab dem 7. Jahrhundert lassen sich in den Quellen Hinweise auf verschiedene piktische Königreiche finden, wie etwa Fortriu (oder Verturiones), das im nördlichen Schottland eine führende Rolle spielte. Die Skoten hielten ihr Königreich Dalriada. Umgeben von anderen Gruppen wie den Britonen im Süden und teils von Wikingern, die später auftauchen sollten, waren Pikten und Skoten ständig gefordert, ihre Gebiete zu verteidigen oder zu erweitern.

Im Laufe der Jahrhunderte kam es zu Veränderungen in der Herrschaftsfolge. Piktische Herrscher heirateten in die Skoten-Dynastien ein und umgekehrt. Daraus resultierte eine neue Elite, die sich an bestimmten Orten konzentrierte. Diese Elite könnte den Grundstein für ein vereintes schottisches Königtum gelegt haben.

Die Christianisierung trug ihren Teil dazu bei, da Klöster und Kirchen über Stammesgrenzen hinweg vernetzt waren. Dort entstanden erste schriftliche Aufzeichnungen in gälischer Sprache oder in lateinischer Schrift, die uns heute bruchstückhaft Einblicke in die Politik jener Zeit bieten.

Wir wissen zum Beispiel, dass sich Könige wie Bridei (ein piktischer König im 6. Jahrhundert) oder Aedan mac Gabrain (König von Dalriada) in Auseinandersetzungen mit Nachbarvölkern hervortaten. Legendäre Schlachten wurden in Klosterannalen notiert. Auch wenn diese Aufzeichnungen meist knapp und teils einseitig sind, geben sie ein Bild von der Unruhe und Dynamik jener Zeit.

## Dalriada als Bindeglied zwischen Schottland und Irland

Dalriada, das Reich der Skoten an der Westküste, war geprägt von der Seefahrt. Die Nähe zur irischen Inselhälfte erlaubte nicht nur die Verbreitung der christlichen Mission, sondern auch regen kulturellen Austausch. Familien, Krieger und Mönche reisten hin und her.

Diese enge Verbindung wird oft in den alten Annalen erwähnt. Bei Erbstreitigkeiten zwischen Skoten-Clans zogen Unterstützer aus Irland über das Meer, um ihre Verwandten zu unterstützen. Dies konnte dazu führen, dass interne Konflikte in Dalriada eskalierten, wenn sich externe Verbündete einmischten.

Gleichzeitig profitierte Dalriada von den Handelserzeugnissen Irlands: Metalle, Lebensmittel und Handwerksprodukte reisten über den Seeweg. Die politische Macht Dalriadas schwankte jedoch. Mal kontrollierten Könige weite Gebiete, mal gingen sie in Kämpfen gegen die Pikten oder gegen interne Rivalen geschwächt hervor.

In späteren Jahrhunderten sollte das gälische Erbe der Skoten so stark in Schottland verankert sein, dass der Name „Scots" für das ganze Land übernommen wurde. Dieses Ereignis steht jedoch erst am Ende einer langen Reihe von Entwicklungen, über die wir in den nächsten Kapiteln mehr erfahren.

## Grenzregionen zu britischen Völkern

Schottland war nicht nur von Pikten und Skoten bewohnt. In den südlichen Gebieten, die wir heute zu den Lowlands zählen, gab es Gruppen, die mit den Britonen verwandt waren. Das Keltische, das hier gesprochen wurde, hatte Ähnlichkeit mit dem Walisischen. Diese

Britonen hatten eigene Königreiche, wie Strathclyde, das im Gebiet um das heutige Glasgow lag.

Der Austausch zwischen diesen britischen Stämmen und den Pikten oder Skoten war intensiv, manchmal friedlich, manchmal kriegerisch. Mitunter kämpfte ein piktischer König zusammen mit britischen Verbündeten gegen eine andere Allianz aus Skoten und Angelsachsen. Die Grenzen waren fließend, und diplomatische Manöver wechselten.

Der Begriff „Schottland" war zu jener Zeit nur ein loser geographischer Hinweis. Die Menschen sahen sich eher als Angehörige eines Stammes, als Diener eines Königs oder als Mitglieder eines Clans. Erst Jahrhunderte später wuchs eine einheitlichere Vorstellung von „Scotia" oder dem „Königreich der Schotten" heran.

## Gesellschaft und Adel bei Kelten, Pikten und Skoten

Die keltische Gesellschaft war oft hierarchisch strukturiert. An der Spitze stand ein König oder Häuptling, gefolgt von Kriegern, Adeligen und religiösen Spezialisten. Die Bauern und Handwerker bildeten die breite Basis. So oder ähnlich dürfte es auch bei den Pikten und Skoten gewesen sein.

Eine Besonderheit, die in einigen Quellen erwähnt wird, ist das piktische Erbrecht, das teils über die weibliche Linie verlief. Ob das für alle piktischen Stämme galt, ist ungewiss. Dennoch deuten manche Königslisten darauf hin, dass bei den Pikten der Schwester- oder Mutterschaft eine Rolle zukam, wenn es um die Thronfolge ging. Dies könnte erklären, warum es relativ häufig piktisch-skotische Mischherrscher gab, wenn eine piktische Prinzessin einen skotischen Prinzen heiratete oder umgekehrt.

Anhand archäologischer Befunde sieht man, dass der Adel kostbare Gewänder, Fibeln (Broschen) und Waffen besaß. Silber- und Goldschmuck sowie aufwendig verzierte Schwerter oder Schilde waren Statussymbole. Die Masse der Bevölkerung trug einfachere Kleidung aus Wolle oder Leinen und lebte in bescheidenen Rundhütten oder einfachen Steingebäuden.

## Rolle der Krieger und Heldenfiguren

In den keltischen Erzähltraditionen sind Krieger und Heldenfiguren von großer Bedeutung. Geschichten von Tapferkeit im Kampf, von Loyalität und von Stolz auf die eigene Abstammung spielten bei Pikten und Skoten eine zentrale Rolle im kulturellen Selbstverständnis.

So gab es Heldenepen, die von großen Schlachten berichten. Diese Erzählungen wurden vermutlich mündlich weitergegeben. Sie dienten dazu, den Zusammenhalt innerhalb eines Clans zu stärken und den Ruhm vergangener Herrscher zu feiern.

Die Krieger genossen hohes Ansehen. Sie mussten ihren Mut in Schlachten beweisen, um ihren Status zu sichern. Dabei unterlagen sie strengen Ehrenkodizes, die Treue und Gastfreundschaft einschlossen. Gefangene konnten nach langen Kämpfen oft nicht auf Gnade hoffen, da Feindschaften manchmal tief verwurzelt waren.

Gleichzeitig gab es aber auch Raum für Verhandlungen. Erfolgreiche Herrscher mussten nicht nur gute Kämpfer sein, sondern auch diplomatisches Geschick besitzen, um ihre Macht auszudehnen. Denn ein Bündnis mit einem Nachbarstamm konnte auf lange Sicht ebenso wertvoll sein wie ein Sieg auf dem Schlachtfeld.

## Religiöse Einflüsse und der Wandel zum Christentum

Bevor das Christentum breit Fuß fasste, waren die religiösen Vorstellungen der Pikten und Skoten mit Naturgottheiten, Ahnenglauben und rituellen Opferpraktiken verknüpft. Doch die keltische Welt war stets offen für neue Kulte und Ideen.

Als christliche Missionare aus Irland oder später vom Kontinent kamen, trafen sie auf Gruppen, die durchaus bereit waren, neue Konzepte aufzunehmen, wenn diese ihre soziale Stellung verbesserten oder Schutz durch mächtige alliierte Kirchen boten. Die Christianisierung war kein einheitlicher, linearer Prozess. Manche Gebiete behielten heidnische Elemente länger bei.

Der Übergang zum Christentum brachte den Vorteil einer verschriftlichten Tradition. Klöster und Mönche protokollierten Ereignisse, führten Annalen und stellten Urkunden aus. So begann eine neue Phase, in der die Geschichte Schottlands – zumindest bruchstückhaft – in schriftlicher Form erfasst wurde.

Dieser Prozess der Christianisierung verband viele Teile des Landes miteinander, da die Klosterzentren, wie etwa Iona, zu spirituellen und zugleich politischen Brennpunkten wurden. Sie waren Treffpunkte für Adelige, die sich in den christlichen Netzwerken Unterstützung suchten. So hatte das Klosterwesen einen deutlichen Einfluss auf die sozialen und politischen Strukturen der Zeit.

## Spannungsfelder im Vorfeld römischer Annäherungen

Auch wenn die Römer bereits in den Süden Britanniens gekommen waren, hatten sie länger Schwierigkeiten, sich im heutigen Schottland dauerhaft festzusetzen. Doch die Furcht oder zumindest das Bewusstsein für die römische Macht dürfte bei Pikten und Skoten vorhanden gewesen sein.

Aus südlichen Quellen wissen wir, dass die Römer ihre nördliche Grenze durch Befestigungen wie den Hadrianswall absicherten, um sich gegen die „Barbaren" zu schützen. Das waren für sie in erster Linie keltische Stämme, zu denen auch die Pikten gehörten.

Vor diesem Hintergrund organisierten sich Pikten und Skoten teilweise, um gemeinsame Fronten gegen römische Vorstöße zu bilden. Nicht immer waren sie erfolgreich, doch der Widerstand formte ein frühes Bewusstsein für eine kulturelle Eigenständigkeit. Indirekt stärkte also die römische Bedrohung sogar den Zusammenhalt unter den nördlichen Stämmen.

Die tatsächliche Auseinandersetzung mit den Römern und deren kurzzeitige Eroberungen und Befestigungen wird jedoch Teil des nächsten Kapitels sein, wenn wir uns ausführlicher mit den römischen Einflüssen und den fortwährenden Grenzkämpfen beschäftigen.

## Kultureller Reichtum – Schmucksteine und Symbolik

Ein besonders auffälliges Zeugnis keltischer und piktischer Kunst sind die symbolverzierten Steine, die man überall in Nord- und Ostschottland findet. Während manche nur geometrische Muster tragen, zeigen andere Tiere wie Vögel, Fische, Wildtiere oder Fantasiewesen.

Manche dieser Symbole sind bis heute nicht entschlüsselt. Sie könnten Clansignets sein, Abstammungsmarker oder Götterdarstellungen. Einige Steine wurden nachträglich mit christlichen Kreuzen versehen, was auf eine synkretistische Vermischung alter und neuer Glaubensformen hindeutet.

Diese Steine standen oftmals an wichtigen Orten: an Grenzlinien zwischen Stammesgebieten oder an Versammlungsplätzen. Sie gaben den Menschen einen Orientierungspunkt. Für die Skoten sind ähnliche Steine bezeugt, doch die piktische Kunst sticht besonders hervor und hat der Nachwelt viele Rätsel hinterlassen.

Die handwerklichen Fähigkeiten, die man brauchte, um diese Steine zu meißeln, deuten auf spezialisierte Künstler hin. So entstand eine Art hochstehendes Kunsthandwerk, das deutlich über das rein Funktionale hinausging. Es veranschaulicht den kulturellen Reichtum und die spirituelle Tiefe dieser Gesellschaften.

## Wirtschaftliche Grundlagen

Die wirtschaftliche Basis der keltischen Stämme in Schottland stützte sich auf Landwirtschaft, Viehzucht und Handwerk. In den fruchtbaren Lowlands bauten die Menschen Getreide (wie Gerste oder Hafer) an. Im Hochland dominierte die Viehhaltung, besonders Rinder und Schafe.

Handelsbeziehungen unter den Stämmen führten zum Austausch von Nahrung, Pelzen, Metallen und gefertigten Produkten. Über regionale Märkte oder saisonale Treffen konnte man Waren tauschen und Neuigkeiten austauschen. So entstand eine gewisse Arbeitsteilung: Manche Regionen spezialisierten sich auf Metallverarbeitung, andere auf Töpferei oder Textilherstellung.

Reiche Adelsfamilien mochten über große Viehherden und Ländereien verfügen und dadurch ihre Stellung sichern. Gleichzeitig war die Gesellschaft in den Highlands oft weniger auf Ackerbau, sondern stärker auf wandernde Hirtenwirtschaft ausgerichtet. Das heißt, Clans konnten je nach Jahreszeit ihre Herden auf unterschiedliche Weideflächen führen.

Die Küsten spielten bei der Ernährung eine bedeutsame Rolle. Fisch und Meeresfrüchte waren eine wichtige Ergänzung zum Fleischkonsum. An den Flüssen war Lachsfang verbreitet, und die Küstenregionen boten Krabben, Muscheln und andere Meerestiere in Hülle und Fülle.

## Schrift und Überlieferung

Im Unterschied zu den Römern oder den Griechen entwickelten die Kelten keine umfassende Schriftkultur in Schottland. Ogham – ein Schriftsystem, das auf Kerben entlang einer Kante basiert – war zwar in Irland verbreitet und taucht in wenigen Inschriften auch in Schottland auf, blieb aber eher selten.

Die Pikten benutzten Symbole auf ihren Steinen, die wir bisher nicht eindeutig als Schrift erkennen können. Lateinische Schrift kam erst mit der Christianisierung und den Klostergründungen auf. Davor wurden Mythen, Gesetze und Geschichte mündlich tradiert. Barden, Dichter und Druiden spielten eine große Rolle, um das kollektive Gedächtnis der Stämme zu bewahren.

Der Vorteil mündlicher Überlieferung ist, dass sie flexibel an neue Gegebenheiten angepasst werden konnte. Der Nachteil besteht darin, dass wir heute nur noch wenig

Greifbares über die damalige Welt erfahren. Viele Geschichten und Heldenlieder gingen wohl verloren, als die politische Landschaft sich veränderte und neue Herrscher an die Macht kamen.

## Vorwegnahme kommender Entwicklungen

Durch die Ankunft der Römer, die Einflüsse anderer germanischer Völker und die allmähliche Festigung von Königreichen sollte sich in den kommenden Jahrhunderten das Bild Schottlands wandeln. Die Pikten und Skoten stellten die Urform einer keltischen Bevölkerung dar, die später in der mittelalterlichen Epoche zu neuen Identitäten verschmolz.

Aus diesem Kapitel nehmen wir mit, dass Schottland kein homogener Raum war, sondern ein Gebiet, in dem verschiedene Völker und Stämme lebten, teils in Konflikt, teils in Kooperation. Die Pikten stehen für eine alteingesessene Macht, die Skoten brachten Einflüsse von Irland mit, und beide prägen die kulturelle Landschaft.

Die Christianisierung war in ihren Anfängen, sollte aber bald enorme Bedeutung erlangen. Das Wissen darum erleichtert uns das Verständnis für die kommenden Kapitel, in denen wir sehen, wie römische Vorstöße die Machtgefüge verändern und wie aus den vielen Stämmen allmählich ein größeres Königreich heranreift.

# KAPITEL 3: RÖMISCHE EINFLÜSSE UND GRENZKONFLIKTE

## Der Hintergrund römischer Expansion in Britannien

Die Geschichte Roms und seiner Expansionspolitik ist in weiten Teilen Europas spürbar. Bereits vor der Invasion Britanniens dehnte sich das Römische Reich schrittweise vom Mittelmeerraum über Gallien bis an die Küsten des Atlantiks aus. Als die Römer schließlich unter Julius Cäsar erste Expeditionen nach Britannien unternahmen (Mitte des 1. Jahrhunderts v. Chr.), war damit der Grundstein für die spätere Eroberung durch Kaiser Claudius gelegt.

Obwohl Schottland abseits der ersten römischen Interessengebiete lag, blieb das nördliche Britannien in der langfristigen Strategie des Reiches nicht unberücksichtigt. Aus Sicht Roms waren neue Provinzen begehrt, um Bodenschätze zu erschließen und Handelsrouten zu sichern. Die politische Lage in Britannien war komplex, denn zahlreiche keltische Stämme beherrschten die südlichen Regionen der Insel. Ihre Unterwerfung durch Rom dauerte mehrere Jahrzehnte. Erst nach der Festigung im Süden wandten sich die Römer allmählich den weiter nördlich gelegenen Gebieten zu, wo heute die Grenze zwischen England und Schottland verläuft.

Aus der Perspektive der lokalen Bevölkerung im Norden galt das Römische Reich als fremde Großmacht, die nicht nur militärisch stark war, sondern auch eine weit entwickelte

Verwaltungs- und Straßeninfrastruktur mitbrachte. Da die nördlichen Stämme – zu denen wir in den vorigen Kapiteln Pikten und skotische Gemeinschaften sowie benachbarte Gruppen zählten – sich jedoch an das raue Klima und die schwierige Geografie angepasst hatten, waren sie keineswegs leichte Beute. Gleichzeitig war ihre politische Organisation weniger zentralisiert als bei den Römern, was das Zustandekommen eines einheitlichen Widerstands oftmals erschwerte.

## Erste Kontakte und Erkundungen im Norden

Bevor die Römer dauerhaft Footing im nördlichen Britannien suchten, gab es Erkundungszüge, um Land und Gegner einzuschätzen. Diese Phase fällt in die Amtszeit verschiedener römischer Statthalter, die im Süden Britanniens stationiert waren. Einer davon, Gnaeus Julius Agricola, ist besonders bekannt für seine Nordexpeditionen in den 70er und 80er Jahren n. Chr.

Agricola führte systematische Vorstöße über die bisherigen römischen Grenzlinien hinaus durch. Er wollte nicht nur das Land erkunden, sondern auch die heimischen Stämme unter Druck setzen, um einen Frieden zu Roms Bedingungen zu erzwingen. Die archäologischen Überreste römischer Kastelle und temporärer Marschlager zeugen von diesen Unternehmungen. Zum Beispiel entstanden Befestigungen in Gebieten, die heute nahe den Lowlands liegen, um Stützpunkte für weiter nördliche Kampagnen zu haben.

Die Römer trafen hierbei auf teils heftigen Widerstand. Lokale Krieger, die in kleinen Verbänden kämpften, nutzten ihre Ortskenntnis und setzten auf Taktiken wie plötzliche Überfälle und Rückzug in unwegsames Gelände. Große offene Feldschlachten blieben seltener, da die Einheimischen ihre zahlenmäßige Unterlegenheit im Vergleich zu den römischen Truppen kannten.

Gleichzeitig fanden aber auch erste Handelsbeziehungen statt. Ortsansässige Fürsten oder Stammesführer, die sich lieber mit Rom arrangierten als gegen sie zu kämpfen, erhielten mitunter römische Waren. Dazu zählten hochwertige Metallgeräte, Gewürze oder auch Weine, die im Norden unbekannt waren. Dieser Austausch sollte in den kommenden Jahren zunehmen und führte zu einem gewissen kulturellen Einfluss Roms auf die lokalen Eliten.

## Die Schlacht von Mons Graupius

Der römische Historiker Tacitus, der Schwiegersohn von Agricola, berichtet in seinem Werk „Agricola" von einer großen Schlacht namens „Mons Graupius", die um das Jahr 83 oder 84 n. Chr. stattgefunden haben soll. Der genaue Ort dieser Schlacht ist umstritten, doch man vermutet ihn irgendwo in den nördlichen oder nordöstlichen Regionen Schottlands.

Laut Tacitus stellten sich die einheimischen Stämme unter einem Anführer namens Calgacus den Römern zum offenen Kampf. Die römischen Legionen und Hilfstruppen siegten in einer für Tacitus typischen Darstellung ruhmreich. Ob diese Auseinandersetzung wirklich so bedeutsam und groß war, ist heute unklar. Viele Archäologen bezweifeln die von Tacitus genannten hohen Opferzahlen.

Dennoch steht fest, dass die Römer zeitweise bis in den heutigen Norden Schottlands vorstießen und dabei vereinzelte militärische Erfolge erzielten.
Trotz des Sieges von Mons Graupius gelang es Rom nie, eine dauerhafte Kontrolle über das gesamte Land zu etablieren. Zu entlegen waren die Highlands, zu schwierig das Gelände für eine Armee, deren Stärke in gut organisierten Formationen auf offener Ebene lag. Nach Agricolas Rückberufung nach Rom wurden viele römische Truppen wieder aus dem Norden abgezogen. Die stetigen Kämpfe, das raue Klima und die mangelnde Wirtschaftskraft der Region machten eine vollständige Besetzung unattraktiv. So blieb es bei sporadischen Eroberungen von Teilgebieten und dem Bau von Befestigungen an strategisch bedeutenden Stellen.

## Der Hadrianswall – Die römische Grenzsicherung

Unter Kaiser Hadrian (Regierungszeit 117–138 n. Chr.) kam es zu einer grundsätzlichen Neuordnung der Grenzen des Reiches. Anstatt weitere Gebiete dauerhaft zu erobern, setzten die Römer verstärkt auf Grenzsicherung, um die vorhandenen Provinzen zu stabilisieren. In Britannien manifestierte sich dies durch den Bau des Hadrianswalls.

Dieser Wall verlief von der Nordseeküste bis zur Irischen See quer durch das Land. Er sollte die römische Provinz Britannien vom wilden Norden trennen. Zwar lag der Hadrianswall südlich großer Teile des heutigen Schottlands, doch beeinflusste er die Beziehungen zwischen den Stämmen im Norden und dem römischen Imperium erheblich.

Die Errichtung dieses Befestigungswerkes war eine gewaltige Bauleistung. Neben dem eigentlichen Wall errichtete man Kastelle, Meilenkastelle und Beobachtungstürme. Militärstraßen sorgten für Nachschub und schnellen Truppentransport. Soldaten aus allen Ecken des Römischen Reiches, unter anderem aus Germanien, Spanien oder Nordafrika, wurden dort stationiert. Das ließ entlang des Walls multikulturelle Siedlungen entstehen, die Handel mit der einheimischen Bevölkerung trieben.

Für viele nördliche Stämme bedeutete der Hadrianswall eine klare Grenzlinie, die sie, wenn möglich, überquerten, um zu plündern oder Handel zu treiben. Auf römischer Seite versuchte man, Einfälle abzuwehren und gleichzeitig durch diplomatische Geschenke an einzelne Stammesführer Einfluss zu nehmen. So entstand eine Zone ständiger Spannung und zugleich reger Kontakte.

# Der Antoninuswall – Vorstoß weiter nach Norden

Einige Jahrzehnte nach dem Bau des Hadrianswalls, unter Kaiser Antoninus Pius (Regierungszeit 138–161 n. Chr.), starteten die Römer einen erneuten Versuch, ihre Grenze noch weiter nördlich zu verlegen. Dies führte zum Bau des sogenannten Antoninuswalls, der zwischen dem Firth of Forth und dem Firth of Clyde errichtet wurde.

Dieser Wall bestand eher aus einer Erdaufschüttung mit Holzpalisaden und Gräben, nicht aus Steinmauern wie Hadrianswall. Trotzdem war er eine bedeutende militärische Anlage, gesichert durch Kastelle entlang der Linie. Die Römer hatten die Hoffnung, dass sie das Gebiet zwischen Forth und Clyde kontrollieren könnten und damit einen kompakteren Vorposten im Norden zu schaffen.

Allerdings erwies sich die dauerhafte Sicherung dieses Gebietes als schwierig. Bereits innerhalb weniger Jahrzehnte zogen sich die römischen Truppen wieder an den Hadrianswall zurück, weil die Angriffe und Unruhen im Hinterland nicht abnahmen. Der Antoninuswall blieb zwar eine Zeitlang besetzt, doch scheint er im Vergleich zum Hadrianswall weniger effektiv gewesen zu sein.

Die Überreste des Antoninuswalls sind heute weniger spektakulär als der Hadrianswall, doch archäologische Funde belegen Kastelle, Straßen und Wachtürme, die auf eine ernsthafte, wenn auch kurzlebige, Bemühung Roms hindeuten, sein Einflussgebiet weiter auszudehnen.

# Kultureller Austausch und römische Einflüsse

Trotz aller militärischen Spannungen war die Begegnung zwischen Römern und den Stämmen im Norden nicht ausschließlich feindselig. Händler, Diplomaten und Siedler gelangten in die Randgebiete der römischen Zone und brachten Ideen, Technologien und Luxuswaren mit sich.

- **Technologischer Austausch**: Die Römer waren fortschrittlich in Architektur, Straßenbau, Keramikproduktion und Metallbearbeitung. Manche dieser Techniken wurden von lokalen Handwerkern übernommen oder nachgeahmt.
- **Waren und Luxusgüter**: Römische Keramik, Glaswaren, bronzene Gefäße, Wein und Öle aus dem Mittelmeerraum gelangten in die Hände nordischer Eliten. Diese Gegenstände galten als Statussymbole.
- **Münzen und Wirtschaft**: Römische Münzen zirkulierten teils im Grenzgebiet. Stämme, die mit Rom kooperierten, erhielten bisweilen Tributzahlungen oder Handelsprivilegien. Das Geld konnte genutzt werden, um Waren von anderen Stämmen einzutauschen oder eigene Kämpfer zu entlohnen.
- **Kulturelle Einflüsse**: In vereinzelten Fällen übernahmen einheimische Fürsten römische Kleidungselemente oder gaben sich lateinische Namen in Annäherung an

römische Traditionen. Gleichzeitig blieb die Stammeskultur stark, sodass sich nur selten eine umfassende Romanisierung entwickeln konnte.

Da die Römer keine langfristig stabile Kontrolle über das Kerngebiet Schottlands errichteten, war ihre Präsenz dort insgesamt weniger intensiv als im Süden Britanniens. Dennoch reichte sie aus, um Spuren zu hinterlassen und manches politische Gefüge zu verändern.

## Widerstand der nördlichen Stämme und Bündnisse

Der Widerstand gegen die Römer in den nördlichen Regionen war nicht einheitlich organisiert. Verschiedene Stämme verfolgten eigene Ziele und schlossen sich mitunter wechselnden Bündnissen an. Manche bevorzugten es, ihren Status durch römische Geschenke zu erhöhen, andere schworen, die Eindringlinge zu bekämpfen.

Pikten, Skoten und britische Gruppen aus dem Gebiet von Strathclyde verteidigten ihre Heimat vor römischen Expeditionen. Gelegentlich kam es zu größeren Aufständen, die die Römer zwang, ihre Grenztruppen zu verstärken oder Gegenangriffe zu starten. Erschwerend für Rom war, dass Truppen an anderer Stelle im Reich benötigt wurden, sodass Britannien nie die gleiche Priorität genoss wie strategisch oder wirtschaftlich wichtigere Provinzen.

Für die einheimischen Stämme ergab sich daraus eine Zermürbungstaktik. Sie wussten, dass die Römer zwar diszipliniert und militärisch stark waren, aber große Probleme hatten, dauerhaft in den Highlands zu operieren. Der Rückzug auf den Hadrianswall oder gar weiter zurück erfolgte immer wieder, sobald es in anderen Provinzen brannte und Soldaten verlegt werden mussten.

Trotzdem waren die militärischen Möglichkeiten der Einheimischen begrenzt, wenn es zum offenen Schlachtfeld kam. Daher wich man häufig auf Guerillataktiken aus: nächtliche Überfälle, Störungen der römischen Nachschubwege, schnelles Verschwinden in schwer zugängliche Landstriche. Eine langfristige römische Besatzung blieb so in den nördlichen Gebieten weitgehend aus.

## Lokale Anpassungen und Gesellschaftswandel

Die Anwesenheit der Römer im südlichen Teil Schottlands (bzw. an der Grenze) führte zu Verschiebungen in der dortigen Gesellschaft. Stammesführer, die mit Rom kooperierten, konnten ihre Stellung ausbauen, indem sie Handel trieben oder von Geschenken profitierten. Dies zog den Unmut jener Anführer auf sich, die sich strikt gegen die Römer stellten. So entstanden innerhalb einiger Stämme interne Konflikte zwischen pro- und antirömischen Fraktionen.

Auch das Kriegshandwerk veränderte sich. Wer Zugang zu römischen Metallwaffen und -rüstungen hatte, war im Vorteil. Manche Krieger übernahmen auch den römischen Schildtyp oder ließen sich von römischen Offizieren in Taktiken unterweisen, falls es zu Kooperationen kam. Damit verbunden war eine gewisse Professionalisierung lokaler Streitkräfte. Gleichzeitig verlor man jedoch nicht die Bewandtnis in der traditionellen Kriegsführung, die sich auf Ortskenntnis und schnelle Angriffe stützte.

Der Kontakt mit Rom wirkte sich zudem auf die Rolle der Frauen in manchen Gesellschaften aus. Da römische Gesandte lieber mit männlichen Anführern verhandelten und die politische Struktur des Römischen Reiches klar auf männliche Amtsträger setzte, verringerte sich möglicherweise der Einfluss weiblicher Erblinien in einigen Stämmen im Grenzgebiet. Ob das in allen Gruppierungen gleichermaßen zutraf, ist allerdings unklar.

## Römische Militärstraßen und Befestigungen

Für die Römer war logistische Sicherheit ein zentrales Element der Kriegführung. Sie bauten deshalb ein Netzwerk von Straßen, um Nachschub schnell an die Front zu bringen und Truppenbewegungen zu koordinieren. Einige dieser Routen zogen sich von den südlichen Provinzteilen bis über den Hadrianswall hinaus in Gebiete, die zeitweilig besetzt wurden.

Römische Kastelle – wie etwa Trimontium (in der Nähe des heutigen Melrose) – dienten als wichtige Stützpunkte. Dort wurden Vorräte gelagert, und von hier aus konnte man Patrouillen ins Umland aussenden. Zu den Kastellen gehörten oft Zivilsiedlungen, in denen Händler, Handwerker und Familien der Soldaten lebten.

Trotz dieser Bemühungen hatte Rom Schwierigkeiten, seine Linien überall gegen die Einfälle aus dem Norden zu schützen. Lange Straßen und Wehranlagen boten zwar Kontrolle in unmittelbarer Umgebung, doch bereits wenige Kilometer weiter konnten sich Einheimische frei bewegen. Die Römer standen vor dem Problem, eine dünn besiedelte, weitläufige und teils unwegsame Landschaft zu überwachen, die zugleich militärisch nicht allzu viel Gewinn verhieß.

Auch in den Kastellen selbst kam es manchmal zu Meutereien oder Disziplinproblemen, wenn die Besatzungen sich langweilten oder unter harschen Winterbedingungen litten. Das vergleichsweise geringe Maß an römischer Urbanisierung in diesen Gebieten zeigt, dass eine tiefgreifende Romanisierung nicht stattfand.

## Römische Feldzüge gegen piktische Aufstände

In den nächsten Jahrzehnten wiederholte sich ein Muster: Sobald sich im Norden eine größere Revolte regte und verschiedene piktische Gruppen vereint waren, schickten die Römer neu verstärkte Truppen, um die Ordnung aus römischer Sicht wiederherzustellen. Einer dieser Vorstöße fand unter Kaiser Septimius Severus (Regierungszeit 193–211 n. Chr.) statt.

Septimius Severus kam selbst nach Britannien, um die revoltierenden Stämme zu unterwerfen. Er rückte bis in Gegenden jenseits des Hadrianswalls vor und unternahm Feldzüge, bei denen er angeblich auch in den sumpfigen und bergigen Regionen große Verluste erlitt. Die Römer setzten auf massive Truppenpräsenz, sollen aber laut Berichten ebenfalls hohe Verluste an Kälte, Krankheiten und ständigen Überfällen erlitten haben.

Nach dem Tod des Kaisers ließ sein Sohn Caracalla die Offensive weitgehend fallen. Die Römer zogen sich wieder zurück, was den Erfolg dieser Feldzüge relativierte. Die Stämme hatten zwar kurzfristig unter den römischen Angriffen gelitten, doch die Römer konnten keinen nachhaltigen Sieg erringen.

Diese Zyklen aus römischen Vorstößen und Rückzügen, verbunden mit lokalen Aufständen, bestimmten das Verhältnis über mehrere Generationen. Im 3. Jahrhundert n. Chr. begannen schließlich auch im Innern des Römischen Reiches zunehmende Krisen, sodass Britannien nicht mehr die gleiche Aufmerksamkeit erhielt wie zuvor.

## Handel, Diplomatie und Nebenwirkungen

Abgesehen von den direkten militärischen Konflikten war auch Diplomatie ein Instrument der römischen Nordpolitik. Statt alle Stämme gewaltsam zu unterwerfen, kaufte man sich oft Frieden durch Tributzahlungen oder Abkommen, bei denen einzelne Stammesführer Waffen, Statusgegenstände oder Geld bekamen.

Diese Praxis konnte zu Rivalitäten unter den lokalen Eliten führen, denn nicht alle profitierten gleichermaßen. Mancher Clanführer, der von Rom Geschenke annahm, stand anschließend unter Verdacht, sich an die fremde Großmacht zu verkaufen. Das schwächte manchmal die interne Solidarität im piktischen oder anderen keltischen Gruppen.

Für Rom selbst blieb dieses System ein Balanceakt: Einerseits wollte man die Grenze befrieden, andererseits wollte man die keltischen Völker nicht so stark machen, dass sie eine Bedrohung wurden. Hinzu kam, dass Handel mit wertvollen römischen Waren – Glas, Keramik, Wein – im Norden längst ein gutes Geschäft war. Schmuggler und Grauhändler trieben jenseits offizieller Abkommen regen Tauschhandel.

Am Ende blieb der dauerhafte Erfolg aus. Die kargen Ernten, das unwegsame Terrain, die stetige Gegenwehr der Einwohner – all das sorgte dafür, dass die großen Vorhaben Roms im Norden nicht aufgingen. Man könnte sagen, dass die nördlichen Gebiete militärisch mehr kosteten, als sie an Einnahmen versprachen.

## Die Spuren römischer Kultur in Schottland

Obwohl keine umfassende Romanisierung stattfand, sind in einigen Gebieten Spuren römischen Einflusses erkennbar. Das zeigt sich zum Beispiel in vereinzelten Funden römischer Schmuckstücke in piktischen Gräbern, was auf persönliche Vorlieben oder diplomatische Geschenke hindeutet. Auch römische Töpferwaren tauchen in Ausgrabungen nördlich des Hadrianswalls auf.

In städtischem Sinne hinterließen die Römer nur wenige Ansätze, zum Beispiel in Form befestigter Kastellvici (Siedlungen um Kastelle). Diese entwickelten sich aber selten zu dauerhaften Städten, wie man sie in Südengland (z. B. Londinium, Eboracum) kannte. Im Norden war die Bevölkerung eher ländlich strukturiert.

Römische Münzen und Schmuckstücke galten in den Elitenfamilien als Prestigegüter und fanden sich teils über Generationen in Besitztümern. Sie konnten als Brautgabe, Belohnung für treue Gefolgsleute oder rituelle Opfergegenstände dienen. Damit hielten sie Einzug in die einheimische Kultur, ohne diese jedoch grundlegend zu verändern.

Auch der Glaube an römische Götter oder an den Kaiserkult fasste im Norden kaum Fuß. Zwar gab es kleine Heiligtümer in den Grenzbefestigungen, doch die Stammesreligionen der Pikten und anderen Gruppen blieben vorherrschend, bis später die Christianisierung stärker wirkte. Somit blieb der römische Einfluss punktuell und eher materieller Natur.

## Alltagsleben in der Grenzregion

Das Alltagsleben in den Grenzregionen war von Unsicherheit geprägt. Ein Teil der Bevölkerung profitierte vom Handel mit den Römern, andere litten unter Plünderungen oder Übergriffen beider Seiten. Wenn römische Truppen vorbeizogen, mussten Dörfer mit Einquartierung und Beschlagnahmung von Nahrungsmitteln rechnen. Zugleich konnten piktische oder andere keltische Krieger bei Vergeltungsaktionen Felder niederbrennen oder Vorräte rauben.

Viele Menschen arrangierten sich damit, so gut es ging. Bauern bauten weiterhin Getreide an, züchteten Vieh und hofften auf ruhige Phasen zwischen den Konflikten. Frauen besorgten Haushalt und Kindererziehung, waren aber zugleich in die Produktion von Textilien oder die Versorgung der Tiere eingebunden. Kinder wuchsen mit der allgegenwärtigen Bedrohung auf und lernten früh, wie man sich bei Überfällen verhielt.

Trotz ständiger Grenzkämpfe kam es zu Momenten friedlichen Austauschs. Manchmal erlaubten die Römer Märkte in der Nähe ihrer Kastelle. Dorthin brachten Einheimische Schafe, Rinder, Felle, Wolle oder Jagdbeute zum Verkauf. Im Gegenzug kauften sie Gegenstände, die im Inland schwer zu bekommen waren.

Je weiter man nach Norden in die Highlands oder auf die Inseln kam, desto weniger spürte man die unmittelbare Präsenz römischer Truppen. Dort gab es zwar gelegentliche Vorstöße, doch insgesamt lebten die Clans ihr gewohntes Leben, weitgehend unbeeinflusst von den Ereignissen an der Grenze.

## Abnehmende römische Kontrolle und interne Krisen

Ab dem späten 3. Jahrhundert n. Chr. geriet das Römische Reich in eine Periode innerer Krisen. Es gab Machtkämpfe um den Kaiserthron, Rebellionen in den Provinzen und Einfälle fremder Völker an vielen Grenzfronten. Unter diesen Umständen rückte Britannien nicht mehr so stark in den Fokus. Die Militärpräsenz wurde vernachlässigt, Truppen mussten an anderen Brennpunkten kämpfen.

Infolgedessen nahm auch die römische Kontrolle über die Grenzregion ab. Pikten und andere Gruppen nutzten die Gunst der Stunde, um weiter in den Süden vorzudringen, wo sie Städte und Siedlungen plünderten. Nicht selten verbündeten sich piktische Krieger mit anderen Völkern, die Rom feindlich gesinnt waren, was die Instabilität vergrößerte.

Mehrfach versuchten römische Feldherren oder Gegenkaiser, Britannien wieder unter Kontrolle zu bringen. Ein Beispiel ist Magnus Maximus, der gegen Ende des 4. Jahrhunderts in Britannien Armeen aufstellte, um im Machtkampf um den Kaiserthron mitzumischen. Er zog jedoch bald nach Europa ab und hinterließ Britannien mit einer geschwächten Militärpräsenz.

All diese Entwicklungen trugen dazu bei, dass sich die römische Grenze weiter nach Süden verschob oder zeitweise völlig aufgelöst wurde. Der Hadrianswall blieb zwar als Befestigungsanlage stehen, doch seine Funktion schwand, wenn keine starken Garnisonen mehr vorhanden waren.

## Das offizielle Ende der römischen Herrschaft in Britannien

Im Jahr 410 n. Chr. sandte der weströmische Kaiser Honorius ein berühmtes Schreiben an die Bürger Britanniens, in dem er ihnen mitteilte, dass Rom ihnen nicht mehr helfen könne. Damit endete de facto die römische Herrschaft, zumindest was die organisatorische und militärische Unterstützung für die Provinz anging.

Nun waren die romanisierten Briten im Süden Britanniens weitgehend auf sich allein gestellt. Das hatte auch Folgen für die Grenze zum nördlichen Gebiet, da es keine zentrale Autorität mehr gab, die Truppen entsandte. Die Grenzregion zerfiel in verschiedene kleinere Machtbereiche, die eher lokal verteidigt wurden.

Für die nördlichen Stämme war dies ein Wendepunkt: Sie hatten es jetzt nicht mehr mit einem großen Imperium zu tun, sondern lediglich mit lokalen Machthabern oder Stadtratsversammlungen, die versuchten, sich zu organisieren.

Es kam zu einer Phase verstärkter Migration und Eroberungen, unter anderem durch angelsächsische Gruppen, die von Osten nach Britannien eindrangen.

Gleichzeitig bedeutet dies das Ende dessen, was man klassisch als „Römische Epoche" in Britannien bezeichnet. In Schottland selbst war der römische Einfluss ohnehin immer begrenzt geblieben, doch jetzt verlor sich jegliche Aussicht auf erneute Eroberungsfeldzüge. Die Stämme im Norden waren formal gesehen frei von römischem Zugriff.

## Die Nachwirkung römischer Strukturen

Obwohl das Römische Reich seine Kontrolle aufgab, hinterließ es Spuren. Die Militärstraßen, Kastelle und der Hadrianswall blieben zum Teil Jahrhunderte sichtbar und wurden mancherorts weiter genutzt. Einheimische Herrscher übernahmen gelegentlich römische Verwaltungsprinzipien in vereinfachter Form, etwa die Einteilung von Gebieten oder den Bau kleinerer Festungen nach römischem Vorbild.

Auch die Idee, Mauern oder Wälle anzulegen, um sich gegen Feinde zu schützen, blieb präsent. Spätere Befestigungen in Schottland, sei es von Clans oder von mittelalterlichen Burgen, profitierten möglicherweise indirekt von den Erfahrungen, die man im Kontakt mit Rom gesammelt hatte.

Zudem war im Süden der britischen Insel die lateinische Schrift und Sprache in Teilen der gebildeten Elite (besonders in kirchlichen Kreisen) weiterhin in Gebrauch. Dieser literate und kirchliche Einfluss sollte die Christianisierung im Norden Schottlands mitgestalten, auch wenn die eigentlichen Missionsbewegungen überwiegend von Irland ausgingen.

Der Übergang von der römischen Welt zum Frühmittelalter war in Schottland ein allmählicher Prozess. Es gab keinen klaren Schnitt, sondern eine Überlagerung alter Traditionen mit römischen Resten und neuen Einflüssen, die in den folgenden Jahrhunderten zu einer eigenständigen Identität führten.

## Das politische Vakuum & das Erstarken lokaler Königreiche

Nach dem Abzug Roms schuf das entstehende Machtvakuum Raum für neue Herrschaftsgebilde. Die piktischen Königreiche im Osten und Norden setzten ihren Weg fort, sich zu formieren, während die skotischen Gruppen im Westen (besonders in Dalriada) weiter Einfluss aus Irland erhielten. Britonische Gebiete wie Strathclyde entwickelten eigene Strukturen.

In dieser Zeit des Umbruchs vermischte sich das Erbe der römischen Grenzkultur mit der bestehenden Stammesordnung. Einige Siedlungen, die an römischen Straßen lagen, blühten vielleicht noch eine Weile auf, weil der Handel weiterging. Andere Orte wurden verlassen, weil der militärische Schutz fehlte.

Auch in Bezug auf Architektur kam es zu Mischformen. Gebäude und Befestigungen aus Stein, die an römische Techniken erinnerten, wurden möglicherweise weiter genutzt und an lokale Bedürfnisse angepasst. Dennoch blieben hölzerne Palisaden und Wallanlagen in vielen Gebieten die dominierende Bauweise.

Durch das Ausbleiben größerer römischer Invasionen wandelte sich der Fokus der einheimischen Politik. Statt gegen Rom zu kämpfen, richteten die Stämme ihre Rivalitäten wieder stärker gegeneinander, was den Weg für wechselnde Allianzen und Kriege ebnete. Dieses Bild werden wir in späteren Kapiteln detaillierter sehen, wenn es um das Erstarken der Königreiche Alba, Dalriada und anderer geht.

## Die Legende vom „Römischen Schottland"

In späteren Jahrhunderten kamen Gerüchte und Legenden auf, die das Ausmaß der römischen Präsenz im Norden oft ausschmückten. Manche Chronisten stellten es so dar, als hätte Rom das ganze heutige Schottland erobert und bis in die entlegensten Winkel kontrolliert. Diese Darstellung ist historisch nicht haltbar.

Wahr ist hingegen, dass römische Armeen mehrmals weit in den Norden vorstießen, Schlachten schlugen und Kastelle errichteten. Doch diese Besetzungen waren meist kurzlebig. Ein dauerhafter Aufbau römischer Strukturen wie in Süd- oder Mittelengland fand nicht statt.

Dennoch hinterließ Rom einen bleibenden Eindruck in den Erzählungen und Sagen. Noch Jahrhunderte später erzählten schottische Barden von „Fremden aus dem Süden", von befestigten Mauern und großen Legionen, die für kurze Zeit das Land betraten und dann wieder verschwanden. Diese Geschichten flossen in das kollektive Gedächtnis ein, wobei historische Fakten und mythische Überhöhungen ineinanderflossen.

## Archäologische Zeugnisse der römischen Zeit in Schottland

Moderne Ausgrabungen haben viele Details über das römische Wirken im nördlichen Britannien zutage gefördert. Neben Kastellen und Straßen stößt man auf Münzverstecke, den Grundriss von Marschlagern und die Überreste der großen Grenzwälle. Einige Funde belegen, dass römische Truppen zumindest zeitweise bis in die Highlands gelangten, wenn auch nur in kleiner Zahl.

Interessant sind auch die Fundstücke, die auf den Einfluss römischer Kultur im lokalen Handwerk hinweisen: vereinzelt römisch inspirierte Keramik, Metallfibeln oder Kammfragmente, die nach römischem Vorbild gefertigt wurden. Solche Gegenstände zeigen, dass kultureller Austausch in beide Richtungen stattfand.

Besonders der Hadrianswall gilt heute als berühmtes Monument, auch wenn er strenggenommen meist südlich der schottischen Grenze verläuft. Zahlreiche Teile dieser Anlage sind gut erforscht und geben Einblicke in das Leben einer Grenzregion im Imperium Romanum.

In Schottland selbst findet man Überreste römischer Befestigungen etwa bei Inveresk, Cramond oder Ardoch. Sie sind wichtige Anlaufstellen, um das historische Verhältnis zwischen Rom und den nördlichen Stämmen zu verstehen. Viele dieser Stätten werden heute archäologisch untersucht, was immer neue Informationen über die römische Epoche liefert.

# KAPITEL 4: CHRISTIANISIERUNG UND MISSIONSBEWEGUNGEN

## Der Übergang von keltischen Religionen zum Christentum

Bevor wir uns den konkreten Missionsbewegungen widmen, ist es wichtig, die religiöse Ausgangslage in Schottland zu verstehen. In den vorangegangenen Kapiteln sahen wir, dass Pikten, Skoten und andere keltische Gruppen ihre eigenen Glaubensvorstellungen hatten. Naturgottheiten, Ahnenkulte und rituelle Opfer spielten eine große Rolle.

Die Christianisierung begann nicht von heute auf morgen. Sie wurde zunächst durch Kontakte mit römisch geprägten Regionen im Süden gefördert. Die Römer brachten das Christentum bereits im 3. und 4. Jahrhundert nach Britannien, jedoch wirkte sich dies im Norden kaum aus. Erst als Missionare aus Irland aktiv wurden, gewann das Christentum in Schottland langsam an Boden.

Oft wird erzählt, dass der Wechsel vom keltischen Heidentum zum Christentum relativ friedlich verlief. In Wahrheit gab es wohl beides: freundliche Aufnahme durch manche Stammesführer, die sich Prestige und Schutz durch den neuen Glauben erhofften, und Widerstand bei anderen, die ihr althergebrachtes religiöses Gefüge nicht aufgeben wollten.

Die schrittweise Verbreitung des Christentums erfolgte über Klostergründungen, Missionsreisen und Könige, die sich taufen ließen. Wichtig war auch, dass viele christliche Bräuche flexibel an örtliche Gegebenheiten angepasst wurden. So fielen bestimmte Feste auf ähnliche Daten wie ältere heidnische Feiern, was den Übergang erleichterte.

## Frühe Missionare in Schottland

Viele Quellen nennen den Heiligen Ninian als einen der ersten, der aktiv das Christentum unter den „Pikten" verbreitete. Er soll im späten 4. oder frühen 5. Jahrhundert gelebt haben und von der römisch-britischen Kirche geprägt gewesen sein. Ihm wird die Gründung einer christlichen Gemeinschaft in Whithorn (im heutigen Galloway) zugeschrieben.

Obwohl die historischen Belege für Ninian teils lückenhaft sind, gilt er als Wegbereiter, der vermutlich auf römisch geprägtes Christentum setzte. Er predigte wohl sowohl unter britischen als auch unter piktischen Gruppen im südwestlichen Schottland. Dieser Ansatz, die Botschaft direkt in den Dialekten der Einheimischen zu verbreiten, könnte zu ersten Taufen und Gemeindebildungen geführt haben.

Später rückte die Mission aus Irland stärker in den Mittelpunkt. Hier treten Namen wie St. Columba (auch Colum Cille genannt) in Erscheinung, der im 6. Jahrhundert wirkte und auf der Insel Iona ein Kloster gründete. Columba war Teil einer alten irischen Adelsfamilie und zugleich Mönch, der mit einer Schar Gefährten über das Meer kam, um den Glauben zu verkünden.

Während sich Ninians Aktivitäten eher auf den Südwesten und die Gegend der piktischen Grenze konzentrierten, orientierte sich Columba stärker nach Norden und Nordosten. Iona diente als Missionszentrum, von dem aus Mönche auf Missionsreisen gingen und den Glauben in piktischen und skotischen Gebieten verbreiteten.

## Die Gründung von Iona und ihr Einfluss

Die Insel Iona liegt vor der Westküste Schottlands, nahe der Insel Mull. Sie war für Columba ideal: abgelegen genug, um das kontemplative Klosterleben zu fördern, aber dennoch günstig für Seereisen in Richtung piktische oder skotische Siedlungsgebiete.

Das Kloster auf Iona entwickelte sich schnell zu einem Dreh- und Angelpunkt der kirchlichen Aktivitäten. Mönche lebten dort in Gemeinschaft, studierten die Heilige Schrift, schrieben Bücher ab und lernten möglicherweise das Lateinische. Gleichzeitig unternahmen sie Reisen auf das Festland, um dort zu predigen und neue Missionsstationen zu gründen.

Columba selbst wird in vielen Wundergeschichten verehrt. Er soll piktische Könige getauft und durch seine wundersame Kraft Menschen zum christlichen Glauben bekehrt haben. Manche dieser Berichte sind sicher legendarisch oder wurden erst später ausgeschmückt, doch sie verdeutlichen die hohe Verehrung, die Columba in Schottland und Irland genoss.

Der Einfluss Ionas ging weit über die unmittelbare Missionsarbeit hinaus. Es entstanden geistige Verbindungen mit anderen Klöstern in Irland, und keltische Mönche trugen so zur

Bildung eines christlich-gälischen Netzwerkes bei, das bis nach Nordengland und auf die Hebriden reichte. Kulturell wirkte sich das in einer eigenen Tradition von Kirchengesang, Buchmalerei und Kunst aus, die man heute als „insulare" oder „keltische" Kirche bezeichnet.

## Die keltische Kirche und ihre Besonderheiten

Die frühe keltische Kirche in Schottland unterschied sich in einigen Punkten von der römischen Kirche, die man auf dem Kontinent kannte. Diese Unterschiede betrafen vor allem:

- **Organisationsstruktur**: Die keltische Kirche war eher klosterzentriert. Abteien und ihre Vorsteher (Äbte) waren oft einflussreicher als Bischöfe.
- **Osterfest-Berechnung**: Es gab eine abweichende Art, das Datum für Ostern zu berechnen, was später in Kontroversen mit der römischen Kirche mündete.
- **Tonsur der Mönche**: Die keltische Tonsur (die Rasur der Kopfhaare) unterschied sich von der römischen Form. Dies war symbolisch für die jeweilige Zugehörigkeit.
- **Eigenständige Riten**: Manche liturgische Gebräuche und Bußpraktiken waren eigenständig geprägt durch irische Traditionen.

Trotz dieser Unterschiede war das gemeinsame Glaubensfundament stark. Die keltischen Christen teilten die zentrale Überzeugung der Trinität und die Verehrung Christi. Was sie abgrenzte, waren eher organisierende und kulturelle Besonderheiten, die in ihrer Heimatregion verwurzelt waren.

Diese keltische Form des Christentums stieß später, ab dem 7. und 8. Jahrhundert, immer wieder auf Spannungen mit Vertretern der römischen Kirche, die eine einheitliche Praxis forderten. Dennoch blieb die keltische Tradition gerade in Schottland und Irland lange lebendig und prägte das monastische Leben stark.

## Mission unter den Pikten

Der Erfolg der Missionare in piktischen Gebieten lässt sich schwer messen, weil schriftliche Quellen nur spärlich vorhanden sind. Doch es gibt deutliche Hinweise, dass die piktischen Könige ab dem späten 6. oder frühen 7. Jahrhundert enger Kontakt zu den irischen Mönchen hatten. An manchen Höfen wurden Geistliche aus Iona oder anderen Klöstern empfangen.

Die Taufe von Adligen symbolisierte die allmähliche Annahme der neuen Religion. Gleichzeitig dürften piktische Traditionen nicht einfach verschwunden sein. In vielen Fällen verbanden sich alte Riten mit neuen christlichen Elementen. Piktische Symbolsteine, die ursprünglich heidnische Zeichen trugen, wurden manchmal nachträglich mit christlichen Kreuzen versehen. So entstanden Mischformen, die den Übergang illustrieren.

Einige Missionswege führten ins Herzland der Pikten, wo Klöster als Stützpunkte gegründet wurden. Diese Orte dienten nicht nur der Verbreitung des Glaubens, sondern auch als Zentren der Bildung, in denen Mönche Lesen und Schreiben lernten. Die piktische Sprache tauchte dabei in Randbemerkungen auf, jedoch schrieb man theologische Texte weiterhin auf Latein oder in irischer Sprache.

Der Einfluss der Kirche wuchs, weil sie auch in machtpolitische Vorgänge verwickelt war. Geistliche konnten als Ratgeber in Königsfragen dienen und trugen zu Bündnissen bei. Manchen Adeligen war klar, dass die Unterstützung durch die Kirche Vorteile brachte, da ein getaufter König auf die Loyalität christlicher Verbündeter hoffen konnte – etwa aus dem benachbarten Dalriada oder aus Irland.

## Der Heilige Mungo und die Mission in Strathclyde

Während Columba und seine Gefährten vor allem im Nordwesten und bei den Pikten tätig waren, gab es im Südwesten ebenfalls wichtige Missionsbewegungen. Der Heilige Kentigern (auch Mungo genannt) wirkte einer Legende nach im Gebiet des britischen Königreichs Strathclyde, dessen Zentrum das heutige Glasgow war.

Kentigern soll im 6. Jahrhundert gelebt haben. Eine beliebte Erzählung ist, dass er von einer königlichen Tochter abstammte, die in Missgunst geriet. Er wurde als Kind ausgesetzt, aber gerettet und von einem Geistlichen erzogen. Später gründete er eine Gemeinschaft in Glasgow und missionierte bei den dortigen Britonen.

Die Legenden um Mungo betonen seine Wundertaten und seine Frömmigkeit. Er gilt als Schutzheiliger von Glasgow und wird mit einigen Symbolen in Verbindung gebracht (zum Beispiel mit einem Ring oder einer Glocke). Auch hier ist nicht alles historisch belegbar, aber die Botschaft ist deutlich: Durch Mungo wurde das südwestliche Schottland früh mit christlichem Gedankengut vertraut.

Unter Kentigerns Einfluss festigte sich das Christentum in Strathclyde. Er gründete möglicherweise eine Kirche, die später zum Bischofssitz aufstieg. Diese Institution spielte eine wesentliche Rolle bei der Christianisierung der umliegenden Gebiete und legte Grundlagen für die spätere kirchliche Verwaltung.

## Klostergründungen und ihre Bedeutung

Klöster waren in der frühmittelalterlichen Kirche Schottlands zentrale Orte. Dort vereinigten sich mehrere Funktionen: religiöse Andacht, Ausbildung von Klerikern, literarische Tätigkeit und ein gewisser Schutzraum, in dem Mönche und Nonnen ein frommes Leben führen konnten.

Viele dieser Klosteranlagen entstanden an Küsten oder auf Inseln, wo die Gemeinschaft geschützt war und sich auf die Aufgaben konzentrieren konnte. Beispiele wie Iona sind berühmt, doch es gab zahlreiche weitere, kleinere Niederlassungen, deren Namen oft nur fragmentarisch überliefert sind.

In den Skriptorien dieser Klöster kopierte man biblische Texte oder verfasste Heiligenviten. Dabei entstand eine eigenständige keltisch-christliche Kunst, die sich in illuminierten Handschriften äußerte. Filigrane Ornamente, Knotenmuster und Tierdarstellungen prägen diese Buchkunst, die man heute in Fragmenten in Museen bewundern kann.

Außerdem waren Klöster wirtschaftliche Zentren. Mönche bauten Gärten an, züchteten Vieh und legten Vorräte an. Durch Spenden lokaler Herrscher verfügten sie teils über Ländereien, aus denen sie Einnahmen erzielten. So trugen Klöster zu einer gewissen Stabilität in der Region bei und konnten sogar Flüchtlingen Schutz bieten, wenn Kriege oder Fehden aufflammten.

## Verbindung von Politik und Kirche

Die wachsende Bedeutung der Kirche hatte auch politische Folgen. Könige und Adlige erkannten, dass sie durch kirchliche Bündnisse ihre Position stärken konnten. Eine Stiftung an ein Kloster galt als fromme Tat und sicherte das Wohlwollen der Geistlichen.

Gleichzeitig übernahmen Geistliche Funktionen, die über das rein Religiöse hinausgingen. Sie konnten bei Thronstreitigkeiten als Vermittler auftreten, weil sie ein gewisses moralisches Ansehen genossen. Auch das Wissen der Kirche über die Schrift war wertvoll, um Verträge aufsetzen zu lassen oder genealogische Ansprüche zu dokumentieren.

Für piktische und skotische Königshäuser war das Christentum eine Möglichkeit, sich in eine größere Gemeinschaft einzubinden. Über die Kirche hatten sie Kontakt zu Irland, zu anderen Teilen Britanniens und indirekt sogar zum Kontinent, wo die römische Kirche verwurzelt war. Dadurch entstand ein europäisches Netzwerk, das den nordischen Randgebieten neue Impulse gab.

Dennoch blieben Könige und Adlige oft pragmatisch. Wenn es ihnen nützlich schien, konnten sie auch Rücksicht auf vorchristliche Traditionen nehmen, um ihren lokalen Rückhalt nicht zu verlieren. So entstand ein Spannungsfeld zwischen heidnischer Vergangenheit und christlicher Zukunft, das sich über mehrere Generationen hinzog.

## Streitfragen mit der römischen Kirche

Wie erwähnt, unterschieden sich manche Bräuche der keltischen Christenheit von der römischen. Im 7. Jahrhundert spitzten sich diese Differenzen in Nordengland und Südschottland zu. In der Synode von Whitby (664 n. Chr.), die jedoch auf englischem Gebiet stattfand, entschied sich König Oswiu von Northumbria für die römische Kirchenpraxis. Dies hatte Folgen für benachbarte Gebiete im Süden Schottlands, wo die Macht Northumbrias zeitweise Einfluss gewann.

Zwar war Schottland nicht direkt Gegenstand dieser Synode, doch die Entscheidung für den römischen Berechnungsstil des Osterfestes und andere liturgische Fragen setzte ein Signal. Nach und nach gewannen Vertreter der römischen Ausrichtung mehr Macht, während die keltische Tradition in manchen Gebieten in den Hintergrund trat.

Allerdings dauerte es noch Jahrhunderte, bis sich eine einheitliche Praxis durchsetzte. Im Norden und Westen Schottlands hielten Klöster an ihrer eigenen Form fest. Erst im Mittelalter, mit der Einführung einer stärker kontinentaleuropäisch geprägten Kirchenhierarchie, passten sich die meisten schottischen Gemeinden den römischen Gebräuchen an.

Trotz dieser allmählichen Anpassung blieben viele keltische Elemente erhalten, besonders in der klösterlichen Tradition, in Heiligenlegenden und in der Symbolik christlicher Kunst.

## Die Heiligenlegenden und ihre Rolle

Heilige spielten eine große Rolle in der frühmittelalterlichen Frömmigkeit. Geschichten über ihre Wundertaten verbreiteten sich mündlich und in schriftlicher Form. Sie dienten als Vorbild für Gläubige, vermittelten moralische Lehren und waren zugleich ein Mittel, um Lokalpatriotismus und Gruppenzusammenhalt zu fördern.

So entwickelte jede Region eigene Heilige. Columba und Mungo sind nur zwei Beispiele unter vielen. Andere Lokalheilige waren oft ehemalige Mönche, Äbte oder Bischöfe, die in der Bevölkerung wegen ihrer Frömmigkeit verehrt wurden. Über die Jahre entstanden Wallfahrtsorte, wo Gläubige um Heilung oder Schutz baten.

In diesem Kontext bekamen Reliquien (Überreste von Heiligen oder Gegenstände, die mit ihnen in Kontakt standen) einen besonderen Stellenwert. Klöster, die wichtige Reliquien besaßen, konnten Pilger anziehen und daraus Vorteile ziehen – sowohl in spiritueller als auch in wirtschaftlicher Hinsicht. Manchmal verließen Könige sich auf diese Reliquien, um Truppen zu motivieren oder göttlichen Beistand zu erbitten, bevor sie in den Krieg zogen.

## Missionarische Strukturen bis in die entlegenen Gebiete

Schottland besteht aus vielen schwer zugänglichen Regionen: Hochlandtäler, Inseln, Fjorde und Moore. Trotzdem gelang es den Missionaren, Stück für Stück in diese Gebiete vorzudringen. Eine wichtige Rolle spielten hierbei die Mönche, die sich durch Askese und Entbehrungen auszeichneten.

In der keltischen Tradition galt es als erstrebenswert, sich in die Einsamkeit zurückzuziehen. Manche Mönche errichteten Eremitagen auf kleinen Inseln oder in entlegenen Tälern. Von dort aus beteten sie, arbeiteten und empfingen gelegentlich Besucher, die Rat suchten. Auf diese Weise pflanzte sich der Glaube langsam fort, ohne dass es immer eines großen organisatorischen Plans bedurft hätte.

Dennoch bildeten sich auch hier Hierarchien heraus. Äbte größerer Klöster waren oft verantwortlich für mehrere kleine Gemeinschaften, die sich verstreut in den Highlands oder auf den Hebriden fanden. Über jährliche Zusammenkünfte oder Briefe hielt man Kontakt. Bücher und liturgische Gegenstände wurden ausgetauscht, und so breitete sich Wissen weiter aus.

Das Christentum passte sich teilweise den lokalen Sitten an. Bei den Pikten, zum Beispiel, finden wir Steine mit eingravierten Kreuzen, die aber auch typisch piktische Symbole aufweisen. Dieses Neben- und Miteinander alter Zeichen und christlicher Botschaften veranschaulicht, dass die Christianisierung nicht durch Zwang, sondern meist durch Anpassung und Überzeugung erfolgte.

## Der Einfluss irischer Klöster und Schulen

Da die Mission in Schottland stark von Irland ausging, sollte man die Bedeutung der irischen Bildungszentren nicht unterschätzen. In Irland gab es zu dieser Zeit eine blühende monastische Kultur. Große Klosterstätten wie Clonmacnoise oder Bangor waren nicht nur religiöse, sondern auch akademische Zentren, in denen Bibelauslegung, Grammatik und Dichtkunst gelehrt wurden.

Schottische Novizen reisten oft nach Irland, um dort ihre Ausbildung zu erhalten. Umgekehrt sandten irische Klöster Gruppen von Mönchen aus, um in Schottland Gemeinden zu gründen oder bestehende Klosteranlagen zu unterstützen. Dadurch entstand ein ständiger Austausch an Wissen, Schriftgut und liturgischer Praxis.

Diese enge Verbindung bewirkte, dass die gälische Sprache eine große Rolle in den Klöstern Schottlands spielte. Latein war zwar die Sprache der Schriftkultur, doch innerhalb des Alltags dürfte man gälisch gesprochen haben. Piktische und britische Sprachen gerieten nach und nach in den Schatten, wobei sie nicht sofort verschwanden.

So wuchsen Generationen von Geistlichen heran, die gleichermaßen in der keltischen Kultur und im christlichen Glauben verwurzelt waren. Diese führten in den kommenden Jahrhunderten zu einer tiefen Verwurzelung des Christentums in Schottland.

## Einführung von Bildung und Schriftlichkeit

Mit der Christianisierung hielt die Schriftkultur Einzug. Mönche kopierten nicht nur biblische Texte, sondern verfassten auch frühe Chroniken oder Annalen, in denen sie wichtige Ereignisse notierten. Zwar sind viele dieser Dokumente verloren, aber einige Fragmente oder spätere Abschriften haben sich erhalten.

Diese Annalen enthalten oft kurze Einträge: „In jenem Jahr starb der König von ...", „In jenem Jahr brannte das Kloster ...". Solche Aufzeichnungen ermöglichen einen ersten Einblick in historische Ereignisse, die zuvor nur mündlich weitergegeben wurden. Damit beginnt langsam eine dokumentierte Geschichte Schottlands.

Für die Bevölkerung war der Vorteil einer schriftkundigen Elite nicht zu unterschätzen. Mönche konnten Abmachungen zwischen Clans schriftlich fixieren oder Stammbäume aufzeichnen, die für dynastische Erbansprüche wichtig waren. Auf diese Weise festigte die Kirche auch ihre eigene Position, denn ohne ihre Schriftkenntnisse waren säkulare Herrscher oft auf mündliche Überlieferungen angewiesen.

Nebenbei förderten Klöster die künstlerische Gestaltung. Buchmalereien, reich verzierte Initialen oder elegante Umschläge zeugten von Kreativität und Handwerkskunst. Diese Werke wurden hoch geschätzt und manchmal an königliche Höfe verschenkt, um die Beziehungen zwischen Kirche und Adel zu festigen.

## Christliche Moral und soziale Auswirkungen

Die Einführung des Christentums brachte neue moralische und ethische Vorstellungen mit sich. Zwar blieb das Leben vieler Menschen weiterhin hart, doch die Kirche predigte Nächstenliebe, Fürsorge für die Armen und Respekt vor dem göttlichen Gesetz. Auf diese Weise kam es gelegentlich zu Milderungen in Fehden oder zu mildtätigen Stiftungen für Bedürftige.

Allerdings sollte man diesen Aspekt nicht überbewerten. Kriege und Raubzüge blieben auch in christlichen Gesellschaften an der Tagesordnung. Doch die Kirche konnte in Einzelfällen als Vermittler auftreten und Blutrache einschränken. Kirchliche Sanktionen, wie die Exkommunikation, wirkten auf Adlige abschreckend, die ihr Seelenheil nicht gefährden wollten.

Für die Rolle der Frauen brachte das Christentum teils neue Chancen, indem es sie in religiösen Gemeinschaften aufwertete, teils blieb die patriarchalische Struktur jedoch bestehen. Nonnenklöster waren selten, doch es gab sie. Einige Frauen, die als Heilige verehrt wurden, fanden in Heiligenviten Erwähnung. Sie zeigten, dass Frauen durchaus spirituelle Autorität erlangen konnten.

Insgesamt formte die christliche Ethik eine Grundlage, auf der sich spätere moralische und rechtliche Normen entwickelten. Sie blieb dabei stets eingebettet in die keltischen Traditionen und die lokalen Machtverhältnisse.

## Die Christianisierung der Skoten in Dalriada

Im Westen, im Königreich Dalriada, war das Christentum bereits früh präsent, weil die Skoten eng mit Irland verwandt waren. Die dortigen Herrscher nahmen den Glauben teils rasch an, da sie sich davon Unterstützung aus Irland versprachen.

Die Klöster von Dalriada dienten als Brückenkopf für die Mission in benachbarte Regionen. Oft segelten Mönche nach Norden oder Osten, um neu gegründete Kirchen zu inspizieren oder an feierlichen Einweihungen teilzunehmen. Dieser ständige maritime Kontakt war charakteristisch für das frühe Christentum in Schottland.

Dalriada setzte damit einen wichtigen Impuls: Wenn die Skoten ihre königliche Familie taufen ließen, hatte das Strahlkraft auf die umliegenden Clans. Nach und nach wurden die meisten Adligen Christen, und auf lokaler Ebene errichtete man Kapellen oder kleine Gebetshäuser.

Eine Besonderheit war, dass die gälische Sprache der Skoten nun auch liturgisch zum Einsatz kam, wenn man die Bevölkerung ansprechen wollte. Das förderte eine Verwurzelung des Glaubens im Alltag. Latein blieb die schriftliche und feierliche Sprache, doch die Predigten dürften oftmals im Gälischen gehalten worden sein.

## Politische Stabilisierung durch die Kirche

Gerade in einer Epoche, in der es wenig staatliche Organisation gab, übte die Kirche eine stabilisierende Funktion aus. Klöster sorgten für Kontinuität über Generationen hinweg, während Könige und Fürsten oft wechselten. Geistliche Beamte nahmen Aufgaben wahr, die später in staatlichen Verwaltungen wichtig wurden, etwa Aufzeichnungen von Besitzrechten.

Die Aussicht auf ein christliches Jenseits, auf Paradies und Gnade, gab vielen Menschen Trost in einer rauen Welt. Gleichermaßen nutzten Adelige die Religion, um ihre Herrschaft zu legitimieren. Sie stifteten Kirchen und Klöster, um zu zeigen, dass sie gottesfürchtig waren. Dies konnte ihnen Ansehen und Unterstützung sichern.

So entstand in Schottland allmählich ein Netzwerk aus kirchlichen und adligen Machthabern. Streitigkeiten waren keineswegs beendet, doch man fand immer wieder auf gemeinsame Werte zurück. Das Christentum bot einen Rahmen, der auch unterschiedliche Volksgruppen (Pikten, Skoten, Britonen) zusammenführen konnte, zumindest in religiöser Hinsicht.

## Verbreitung auf die Orkney- und Shetland-Inseln

Die Orkney- und Shetland-Inseln im äußersten Norden waren zwar abgelegen, doch sie wurden von Missionsbestrebungen nicht ausgeschlossen. Entweder reisten Mönche aus Schottland dorthin, oder die Bewohner kamen bei Handelsfahrten mit christlichen Regionen in Kontakt und ließen sich in der Heimat nieder.

Das Inselleben, oft von Fischerei und Seefahrt geprägt, machte die Menschen offen für neue spirituelle Angebote, solange diese einen praktischen Nutzen oder Schutz versprachen. Christliche Symbole tauchen in späteren Grabstätten auf, und kleine Kapellen belegen, dass sich der Glaube auf den Inseln etablierte.

Allerdings sollten die Orkneys und Shetlands in den kommenden Jahrhunderten noch stark von Wikingereinfällen geprägt werden. Die Christianisierung blieb dort deshalb ein wechselhafter Prozess, in dem keltische, christliche und nordische Einflüsse aufeinandertrafen. Wir werden in einem späteren Kapitel auf die Rolle der Wikinger detailliert eingehen.

## Der Einfluss angelsächsischer Mission

Neben den irischen Mönchen spielten auch angelsächsische Geistliche aus dem Nordosten Britanniens eine Rolle. In Gebieten, die zeitweise unter northumbrischer Kontrolle standen, wurden missionarische Aktivitäten von Klöstern wie Lindisfarne ausgeführt.

Obwohl Lindisfarne selbst stark an keltische Traditionen anknüpfte, war es formal durch die Synode von Whitby und die Zugehörigkeit zum Königreich Northumbria römisch ausgerichtet. So flossen also auch von der englisch-sächsischen Seite Einflüsse nach Schottland.

In manchen Grenzregionen konkurrierten die irische und die angelsächsische Missionsauslegung sogar. Doch häufig gab es ein Nebeneinander: Die Hauptsache war, dass sich das Christentum durchsetzte. Im Rückblick betrachtet vereinte sich vieles davon in einer typisch insularen Religionsform, ehe sich später die römische Liturgie stärker angleichen konnte.

# Ergebnisse der Christianisierung

Am Ende des 8. Jahrhunderts war das Christentum in weiten Teilen Schottlands fest verankert. Zwar gab es immer noch Regionen, in denen ältere heidnische Bräuche lebendig blieben, doch die Eliten und der Großteil der Bevölkerung waren zumindest nominal Christen.

Die Gründung von Kirchen und Klöstern, die Verehrung von Heiligen und das Wirken von Mönchen hatten das Land verändert. Schriftlichkeit und Buchkultur fanden Eingang, regionale Künste wie die piktischen Steine wurden um christliche Symbole erweitert.

Diese spirituelle Einheit nahm großen Einfluss auf das Zusammenwachsen verschiedener Volksgruppen. Besonders die Rolle der Klöster als Vermittler und Bewahrer von Wissen war dabei unersetzlich. Die Kirche bot auch überregionale Netzwerke, die halfen, wenn es politische Krisen gab.

In der Folge entwickelte sich eine neue Phase schottischer Identität, die im Christentum einen verbindenden Faktor erkannte. Diese Entwicklung war jedoch noch lange nicht abgeschlossen. Künftige Konflikte mit äußeren Feinden und inneren Rivalitäten sollten zeigen, dass das Land weiterhin in Bewegung war. Doch das Christentum hatte sich als dauerhafter Eckpfeiler der Gesellschaft etabliert.

# KAPITEL 5: WIKINGERÜBERFÄLLE UND NEUE MACHTVERHÄLTNISSE

## Die Ankunft der Wikinger in Schottland

Die Wikingerzeit beginnt in Schottland um das späte 8. Jahrhundert. Obwohl es schon zuvor Kontakte zwischen skandinavischen Seefahrern und den Küstenregionen Nordbritanniens gab, wird der Überfall auf das Kloster Lindisfarne (im Nordosten Englands) im Jahr 793 oft als Auftakt genannt. Wenige Jahre später weiteten die Nordmänner, wie die Wikinger zu dieser Zeit genannt wurden, ihre Fahrten in den nördlichen Inselraum Schottlands aus.

Die Wikinger stammten überwiegend aus Norwegen und nutzten ihre schnellen Schiffe, die sogenannten Langschiffe, um auch entlegene Gebiete zu erreichen. Dazu zählten die Orkney-, Shetland- und Hebriden-Inseln, aber auch die Küsten der Highlands. Ihre Beweggründe waren vielfältig: Manche suchten Beute, andere neues Siedlungsland. Einige waren junge Krieger, die Ruhm erlangen wollten.

Für die Menschen in Schottland war dies eine neue Dimension von Bedrohung. Zuvor hatten sie zwar bereits Angriffe anderer Stämme oder Fehden untereinander erlebt, doch die Wikinger kamen von außerhalb, sprachen eine fremde Sprache und führten brutale Raubzüge durch. Klöster, die oft über wertvolle Gegenstände verfügten, standen besonders im Visier, weil sich dort Gold, Silber, Buchschmuck und Reliquien befanden.

So begann eine Zeit schmerzlicher Verluste, aber auch ein Prozess der Anpassung. Königshäuser und Clans erkannten, dass sie Strategien entwickeln mussten, um sich gegen die einfallenden Nordmänner zu behaupten. Das führte zu militärischen Neuerungen und beeinflusste die politische Landschaft.

## Erste Überfälle auf Klöster und Siedlungen

Die wikingerzeitlichen Angriffe trafen häufig Inselklöster. Diese galten als leichtes Ziel, weil sie kaum verteidigt wurden. Als die ersten Wikingerboote an den Küsten von Iona und anderen Inseln auftauchten, konnten die Mönche wenig tun, um ihre Schätze zu schützen.

Die Angreifer stahlen nicht nur Wertsachen, sondern entführten mitunter auch Menschen. Wer entkommen konnte, floh tiefer ins Landesinnere oder versuchte, sich in anderen Klöstern in Sicherheit zu bringen. Für die Kirche, die gerade erst im ganzen Land Fuß gefasst hatte, bedeutete dies einen schweren Rückschlag. Viele kostbare Bücher und Kirchengeräte gingen verloren.

Die Überfälle blieben nicht auf Klöster beschränkt. Küstendörfer, Handelsplätze und even kleinere Burgen wurden überfallen. Besonders verwundbar waren Fischer- und Bauerngemeinden, die keinen ausreichenden Schutz besaßen. Die Wikinger kamen in kleinen Gruppen, überfielen rasch und verschwanden wieder zur See. Das machte es schwierig, sie abzufangen.

Einige piktische oder skotische Herrscher verstanden, dass sie feste Küstenwachen oder Wachtürme brauchten. Doch die Wikinger waren sehr mobil und schlugen oft an unerwarteten Stellen zu. Wer sich nicht verteidigen konnte, verlor Vieh, Getreidevorräte oder wurde zur Zahlung von Tributen gezwungen. So zog sich die Bevölkerung zurück in besser geschützte Gebiete oder verbarrikadierte sich hinter Palisaden.

Die allgemeine Verunsicherung war groß. Aus den kirchlichen Aufzeichnungen jener Zeit spürt man Entsetzen über die Heiden, die das Land mit Gewalt heimsuchten. Für die Wikinger hingegen war dies eine Möglichkeit, Reichtum zu erlangen. Erst allmählich wurde klar, dass sie sich nicht nur mit Beute begnügten, sondern auch Siedlungsgebiete suchten, auf denen sie bleiben wollten.

## Die Bedeutung der nördlichen Inseln

Die Orkney- und Shetland-Inseln liegen im äußersten Norden Schottlands und waren bald ein wichtiger Stützpunkt für die Nordmänner. Von Norwegen aus erreichte man diese Inseln relativ schnell. Zudem boten sie sichere Ankerplätze und fruchtbares Weideland.

Zunächst nutzten die Wikinger diese Inseln als Winterquartiere oder Basisstationen für Raubfahrten in Richtung Westen und Süden. Doch bald begannen sie, sich dort dauerhaft niederzulassen. Ortsnamen und archäologische Funde belegen, dass sich eine skandinavisch geprägte Kultur entwickelte: Häuser im nordischen Stil, Grabfunde mit Schiffbestattungen und eine Mischung aus altnordischen und heimischen Traditionen.

Für die einheimischen Bewohner bedeutete dies eine weitreichende Veränderung. Manche wurden vertrieben, andere lebten unter der Herrschaft der neuen Herren weiter. Es kam zu interkulturellen Kontakten, doch in den frühen Phasen überwogen wohl eher Spannungen.

Im 9. Jahrhundert etablierten die Wikinger auf Orkney ein Jarltum, also eine Art Fürstentum unter einem Jarl (auch als Earl bezeichnet). Dieses Jarltum entwickelte sich mit der Zeit zu einer bedeutenden Macht in der Nordsee. Die Jarle regierten selbstbewusst, pflegten Kontakte nach Norwegen, nach Irland und ins übrige Schottland. So blieben die Orkneys bis in die Spätzeit des Mittelalters hinein stark skandinavisch geprägt.

Die Shetlands folgten einem ähnlichen Weg, wenn auch oft in enger Verbindung mit dem Jarl von Orkney. Damit gewannen die Wikinger eine strategische Position über die Schifffahrtsrouten im Norden, die es ihnen erlaubte, rasch auf verschiedene Gebiete zuzugreifen.

## Die Hebriden und das „Königreich der Inseln"

Auch die Hebriden, die entlang der Westküste Schottlands liegen, zogen die Nordmänner an. Die Landschaft aus zahlreichen Inseln, Fjorden und zerklüfteten Küsten machte sie zum idealen Rückzugsraum für die wendigen Langschiffe.

Schon im frühen 9. Jahrhundert gab es auf vielen Hebriden wikingerzeitliche Siedlungen. Die Wikinger vertrieben teils die einheimische Bevölkerung, mischten sich aber auch mit ihr. In späteren Generationen entstand eine eigenständige Kultur, in der nordische und gälische Elemente verschmolzen – man spricht in manchen Quellen von den „Gall-Ghaidheil", also „fremden Galliern", die sowohl nordisch als auch gälisch geprägt waren.

Einige Wikingerführer errichteten sich kleine Herrschaftsbereiche, wobei sie von den Insulanern Tribute forderten oder Land beanspruchten. Später, als das Königreich Norwegens seine Macht festigte, wurden die Hebriden formal zu norwegischen Besitzungen. Manchmal nennt man dieses Gebilde im Nachhinein das „Königreich der Inseln" (Kingdom of the Isles), obwohl es oft nur locker organisiert war.

Für das schottische Festland hatte diese Entwicklung weitreichende Folgen. Die Wikinger kontrollierten viele wichtige Häfen und Handelsrouten. Wer an Schottlands Westküste lebte, musste sich mit den nordischen Herrschern arrangieren oder zumindest akzeptieren, dass diese das Meer beherrschten. Das verlangsamte den Aufstieg lokaler Adliger, die zuvor vom Handel profitiert hatten.

Gleichzeitig wuchs eine Generation heran, die sowohl nordische als auch gälische Traditionen kannte. Diese Mischbevölkerung förderte später neue Dialekte, Bräuche und Allianzen, die das Antlitz der Region dauerhaft prägen sollten.

## Veränderungen bei den Pikten und Skoten durch die Wikingergefahr

Während die Wikinger sich an den Küsten niederließen, blieb das Landesinnere zunächst in Händen der Pikten und Skoten. Doch die ständige Bedrohung zwang auch diese Stämme, ihre politische Organisation zu überdenken.

Die Pikten hatten bereits zuvor verschiedene Königreiche gebildet, die jedoch oft untereinander rivalisierten. Ein starker König konnte sich nur dann halten, wenn er genügend Unterstützer hatte. Nun zeigte sich, dass Uneinigkeit die Abwehr der Wikinger erschwerte. Wenn einzelne piktische Kleinkönige lieber ihre Rivalen bekämpften als gemeinsam gegen die Eindringlinge vorzugehen, verschlimmerte das die Lage.

Bei den Skoten in Dalriada sah es ähnlich aus. Auch hier existierten interne Machtkämpfe, doch angesichts der Wikingervorstöße wuchs die Erkenntnis, dass man eine einheitlichere Führung benötigte. Die Könige versuchten, Allianzen mit benachbarten Clans zu schließen, um sich gegen die Wikinger zu verteidigen.

Diese Bedrohung von außen trug indirekt zur Bildung eines stärkeren Zusammenhalts bei. Neue Bündnisse entstanden, und manche Kleinkönige erkannten, dass sie nur gemeinsam eine Chance hatten. Das führte zu Konferenzen, Heiratsverträgen und militärischen Koalitionen, die die Grundlage für das spätere Königreich Alba legten.

Zugleich machten die Wikinger die bislang gültigen Grenzlinien obsolet. Wenn Feinde von der See kamen, reichte es nicht, nur Landgrenzen zu verteidigen. Das Verständnis von Reichsgebieten veränderte sich. Manche Pikten und Skoten begannen, Burgen oder befestigte Siedlungen in Küstennähe zu bauen, um frühzeitige Warnungen vor anrückenden Schiffen zu erhalten. Somit veränderten die Wikinger die gesamte Militär- und Verteidigungskultur.

## Wikinger und die Christianisierung

Obwohl die Wikinger anfangs als „Heiden" galten und die Kirche in Schottland besonders litten, war die religiöse Situation vielschichtig. Mit der Zeit bekannten sich einige Wikinger-Führer zum Christentum, teils aus politischem Kalkül, teils durch den Einfluss einheimischer Frauen oder geistlicher Vermittler.

In Gebieten, in denen Wikinger länger sesshaft waren, entstand ein Nebeneinander von Heidentum und Christentum. Nordische Gottheiten wie Odin oder Thor wurden noch verehrt, während gleichzeitig christliche Missionare versuchten, die Neusiedler zu bekehren. Manchmal kommt es zu sogenannten Doppelbestattungen, in denen sowohl christliche als auch nordische Symbole auftauchten.

Dieser Prozess zog sich über Generationen. Einige Wikinger-Familien kehrten irgendwann in ihre norwegische Heimat zurück, andere blieben in Schottland, heirateten einheimische Frauen und nahmen lokale Bräuche an. Dadurch kam es zu einer allmählichen Christianisierung vieler Siedler, begleitet von einem Kulturwandel.

Für die schottischen Christen war diese Entwicklung einerseits eine Chance, die brutalen Überfälle zu mindern, indem man die Nordmänner „zähmte". Andererseits verloren sie religiöse Schätze und zentrale Klöster, die nie wieder ihre frühere Bedeutung erlangten. So litt besonders Iona, das mehrmals geplündert wurde. Die Mönchsgemeinschaft dort überlebte zwar, musste sich aber teilweise an einen neuen Standort auf dem Festland zurückziehen, wo es sicherer war.

## Schlachten und Bündnisse mit den Wikingern

Nicht alle Wikinger waren reine Plünderer. Einige suchten auch Allianzen mit einheimischen Fürsten, wenn es ihnen Nutzen brachte. So kam es gelegentlich zu Abkommen, bei denen lokale Herrscher den Nordmännern gegen Tribute Land überließen oder den gemeinsamen Kampf gegen einen Rivalen vereinbarten.

Gleichzeitig gab es Schlachten, die in den mündlichen Überlieferungen stark überhöht wurden. Piktische und skotische Quellen berichten von Kämpfen gegen Wikingerheere, bei denen mal die eine, mal die andere Seite den Sieg davontrug. Oft waren es nur kleinere Gefechte oder Scharmützel, die dennoch bedeutsam für regionale Machtverhältnisse waren.

Ein Beispiel für größere Zusammenstöße ist in den Chroniken der Pikten zu finden, wo beschrieben wird, dass ein piktischer König versuchte, eine vereinte Streitmacht gegen die Nordmänner zu führen, um wichtige Hafenorte zurückzuerobern. Der Erfolg war ungewiss, da die Wikinger schnell Verstärkung übers Meer heranbringen konnten.

Für die skotischen Herrscher in Dalriada galt Ähnliches. Sie konnten mit ihren eigenen Schiffen zwar Gegenangriffe starten, waren aber zahlenmäßig oft unterlegen. Außerdem führten sie zugleich interne Kriege gegen rivalisierende Clanführer. In mancher Schlacht kämpften Wikinger als Söldner sogar aufseiten eines schottischen Königs gegen dessen Feinde. So war das Bild nicht immer klar: Der Feind von gestern konnte zum Bündnispartner von morgen werden, wenn es um Machtgewinn ging.

## Wikingerherrschaft im Norden und Westen

Die politischen Strukturen, die sich in den von Wikingern gehaltenen Gebieten herausbildeten, variierten. Auf Orkney entstand ein Jarltum unter norwegischer Oberhoheit, das später formell vom norwegischen König eingesetzt wurde. Die Jarle agierten aber oft eigenständig und schlossen Abkommen mit anderen Lokalherren.

In den Hebriden war es ähnlich, nur dass die Kontrolle durch Norwegen oft lockerer war. Lokale Wikingerhäuptlinge regierten kleinere Inseln oder Inselgruppen, stritten untereinander oder schlossen sich zu kurzlebigen Allianzen zusammen. Je nach politischer Lage kooperierten sie mit schottischen oder irischen Herrschern, wenn daraus Vorteile entstanden.

Diese Situation hatte auch wirtschaftliche Auswirkungen. Der Seehandel mit Norwegen und anderen skandinavischen Gebieten nahm zu. Waren wie Pelze, Wolle, Walross-Elfenbein und Fische aus dem Nordmeer gelangten in Umlauf. Ebenso brachten die Wikinger fremde Münzen, Schmuckstile und Handwerkstechniken mit. In manchen Siedlungen gab es neue Formen der Metallverarbeitung, die von skandinavischen Schmiedemeistern beeinflusst wurden.

Für die einheimische Bevölkerung bedeutete diese Mischherrschaft fortdauernde Unsicherheit. Man konnte nicht sicher sein, ob ein benachbarter Wikingerhäuptling friedliche Absichten hatte oder ob er die nächste Plünderung plante. Dasselbe galt jedoch auch für manche einheimische Adlige, die ihre Rivalen ausbeuteten. Die Grenze zwischen „Fremden" und „Einheimischen" verwischte allmählich, da Wikingerfamilien generationsübergreifend blieben und so zu einem Teil der lokalen Gesellschaft wurden.

## Folgen für das piktische Königtum

Die Pikten, die einst eine dominierende Rolle in Nord- und Ostschottland innehatten, wurden durch die Wikingerinvasionen stark geschwächt. Zum einen verloren sie wichtige Küstenregionen, zum anderen gingen in den Kämpfen Adlige und Krieger verloren, die für die Verteidigung unentbehrlich gewesen wären.

Auch das Königtum der Pikten war von inneren Machtkämpfen zerrüttet. Sobald ein König starb, entbrannte oft Streit um die Nachfolge, bei dem sich einzelne Clans nicht einig waren. Diese Instabilität spielte den Wikingern in die Hände, weil sie so auf wenig geeinte Widerstände trafen.

Für das Selbstverständnis der Pikten war dies eine Phase des Niedergangs. Manche piktische Clans suchten Schutz bei skotischen Herrschern oder gingen Allianzen mit ihnen ein, um den Verlust ihres Landes zu verringern. Dadurch vermischten sich piktische und skotische Adelsfamilien.

Allmählich wurde das piktische Königreich so schwach, dass es sich um die Mitte des 9. Jahrhunderts mit dem skotischen Herrschaftsbereich vereinigte. Diese Vereinigung, oft als Übergang zur Geburt Schottlands bezeichnet, war keine plötzliche, friedliche Aktion, sondern das Resultat vielfacher Kriege, Heiratsverbindungen und territorialer Verluste.

Dass die Pikten kaum selbstständige Zeugnisse aus dieser Zeit hinterließen, erschwert das historische Verständnis. Doch an der Wende vom 9. zum 10. Jahrhundert war klar zu sehen: Die Pikten existierten zunehmend nur noch als Teil einer größeren politischen Einheit, in der die Herrscherfamilie stark von den Skoten geprägt war.

## Auswirkungen auf das skotische Dalriada

Dalriada, das Königreich der Skoten im Westen, litt ebenfalls unter den Wikingereinfällen. Küstenorte wie Kintyre oder Lorne gerieten immer wieder unter Druck. Doch Dalriada verfügte über eine gewisse Tradition in der Seefahrt, was bei Verteidigungsmaßnahmen helfen konnte.

Skotische Herrscher versuchten, sich gegen die Überfälle zu wappnen, indem sie ihre Krieger auf schnelle Bootsaktionen trainierten. Mit kleinen Flotten konnte man die Wikinger manchmal überraschen oder bei Rückzügen verfolgen. Doch oft blieb man zahlenmäßig unterlegen, wenn mehrere Wikingerhäuptlinge sich verbündeten.

Das Königreich Dalriada war außerdem in Konflikte mit benachbarten britischen und angelsächsischen Mächten verwickelt. Jede Schwächephase konnte von Rivalen ausgenutzt werden. Dennoch spielte Dalriada im 9. Jahrhundert eine entscheidende Rolle bei der Vereinigung mit den Pikten.

Als die Pikten an Stärke verloren, rückte Dalriada unter der Führung seiner Könige in den Vordergrund. Diese Fürsten beanspruchten das Recht, auch über piktische Gebiete zu herrschen. Einer von ihnen, Kenneth MacAlpin, wird in vielen späteren Traditionen als Schlüsselfigur angesehen, auch wenn die historischen Abläufe komplexer waren.

In jedem Fall führte die Wikingerbedrohung dazu, dass Dalriada sich nicht nur auf sein angestammtes Gebiet konzentrierte, sondern auch nach Osten schaute. Eine gewisse Fixierung auf die piktischen Lande half, die küstennahe Verteidigung und den Zugang zu den ertragreicheren Gebieten zu sichern.

## Die Figur Kenneth MacAlpin (Cinaed mac Ailpín)

Kenneth MacAlpin, auch als Cinaed mac Ailpín bezeichnet, war ein skotischer Herrscher, der Mitte des 9. Jahrhunderts lebte. Traditionell wird ihm zugeschrieben, Pikten und Skoten erstmals unter einer Krone geeint zu haben. Zwar ist in der Forschung umstritten, wie viel Legende und wie viel Wahrheit darin steckt, doch es steht fest, dass er maßgeblich an der Verschmelzung beider Völker beteiligt war.

Der Hintergrund dazu war, dass die piktische Königsfamilie geschwächt war. Mehrere piktische Könige fanden in den Kämpfen mit den Wikingern oder in internen Fehden den Tod. Gleichzeitig gewann Kenneth als Anführer der Skoten an Einfluss, indem er möglicherweise Ansprüche auf den piktischen Thron geltend machte – entweder durch eine Erbverbindung oder durch Eroberung.

Anhand spärlicher Aufzeichnungen erkennt man, dass Kenneth ab etwa 843 als König beider Gruppen gesehen wurde. Doch selbst wenn er formell den Titel innehatte, konnte er nicht sofort überall in Schottland durchregieren. Zahlreiche Clans und regionale Fürsten beanspruchten weiter ihre Autonomie. Der Zusammenschluss war eher ein mühsamer Prozess als ein einzelnes Ereignis.

Trotzdem gilt Kenneth MacAlpin als Symbolfigur, da er in der mündlichen Tradition die Idee eines geeinten Schottlands verkörpert. Ob er wirklich „den Thron der Pikten" geerbt oder erobert hat, wird diskutiert. Aber die Tatsache bleibt, dass in seiner Zeit das Machtzentrum der Skoten sich nach Osten verschob und die piktische Identität allmählich in einem größeren Ganzen aufging.

Dieser Wandel wurde teils durch die Furcht vor Wikingern beschleunigt: Je stärker die Bedrohung war, desto mehr sahen Pikten und Skoten die Notwendigkeit, sich zusammenzuschließen.

## Wikinger und regionale Allianzen

Während Kenneth MacAlpin und seine Nachfolger an einer stärkeren Zentralmacht arbeiteten, bildeten sich parallel immer wieder Bündnisse mit einzelnen Wikingergruppen. Nicht alle Nordmänner traten als geschlossener Block auf. Manche Fürsten oder Jarle waren bereit, Verträge abzuschließen, wenn sie davon profitierten.

Das konnten Handelsabkommen sein, in denen ein schottischer König sich verpflichtete, gewisse Waren zu liefern (etwa Vieh, Getreide oder Sklaven), während die Wikinger im Gegenzug auf Angriffe verzichteten. Oder man zahlte Tribute in Form von Silber.

Hinzu kam der Aspekt, dass die Wikinger teils weit in den irischen Raum vorgedrungen waren. In Irland gründeten sie Städte wie Dublin, Wexford oder Limerick. Dadurch entstanden Handelsverbindungen zwischen Schottland, den Hebriden und Irland, die von den Nordmännern kontrolliert wurden. Schottische Herrscher versuchten, von diesem Netzwerk zu profitieren, soweit es ging.

Dadurch war das Verhältnis zu den Wikingern widersprüchlich: Feindseligkeit und Zusammenarbeit wechselten sich ab, je nach politischer Konstellation. Für die Bevölkerung war das kaum durchschaubar. Mal zogen Wikinger plündernd durchs Land, mal sah man die Nordmänner als Verbündete, wenn sie gegen einen verfeindeten Clan zogen.

Auf lange Sicht bedeutete das für Schottland, dass die Küstengegenden – besonders im Norden und Westen – kulturell stark skandinavisch geprägt wurden. Spuren davon bleiben in Ortsnamen, Dialekten und im Erbgut. Die Kriegertradition der Wikinger mischte sich mit den lokalen keltischen Sitten.

## Verteidigung und Anpassung der schottischen Klöster

Die schottische Kirche hatte unter den Überfällen stark gelitten, verlor aber nicht ihre gesamte Kraft. Manche Klöster lernten, sich in befestigten Orten neu zu organisieren. Andere verlegten ihre Standorte oder lagerten wertvolle Reliquien tiefer ins Landesinnere aus.

Mit der Zeit bemerkte man auch, dass einige Wikinger sich zum Christentum bekehrten. Klöster, die im Hinterland lagen, profitierten davon, dass die einstigen Feinde nun zu Nachbarn wurden. Dadurch beruhigte sich das Verhältnis ein wenig. Auch skandinavische Siedler stifteten gelegentlich Kirchen, wenn sie sich als neue Herren etablieren wollten.

Gleichzeitig entstanden neue Frömmigkeitsformen, in denen sich keltisch-christliche und nordische Elemente mischten. So findet man Grabkreuze mit Runeninschriften oder geschnitzte Steinplatten, die sich stilistisch an Wikingerornamenten orientieren, aber christliche Symbole tragen.

Langfristig leistete die Kirche einen Beitrag zur Integration der Wikinger in die schottische Gesellschaft. Geistliche wirkten als Vermittler, sorgten für Taufen oder Ehen zwischen nordischen und einheimischen Partnern und förderten damit den kulturellen Austausch. Die Feindschaft war damit nicht komplett überwunden, doch es zeigte sich, dass die Nordmänner auf Dauer in die Strukturen des Landes hineingezogen wurden.

## Das Ende der großen Raubzüge?

Zwar spricht man oft vom „Ende" der Wikingerausfälle, doch in Wirklichkeit war es ein langsamer Prozess. Raubzüge fanden weiterhin statt, vor allem wenn es Kriegergruppen aus Norwegen, Dänemark oder den Orkneys gab, die neue Gebiete ausbeuten wollten.

Allerdings wandelte sich das Ziel: Anstelle kurzfristiger Beutezüge standen nun oft dauerhafte Besitznahmen im Vordergrund. Das heißt, die Wikinger wollten sich niederlassen und Land kontrollieren. Dieser Übergang verlief parallel zur Bildung größerer norwegischer Reiche, in denen Könige wie Harald Hårfagre (Harald Schönhaar) oder später Olaf Tryggvason versuchten, die verstreuten Jarle an sich zu binden.

Im 10. Jahrhundert waren einige Gebiete Schottlands fest in Wikingerhand, andere wurden von ihnen nur sporadisch überfallen. Der Widerstand der einheimischen Könige ließ große Reiche wie Alba oder Strathclyde entstehen, die besser organisiert waren und zumindest an Land eine stärkere Abwehr bieten konnten.

Trotzdem blieben die Meere im Norden und Westen bis weit ins Mittelalter hinein ein Raum, den Nordmänner dominierten. Schiffe aus Norwegen kamen regelmäßig, und das Netz wikingerzeitlicher Handels- und Siedlungskontakte blieb bestehen. So verschmolzen schottische und nordische Traditionen immer stärker, und in manchen Gegenden konnte man kaum unterscheiden, wer noch rein „keltisch" oder „nordisch" war.

## Wirtschaftliche Veränderungen durch die Wikinger

Die Wikinger brachten neue Impulse für den Seehandel. Sie eröffneten Routen in Richtung Nordatlantik, die zuvor nur wenig befahren waren. Durch ihre Kontakte nach Island, zu den Färöern, nach Grönland und sogar bis Nordamerika (!) in weit späteren Zeiten – wobei wir uns hier auf den skandinavischen Einfluss beschränken, ohne moderne Bezüge – erweiterten sich Möglichkeiten, Waren zu tauschen.

In Schottland profitierte man davon zum Teil. Pelze, Wolle, Fische, Walöl und ähnlich gefragte Produkte fanden über wikingerzeitliche Handelswege Absatzmärkte. Gleichzeitig kamen exotische Güter ins Land, darunter Metalle, Glasperlen oder Schmuckstile, die aus Kontinentaleuropa oder gar dem Orient stammten und über das skandinavische Netzwerk verbreitet wurden.

Auch die Binnenstruktur veränderte sich. Manche Siedlungen wuchsen, weil sie als Umschlagplatz zwischen den skandinavischen Seefahrern und den einheimischen Bauern dienten. Markttage entstanden, auf denen beide Gruppen ihre Waren tauschten. Manchmal regelte ein lokaler Häuptling oder König die rechtlichen Bedingungen dieses Handels, um Frieden zu sichern.

Insgesamt führte das zur Entstehung einer teils wohlhabenden Kaufmannsschicht, die gute Beziehungen zu den Wikingern pflegte. Diese Kaufleute waren weder reine Krieger noch Bauern, sondern lebten vom Handel und passten sich pragmatisch an die Gegebenheiten an. Für die Entwicklung der Städte, die später in Schottland wuchsen, war das ein wichtiger Grundstein.

## Kulturelle Einflüsse und Vermischung

Neben dem Handel beeinflussten die Wikinger die Kultur in vielen Bereichen. Ihr Kunsthandwerk, geprägt von geflochtenen Tierdarstellungen und Knotenmuster, floss in die einheimische Ornamentik ein. An Grabsteinen oder in Metallarbeiten erkennt man Verschmelzungen keltischer und nordischer Motive.

Sprache spielte ebenfalls eine Rolle. In einigen Küstenregionen und auf den Inseln etablierten sich nordische Dialekte, die Ortsnamen prägten. So enden viele Orte auf „-ay" (altnordisch für „Insel"), oder haben Endungen wie „-dal" (Tal), „-vik" (Bucht) oder „-ness" (Landspitze). Bis in die heutige Zeit existieren solche Ortsnamen auf den Shetland- und Orkney-Inseln.

Die Verschmelzung zeigte sich auch in Sitten und Bräuchen. Feiern und Feste konnten Elemente beider Traditionen aufnehmen, wobei das Wintersonnenwendfest der Nordmänner mit dem christlichen Weihnachtsfest verschmolz. Zwar blieb das Christentum offiziell die bestimmende Religion, doch manche alte Riten hielten sich in entlegenen Gegenden.

Auf gesellschaftlicher Ebene kam es zu Ehen zwischen schottischen Clanfamilien und den nordischen Einwanderern, insbesondere wenn dadurch Landbesitz und Macht vergrößert werden konnten. Diese Vermischung war oft ein Schlüssel, um Feindseligkeiten zu überwinden und neue Loyalitäten zu schaffen. Aus diesen Verbindungen ging im Laufe der Zeit eine neue Adelsschicht hervor, die teils skandinavische, teils keltische Wurzeln hatte und sich an beiden Kulturen orientierte.

# Rolle der Frauen im Wikingerzeitalter

Frauen spielten in diesen Kontakten eine nicht zu unterschätzende Rolle. Oft waren sie diejenigen, die zwischen Kulturen vermitteln konnten, wenn sie in Ehen mit den Nordmännern eintraten. Auf den Orkneys oder in den Hebriden gab es etliche Beispiele, bei denen Töchter einheimischer Adliger mit Jarl-Familien verheiratet wurden, um Allianzen zu festigen.

Umgekehrt gab es Frauen aus Norwegen oder anderen skandinavischen Gebieten, die in Schottland heirateten und sich an das keltische Umfeld anpassten. Ihre Kinder wuchsen dann mit beiden Traditionen auf. Auch in den Sagen der Nordmänner finden sich Spuren solcher Verbindungen, in denen schottische und irische Elemente auftauchen.

Innerhalb der wikingerzeitlichen Gesellschaft konnte der Status einer Frau von ihrer familiären Herkunft und ihrem Ehemann abhängen. Manche Frauen hatten beachtliche Rechte, andere blieben in Abhängigkeit. In Schottland, wo das Clanwesen stark war, galt es zudem, dass Frauen bei Erbschaftsfragen eine Rolle spielten, insbesondere wenn männliche Erben fehlten.

So ergab sich eine Dynamik, die man nicht als reine Männerdomäne bezeichnen kann. Zwar wurden Schlachten meist von Männern ausgefochten, doch im Bereich der Diplomatie, Haushaltung, Kindererziehung und Kulturvermittlung waren Frauen elementar. Damit trugen sie langfristig dazu bei, den wikingerzeitlichen Einfluss in der schottischen Gesellschaft zu verankern.

## Konflikte mit der angelsächsischen Welt

Parallel zu den Wikingeraktivitäten in Schottland gab es in England die Auseinandersetzungen mit den Dänen (die sogenannten Danelaw-Gebiete) sowie mit dem aufstrebenden Königreich Wessex, das unter Alfred dem Großen und seinen Nachfolgern erstarkte. Die Grenzen zwischen Schottland und dem angelsächsischen Bereich verliefen nicht stabil, da auch Northumbria sich zeitweise ausdehnte.

Für schottische Herrscher war es eine Herausforderung, gleichzeitig die Wikinger zu bekämpfen und sich gegen angelsächsische Ansprüche zu behaupten. Nicht selten gerieten sie in die Lage, Bündnisse entweder mit Wikingern gegen die Engländer zu schließen oder umgekehrt.

Das führte zu einem komplizierten Geflecht wechselseitiger Abhängigkeiten. Wenn ein schottischer König sich mit dem König von Wessex gegen einen Wikingerjarl verbündete, konnte es passieren, dass er später den Jarl brauchte, um eine Rebellion im eigenen Land niederzuschlagen.

Insgesamt verstärkte dies das Bewusstsein, dass Schottland eine eigene Identität entwickeln musste, um sich zwischen den skandinavischen Mächten und den englischen Königreichen zu behaupten. Hier spielte die allmählich entstehende königliche Macht in Alba eine zunehmende Rolle, wie wir im nächsten Kapitel noch ausführlicher sehen werden.

## Die Spätphase der Wikingerraids & das Erbe dieser Zeit

Im späteren 10. und 11. Jahrhundert wandelte sich das Gesicht der Wikinger: Aus den wilden Plünderern waren vielerorts Feudalherren geworden, die nun ihre Ländereien und Bauern verwalteten. In Norwegen selbst entwickelte sich ein königlicher Zentralstaat, der Anspruch auf die nordischen Kolonien wie Orkney oder die Hebriden erhob.

Dennoch blieben vereinzelte Raubzüge möglich, gerade wenn es innenpolitische Unruhen in Norwegen gab und einzelne Fürsten eigene Machtpolitik betrieben. Auch von den Orkneys aus konnte es Ausfälle in die Küstenregionen Schottlands geben, wenn es an Tribute fehlte oder Grenzstreitigkeiten ausbrachen.

Der Großteil der schottischen Bevölkerung hatte sich jedoch an die Anwesenheit nordischer Herren gewöhnt – oder war selbst Teil dieser Mischkultur geworden. Man hatte neue Waffenarten übernommen, neue Schiffsbauweisen, neue Handelsrouten. Archäologische Funde legen nahe, dass auch der Ackerbau durch wikingerzeitliche Methoden beeinflusst wurde, vor allem in Küstengebieten.

Die größten Veränderungen bestanden darin, dass Schottlands politische Landkarte neu geordnet war: Die Pikten verloren ihre Eigenständigkeit, und die Skoten rückten an die

Spitze eines neuen Reiches, das sich allmählich „Alba" nannte. Wikingerherrschaften bestanden in Teilen des Landes noch lange fort, besonders im Inselraum, aber die Grundlagen für ein später geeintes Schottland waren gelegt.

Was bleibt, ist das kulturelle Erbe der Wikingerzeit: Viele Ortsnamen, Traditionen, Sagen und auch genetische Spuren zeugen von Jahrhunderten, in denen Skandinavier und Einheimische in einer engen Verbindung standen, die gleichermaßen von Feindschaft und Zusammenarbeit geprägt war.

## Ausblick auf die Formierung eines neuen Königreichs

Am Ende der Wikingerüberfälle stand also kein abrupter Friede, sondern ein allmählicher Wandel. Die Nordmänner waren in vielen Regionen heimisch geworden, während die einheimischen Königreiche sich neu sortierten. Die Pikten verschmolzen mit den Skoten, die Britonen von Strathclyde behielten ihre eigene Identität, und angelsächsischer Einfluss kam von Süden her.

In diesem Mosaik begann sich jedoch der Kern eines Königreichs herauszubilden, das den Namen Alba trug und von den Nachfolgern Kenneth MacAlpins beherrscht wurde. Dieses Gebilde war kein moderner Nationalstaat, sondern eine lose Sammlung von Clans und Territorien, die einem König nur teilweise unterstanden. Doch langfristig sollte sich hier eine Dynastie festigen, die den Grundstein für das spätere Schottland legte.

Das Wikingerzeitalter hinterließ tiefe Spuren: neue Handelswege, Mischkulturen, veränderte Militärstrategien und eine Stärkung der königlichen Zentralmacht. Ohne die äußere Bedrohung wären die rivalisierenden Fürsten und Clans vielleicht nie zu so enger Zusammenarbeit gezwungen worden. Auf diese Weise formte der Druck von außen das Land von innen.

# KAPITEL 6: DAS ENTSTEHENDE KÖNIGREICH ALBA

## Übergang von Pikten und Skoten zu Alba

Im vorherigen Kapitel haben wir gesehen, wie die Wikingerüberfälle das Machtgefüge in Schottland veränderten. Nun rücken wir den inneren Prozess der Reichsbildung in den Mittelpunkt, der zur Etablierung von Alba führte. Unter Alba versteht man das entstehende schottische Königreich, in dem die Skoten die führende Rolle übernahmen, während die Pikten allmählich in dieser neuen Struktur aufgingen.

Obwohl Kenneth MacAlpin (9. Jahrhundert) oft als „Gründervater" Schottlands bezeichnet wird, war der Prozess der Vereinigung von Pikten und Skoten komplex. Verschiedene piktische Adelshäuser verschwanden durch Erbkriege oder starben in den Wikingerkämpfen aus. Gleichzeitig verschaffte sich die skotische Elite in Dalriada immer mehr Einfluss.

Es gab keine plötzliche Namensänderung von „Piktland" zu „Alba". Stattdessen setzte sich die Bezeichnung Alba schrittweise durch und bezeichnete zunächst hauptsächlich das Gebiet der östlichen und nördlichen Lowlands. Die Highlands waren in diesem Kontext eher Rückzugsräume, in denen Clans teils eigenständig blieben.

Dieser Übergang war auch sprachlich bedeutsam. Das Gälische wurde in vielen Regionen zur Herrschaftssprache, verdrängte aber nicht überall die piktischen Dialekte, die noch eine Zeitlang existierten. Allerdings fehlen dazu umfangreiche schriftliche Zeugnisse, weil man die Verwaltung nicht so ausführlich dokumentierte, wie wir es aus späteren Epochen kennen.

Was feststeht, ist, dass unter den Königen von Alba eine neue Identität wuchs, die auf die Bewahrung keltischer Tradition setzte und zugleich versuchte, ein vereintes Königtum gegen äußere Feinde zu stabilisieren.

## Die Herrscherfamilie nach Kenneth MacAlpin

Nach Kenneth MacAlpin folgten weitere Könige, die sich als seine Nachkommen oder zumindest als legitime Erben präsentierten. In den Annalen tauchen Namen wie Donald I., Constantine I. oder Aed auf. Jeder von ihnen hatte mit Machtkämpfen zu ringen, sei es gegen Rivalen aus der eigenen Verwandtschaft oder gegen Wikinger, die die Küste bedrohten.

In manchen Fällen übernahm ein Bruder oder ein Cousin den Thron, wenn der amtierende König starb. Diese Nachfolgeregelungen führten häufig zu Streitigkeiten zwischen verschiedenen Familienzweigen. Die Stabilität des noch jungen Königreichs hing stark davon ab, ob es einem König gelang, genügend Unterstützung bei den Clans zu finden.

Die Könige versuchten, ihre Legitimation zu festigen, indem sie sich auf den Begründer MacAlpin beriefen oder indem sie piktische Symbole für sich beanspruchten. Auf piktischen Steinen wurden Königsnamen nachträglich eingemeißelt, um eine Kontinuität zwischen piktischer Vergangenheit und skotischem Königtum zu suggerieren.

Gleichzeitig war der königliche Hof ein Ort, an dem Berater aus Kirche und Adel zusammenkamen. Geistliche spielten eine wichtige Rolle, weil sie als Schriftkundige Verträge aufsetzen und Urkunden verfassen konnten. Wer diese Unterstützung hatte, konnte leichter seine Ansprüche festhalten und Verwandte ausschalten, die keinen schriftlichen Legitimationsnachweis hatten.

Es war jedoch ein langer Weg, bis sich ein verlässliches Erbfolgerecht etablierte. Immer wieder kam es zu Mord, Verrat und Thronwechseln, wenn ein König zu schwach wurde oder in einer Schlacht fiel. Trotzdem wuchs in dieser Zeit das Bewusstsein, dass Alba als Königreich eine übergeordnete Einheit war, zu der sich auch piktische Clans bekannten.

## Die Bedeutung von Scone und anderen Königssitzen

Einer der Orte, der in diesem Zusammenhang häufig erwähnt wird, ist Scone (in der Nähe des heutigen Perth). Scone entwickelte sich zu einer Art Krönungsstätte, an der künftige Könige von Alba gekrönt wurden. Die berühmte Krönungszeremonie hing eng mit dem sogenannten „Stein von Scone" zusammen, der auch „Stone of Destiny" genannt wird.

Dieser Stein symbolisierte in vielen Legenden die Legitimation, über Schottland zu herrschen. Möglicherweise geht seine Tradition sogar auf piktische Brauchtümer zurück. Wer auf diesem Stein gekrönt wurde, sollte nach altem Glauben die göttliche Bestätigung für die Herrschaft besitzen.

Warum Scone? Der Ort lag in einer fruchtbaren Region der Midlands und war gut erreichbar. Außerdem war er für Pikten und Skoten relativ neutral, weil beide Völker hier bereits vorher Treffen abgehalten hatten. Indem man Scone zum symbolischen Mittelpunkt machte, konnten sich die Könige von Alba auf eine rituelle Kontinuität berufen.

Neben Scone gab es weitere wichtige Stützpunkte, etwa Dunkeld oder Forteviot. Diese Sitze dienten als Zentren für Verwaltung und königliche Repräsentation. Dort wurden Gesetze verkündet, Würdenträger empfangen und kirchliche Belange geregelt. Das frühe Königtum brauchte feste Stationen, von wo aus es das Land kontrollieren konnte, selbst wenn die Könige mit ihrem Gefolge oft umherzogen.

Insgesamt trug diese Fixierung auf bestimmte Königssitze dazu bei, dass Alba als zusammenhängendes Reich wahrgenommen wurde. Trotzdem war das Territorium nicht lückenlos organisiert. Viele entlegene Gebiete blieben unter der Verwaltung lokaler Adliger, die lediglich einen Treueeid leisteten.

## Kirchliche Unterstützung und Konsolidierung

Die christliche Kirche, die bereits in früheren Jahrhunderten in Schottland Fuß gefasst hatte, spielte bei der Herausbildung Albas eine entscheidende Rolle. Mönche, Äbte und Bischöfe sahen in einer starken königlichen Macht oft ein Bollwerk gegen wikingische Überfälle oder innere Fehden.

Könige wiederum sicherten sich das Wohlwollen der Kirche, indem sie Klöstern Ländereien schenkten oder Privilegien einräumten. Diese Schenkungen waren in Urkunden festgehalten, die in den Klöstern aufbewahrt wurden. Damit hatte die Kirche ein Interesse daran, den jeweiligen König zu stützen, der ihnen Vorteile verschaffte.

Gleichzeitig war die Mission unter den neu entstehenden Mischbevölkerungen – seien es piktisch-skotische Gemeinden oder Gebiete mit starker Wikingerpräsenz – eine Herausforderung. Die Kirche benötigte königlichen Schutz, um in entlegenen Regionen sicher zu wirken. Wenn ein König die Mission gefördert hatte, steigerte das sein Ansehen als frommer Herrscher.

Andererseits konnten kirchliche Würdenträger bei Thronstreitigkeiten als Vermittler auftreten oder die Legitimität eines Königs anzweifeln, wenn sie ihn als unwürdig empfanden. Dadurch entstand ein politisches Wechselspiel: Beide Seiten waren voneinander abhängig. In der Regel suchten aber sowohl Könige als auch Kleriker nach Wegen, miteinander zu kooperieren.

Auf diese Weise stabilisierte sich der Machtbereich Albas. Die Kirche war eine überregionale Institution mit Bindungen an Irland, England oder sogar das Festland Europas. Ein König, der die Kirche auf seiner Seite hatte, genoss nicht nur moralische Autorität, sondern konnte auch auf internationale Kontakte hoffen.

## Konflikte mit den Wikingern und deren Einfluss

Obwohl sich Alba als Reich formte, blieb die Bedrohung durch die Wikinger bestehen. Gerade an den Küsten und auf den Inseln hatten nordische Jarle nach wie vor Einfluss. Häufig kam es zu neuen Raubzügen, wenn sich die Gelegenheit bot.

Die Könige Albas versuchten, dem mit festen Heerlagern oder Küstenwachen zu begegnen, doch die Mittel waren begrenzt. Immer wieder wurden Kompromisse nötig, etwa durch Zahlung von Tribut oder das Gewähren von Handelsrechten an Wikingerführer, um größere Zerstörung zu vermeiden.

Mit der Zeit stabilisierten sich in manchen Regionen Nordmänner als Feudalherren, die zwar formal dem norwegischen König unterstellt waren, aber in der Praxis eigenständig agierten. Für Alba bedeutete das ständigen Druck auf die Nordgrenze und die Westküste.

Trotzdem wuchsen mit jedem Jahrzehnt die inneren Strukturen Albas. Je stärker das Königtum wurde, desto besser konnte es seine Verteidigung gegen äußere Bedrohungen organisieren. So kam es zu Phasen, in denen die Wikinger sich zurückhielten oder sich eher in Machtkämpfe innerhalb ihrer eigenen Reihen verstrickten.

Die Folge war eine allmähliche Verschiebung: Während im 9. Jahrhundert die Wikinger das Land noch in Atem hielten, entwickelte Alba im 10. Jahrhundert mehr Selbstbewusstsein.

Man konnte eigene Feldzüge planen, um verlorene Gebiete zurückzugewinnen oder wenigstens Verbündete unter den nordischen Siedlern zu finden.

## Alba und das Königreich Strathclyde

Im Süden existierte parallel das Königreich Strathclyde, das von einer britisch-keltischen Bevölkerung bewohnt war. Dieses Königreich hatte seine eigenen Herrscher, war aber ebenso von Wikingern und angelsächsischen Mächten bedroht.

Mit der Zeit kamen die Könige von Alba in Kontakt mit Strathclyde. Manchmal kämpften beide Reiche gemeinsam gegen die Nordmänner. Ein anderes Mal gerieten sie aneinander, wenn es um die Ausweitung von Einflussgebieten ging.

Eine besonders wichtige Phase war, als das Königreich Strathclyde geschwächt wurde und es zu Abkommen mit Alba kam. Teilweise wurde Strathclyde in einer Personalunion vom König Albas mitregiert oder jedenfalls kontrolliert. Ob dies friedlich oder durch Eroberung geschah, ist nicht in allen Einzelheiten belegt, da die Quellen lückenhaft sind.

In jedem Fall trug diese Verbindung dazu bei, dass das Territorium Albas über die Highlands und Nordost-Regionen hinauswuchs. Strathclyde umfasste weite Teile der südwestlichen Lowlands, inklusive des Gebiets um das heutige Glasgow. Damit gewann Alba Zugang zu fruchtbaren Böden, wichtigen Handelsrouten und mehr Bevölkerung, was das Reich insgesamt stärkte.

Außerdem gewann das Königtum Albas so Kontakt zu den britischen Traditionen in Strathclyde. Einige Elemente der britischen Sprache und Kultur mischten sich ins Reich, auch wenn das Gälische weiterhin eine tragende Rolle in der Oberschicht einnahm.

## Angelsächsischer Druck & die Beziehungen zu England

Während Alba wuchs, erstarkte südlich davon das Königreich England. Dieses Königreich entstand im Lauf des 10. Jahrhunderts aus der Vereinigung von Wessex, Mercia und anderen Regionen, nachdem die Dänen im Osten teilweise zurückgedrängt wurden.

Für Alba war die Lage kompliziert: Einerseits bot das neue englische Königreich unter Königen wie Æthelstan oder Edmund militärische Stärke, die man gegen die Wikinger nutzen konnte. Andererseits war zu befürchten, dass England selbst seine Macht nach Norden ausdehnen wollte.

So kam es zu wechselhaften Beziehungen. Manche Könige Albas suchten Bündnisse mit England, schickten Gesandte oder verheirateten Angehörige des Hochadels, um Frieden zu sichern. In anderen Phasen kam es zu Grenzkriegen, wenn England Tribut verlangte oder Ansprüche auf bestimmte Gebiete (wie Lothian) erhob.

Das führte zu gelegentlichen Unterwerfungsakten, bei denen der König von Alba dem englischen König formell Gefolgschaft schwor, um Angriffe zu vermeiden. Ob diese Eide in der Praxis wirklich eingehalten wurden, ist umstritten. Häufig war es eher ein taktisches Manöver, um Zeit zu gewinnen.

Trotzdem förderte diese Interaktion mit England den institutionellen Ausbau Albas. Der König versuchte, sein Heer zu verbessern und seine Verwaltung zu straffen, um gegenüber dem mächtigen Nachbarn besser bestehen zu können. Gleichzeitig holte man sich Anregungen bei den angelsächsischen Bischöfen oder Beamten, wenn es um Schriftkultur und kirchliche Organisation ging.

## Der wachsende Einfluss der Königsmacht

Binnen Albas bemühten sich die Könige, den Adel stärker an sich zu binden. Das feudale System war noch in einem frühen Stadium. Lokale Häuptlinge oder Mormaers (eine schottische Bezeichnung für regionale Herrscher) wollten oft ihren eigenen Herrschaftsbereich nicht an den König abtreten.

Um ihre Macht zu festigen, setzten die Könige auf verschiedene Strategien:

1. **Heiratsallianzen**: Ehen zwischen königlicher Familie und einflussreichen Adelsfamilien sollten Loyalität sichern.
2. **Landvergabe**: Wer sich dem König anschloss, erhielt Ländereien oder wurde in bestimmten Regionen als Verwalter eingesetzt. Das schuf Verpflichtungen.
3. **Klösterliche Bindung**: Durch Schenkungen an die Kirche verstärkte man die moralische Legitimation der Krone. Geistliche predigten Loyalität gegenüber dem König.
4. **Rechtsprechung**: Manche Könige begannen, königliche Gesetze zu verkünden, die Konflikte zwischen Clans regeln sollten. Die Wirkung war begrenzt, aber es setzte ein Zeichen, dass oberhalb der Clan-Traditionen eine höhere Autorität existierte.

Trotzdem blieb Alba lange Zeit ein Reich, in dem viele Angelegenheiten auf lokaler Ebene gelöst wurden. Der König konnte nicht überall eingreifen, insbesondere wenn entlegene Gebiete nur selten von königlichen Truppen kontrolliert wurden.

Doch Schritt für Schritt entwickelte sich ein Bewusstsein dafür, dass Alba ein übergreifendes Ganzes war. Dieser Prozess wurde oft durch äußere Bedrohungen beschleunigt. Sobald Wikinger oder englische Heere auftauchten, rückte das Reich zusammen und erkannte die Notwendigkeit gemeinsamer Verteidigung.

## Der Dynastiewechsel und die Dunkeld-Linie

Nach den ersten Nachfahren Kenneth MacAlpins kam es zu Zeiten, in denen unterschiedliche Verwandte um den Thron wetteiferten. Schließlich setzte sich eine Linie durch, die man später als Dunkeld-Dynastie bezeichnen wird. Diese Linie hatte ihren Schwerpunkt in der Region Dunkeld (in den Midlands), wo ein wichtiges Kloster lag.

Könige dieser Familie – wie etwa Malcolm I. oder sein Nachfolger – stellten sich der Herausforderung, Alba weiter zu stabilisieren. Sie reagierten auf Wikingerüberfälle und versuchten gleichzeitig, das Verhältnis zu England zu klären. Oft ist es schwierig, den genauen Verlauf der Herrschaft zu rekonstruieren, da die Quellen knapp sind. Doch die Chroniken deuten auf anhaltende Konflikte hin.

Einer der bekannteren Könige aus der Dunkeld-Linie ist Malcolm II. (Regierungszeit um 1005–1034). Er kämpfte sowohl gegen Wikinger als auch gegen englische Heere und konnte nach einigen Rückschlägen Erfolge erzielen. Zwar waren diese Schlachten keine endgültige Absicherung, aber sie steigerten sein Prestige.

Der Übergang von einer Königsfamilie zur nächsten passierte immer wieder durch Erbansprüche, Heiratsverbindungen oder einfach durch bewaffnete Übernahme der Macht. So blieb die Geschichte Albas weiterhin von Unsicherheiten geprägt. Trotzdem etablierte sich die Idee, dass es einen obersten König gab, der zumindest formell über das ganze Reich herrschte.

## Einfluss der Clans und lokale Strukturen

Unterhalb des Königs entwickelte sich das System der Clans und Mormaers weiter. Ein Mormaer war in etwa vergleichbar mit einem Fürsten oder Grafen, der eine Region verwaltete. Manche dieser Mormaers hatten einen sehr starken eigenen Machtbereich, zum Beispiel in Moray oder im nördlichen Galloway.

Clans, die sich einem Mormaer anschlossen, erwarteten Schutz und Land, während sie im Kriegsfall Krieger stellten. Der Mormaer wiederum schuldete dem König Unterstützung, wenn das Reich bedroht war. Dieses Geflecht war jedoch fragil: Falls ein Mormaer sich stark genug fühlte, konnte er versuchen, sich vom König zu lösen oder selbst nach dem Thron zu greifen.

Der Clanbegriff war in Alba komplex. Clans verstanden sich als Großfamilien, die entweder reale oder mythische Vorfahren teilten. Prestige entstand durch Tapferkeit im Kampf, Besitz von Ländereien und die Nähe zum König. Frauen konnten wichtige Bündnisse stiften, indem sie bei Hochzeiten eine Verbindung zweier Clans herstellten.

Politisch blieb das Land also vielschichtig. Die königliche Verwaltung war in Ansätzen vorhanden, etwa durch Boten oder Gesandte, die Dekrete verkündeten. Doch echte Kontrolle aus der Ferne war schwierig. Daher reisten Könige meist mit ihrem Gefolge durch das Land, hielten Hof und baten die lokalen Herren um Gefolgschaft.

In diesem Rahmen entwickelte Alba eine Struktur, die später in ein hochmittelalterliches Feudalsystem übergehen sollte. Zu jener Zeit waren die Weichen gestellt, doch das Reich blieb noch jahrzehntelang in einem Spannungsverhältnis zwischen lokaler Freiheit und königlicher Zentralisierung.

## Die Rolle der Kirche und Klostergründungen

Die Kirche blieb während dieser Phase eine wichtige Stütze. Alte keltische Klöster existierten weiter, wurden teils aber neu ausgerichtet. Einheimische Heilige, wie St. Columba oder St. Mungo, standen im Mittelpunkt der Frömmigkeit. Zugleich nahmen Einflüsse von außen zu, insbesondere aus England oder sogar vom Festland, wenn Geistliche ins Land kamen.

Bischofssitze gab es noch nicht in der Dichte wie später, aber einige Keimzellen, die sich zu Diözesen entwickeln sollten. Das lag daran, dass die schottische Kirche bis zu einem gewissen Grad unabhängig war und sich an irischen oder altkeltischen Mustern orientierte. Dennoch wuchs der Kontakt mit Rom, was zu späteren Reformen führte.

Könige förderten mitunter den Bau neuer Kirchen, die sie als Zeichen ihres Ansehens stifteten. Dabei handelte es sich oft um hölzerne Bauten, die später durch Steinkirchen ersetzt wurden. Solche Projekte dienten dem Ansehen der Dynastie und zeigten, dass das Königreich Alba Teil der christlichen Welt war.

In den Klöstern entstanden erste Aufzeichnungen über historische Ereignisse, Königsgenealogien und Legenden. Diese Schriften waren jedoch nicht so umfassend wie spätere Chroniken. Dennoch lieferten sie eine Grundlage, auf der spätere Generationen ihr Geschichtsverständnis aufbauten.

## Die Beziehungen zu Irland

Alba hatte weiterhin eine Beziehung zu Irland, da Dalriada ursprünglich eng mit irischen Königreichen verbunden war. Doch im Laufe der Zeit veränderten sich diese Verhältnisse, da die skotischen Könige ihre Macht in Schottland festigten und weniger auf irische Unterstützung angewiesen waren.

Gleichzeitig war auch Irland selbst stark von Wikingeraktivitäten betroffen. Städte wie Dublin entwickelten sich zu wikingerzeitlichen Handelszentren, was große Umbrüche im irischen Königssystem auslöste. Schottische Könige konnten gelegentlich von den Konflikten in Irland profitieren, indem sie sich auf einer Seite einmischten und dafür Unterstützung erhielten.

Dennoch war es kein einseitiges Abhängigkeitsverhältnis mehr wie in den Zeiten, als Dalriada noch ein Teil des gälischen Kulturkreises war. Alba war auf dem Weg, ein eigenständiges Reich zu werden, das zwar kulturelle Verbindungen zu Irland hatte, aber politisch mehr auf Schottland und die Beziehungen zu England ausgerichtet war.

Trotz dieser Entwicklung blieb die irische Klostertradition in manchen Regionen lebendig, insbesondere in den westlichen Highlands und auf den Hebriden. Dort trafen sich die alten keltischen Riten mit den neuen Machtstrukturen Albas und der nordischen Kultur.

## Übergang vom 9. zum 10. Jahrhundert – Konsolidierung

Zwischen dem späten 9. Jahrhundert und dem frühen 10. Jahrhundert entwickelte Alba eine stabilere Monarchie. Verschiedene Könige traten auf, die längere Regierungszeiten erreichten, was auf ein geringeres Maß an internen Machtkämpfen hindeutet – zumindest vorübergehend.

Diese Phase ermöglichte es, erste Gesetze zur Regelung von Nachfolgeransprüchen zu erlassen. Auch die Machtpositionen der Mormaers wurden genauer definiert. Vieles lief noch mündlich, doch die Anwesenheit kirchlicher Schreiber half, wichtige Abmachungen schriftlich festzuhalten.

Die Landesgrenzen von Alba waren in diesem Zeitraum allerdings noch nicht so festgelegt wie später. Gebiete im Süden konnten mal zu Strathclyde gehören, mal englischer Einflusszone sein, und im Norden blieben die Orkneys eindeutig unter wikingerzeitlicher Kontrolle. So war Alba zwar ein Königreich, aber kein vollständig geeintes Staatsgebilde im modernen Sinne.

Dennoch setzte sich in den Quellen zusehends der Name „Alba" durch, um das Kerngebiet unter der Herrschaft der skotischen Könige zu bezeichnen. Aus piktischer Sicht war das vielleicht eine einseitige Übernahme durch die Skoten, aber der Lauf der Geschichte führte dazu, dass die piktische Eigenständigkeit weitgehend verschwand.

# Militärwesen in der Zeit Albas

Das Militär Albas bestand aus der Gefolgschaft des Königs und den Kontingenten der lokalen Adligen, die im Ernstfall aufgeboten wurden. Eine stehende Armee gab es nicht. Stattdessen berief der König im Kriegsfall die Männer der Clans ein, die dann mit eigenen Waffen, teils auch Pferden, zum Sammelpunkt zogen.

Wichtig waren die Kämpfer in den Highlands, die Erfahrung im bergigen Terrain hatten und sich auf schnelle Angriffe und Hinterhalte spezialisierten. Im Flachland konnten dagegen Reitertrupps nützlicher sein, besonders gegen angelsächsische oder wikingerzeitliche Einfälle.

Seefahrt blieb ein Thema, vor allem solange Wikinger drohten. Alba baute aber keine große Kriegsflotte auf, da das Reich nicht über die gleichen maritimen Traditionen verfügte wie die Nordmänner. Allerdings besaß man genug Boote, um im Notfall Überfälle in den Küstenregionen zu beantworten oder Flussgebiete zu kontrollieren.

Die Hauptschwierigkeit lag darin, das Heer schnell mobilisieren zu können. Nachrichten mussten über Boten zu den Clans gelangen, und es konnte dauern, bis man sich vereinigte. Darum setzten die Könige Albas oft auf Verteidigungsstrategien, bei denen man feindliche Haufen ins Landesinnere lockte, um sie auszuhungern oder in unwegsames Gelände zu bringen.

Auf lange Sicht führte dieser Zustand dazu, dass Alba nicht in der Lage war, eine große Expansionspolitik zu betreiben. Man konzentrierte sich eher auf Verteidigung und Konsolidierung innerhalb der bestehenden Grenzen. Erst in späteren Jahrhunderten, unter anderen Dynastien, sollte es zu aktiveren Eroberungen kommen.

# Wirtschaftliche Entwicklung

Die Wirtschaft in Alba basierte überwiegend auf Landwirtschaft. Getreide wie Hafer, Gerste und Weizen wurde angebaut, wobei die Erträge stark von Klima und Bodenqualität abhingen. Viehhaltung, besonders von Rindern, Schafen und Schweinen, war ebenfalls wichtig und bildete oft einen Teil des Tribut- und Tauschsystems zwischen Bauern und Adligen.

Handel fand in kleinem Rahmen auf lokalen Märkten statt. Überregionale Waren wie Salz, Metalle, Schmuck oder Tuch importierte man teils aus England oder über die nordischen Routen. Auch Verbindungen nach Irland blieben bestehen, vor allem in den westlichen Gebieten.

Für den König waren Tributzahlungen der Clans und Mormaers eine wesentliche Einkommensquelle. Hinzu kamen Abgaben aus den Königsgütern (in späteren Zeiten als Crown Lands bezeichnet) und die Erlöse aus Geldbußen, die bei Rechtsverstößen verhängt wurden. Richtige Steuersysteme wie im Hochmittelalter gab es allerdings noch nicht.

Trotz der Bescheidenheit dieser Wirtschaft kam es allmählich zu einer Verbesserung des Lebensstandards in gesicherten Regionen. Sobald Wikingerüberfälle zurückgingen und die königliche Ordnung für Stabilität sorgte, konnten Bauern investieren und Händler Netzwerke aufbauen. So legte die Epoche Albas den Grundstein für späteres Wachstum, auch wenn es häufig Rückschläge gab.

# Gesellschaftsordnung und Recht

Die Gesellschaft gliederte sich in Adlige, freie Bauern und Unfreie (Knechte oder Sklaven). Die Kirche bildete eine eigene Gruppe, die offiziell dem König unterstand, aber intern von kirchlichen Strukturen geleitet wurde.

Freie Bauern besaßen eigenständige Höfe oder Pachtland, für das sie Dienste leisten mussten. Wer nicht die Mittel besaß, sich als freier Bauer zu halten, arbeitete bei größeren Höfen oder Adligen und verlor oft rechtliche Freiheiten. Sklaverei war im frühen Mittelalter durchaus verbreitet, auch wenn die Kirche dagegen predigte.

Rechtliche Streitigkeiten wurden meist vor lokalen Versammlungen geklärt, in denen ein Adliger oder ein vom König bestellter Richter den Vorsitz führte. Das galt für Grenzstreitigkeiten, Ehefragen oder Körperverletzung. Man kannte das Konzept der Wergeldzahlungen, also Bußgelder, die für bestimmte Vergehen an das Opfer oder dessen Familie gezahlt werden mussten.

Der König konnte sich in diesen Prozess einmischen, wenn er politische Interessen verfolgte oder wenn man seinen Schutz suchte. Das königliche Recht begann allmählich, regionale Rechtsgewohnheiten zu überlagern, blieb aber oft vage. Erst in späteren Jahrhunderten entwickelten sich systematischere Gesetzessammlungen.

Insgesamt blieb Alba auch in der Gesellschaftsordnung ein Land, das Traditionen der Pikten, Skoten und anderer keltischer Gruppen vereinte. Die Wikinger brachten neue Elemente ein, etwa die Bindung von Kriegern an einen Jarl, doch diese Strukturen begrenzten sich meist auf die Inselgebiete oder Küstenregionen.

## Kulturelle Ausprägungen – Sprache und Kunst

Während das Gälische zur Oberschichtsprache aufstieg, gab es in manchen Lowland-Gebieten bereits Einflüsse von angelsächsischen Dialekten. Das Piktische verschwand im 10. Jahrhundert weitgehend, zumindest als Schriftsprache, obwohl es möglicherweise noch mündlich weiterlebte.

Die Kunst in Alba setzte keltische Traditionen fort: Verzierte Steinkreuze, Buchmalerei in Klöstern, Metallarbeiten mit Knotenmuster. Gleichzeitig flossen nordische Elemente ein, zum Beispiel in der Ornamentik von Grabsteinen oder Schmuck. Dies führte zu einer bemerkenswerten Mischung, die man in Ausgrabungen immer wieder findet.

Erzählerische Traditionen entstanden mündlich, da nur wenige schriftliche Quellen überliefert sind. Barden und Dichter trugen Heldengeschichten, genealogische Lieder und Mythen vor. Diese halfen, das Gedächtnis an alte Könige und an heroische Verteidigungstaten gegen Feinde zu bewahren.

Obwohl die Epoche Albas in vielen Bereichen noch Dunkelzonen aufweist, lässt sich sagen, dass die kulturelle Vielfalt das Reich prägte. Nicht nur Pikten und Skoten, sondern auch Britonen aus Strathclyde, angelsächsische Einwanderer und nordische Siedler formten das Bild.

## Rivalitäten & Reformen unter Malcolm II. & seinen Nachfolgern

Mit Malcolm II. (Regierungszeit Anfang des 11. Jahrhunderts) rückte das Königtum weiter in Richtung einer größeren Einheit vor. Er soll einige Siege gegen englische Heere errungen haben, was sein Ansehen festigte. Gleichzeitig bemühte er sich, seine Familie durch Heiraten in wichtige Positionen zu bringen.

Malcolm II. hatte jedoch keine Söhne, so dass er seine Enkelin heiraten ließ, um eine Thronfolge zu sichern, die später Lulach und schließlich Macbeth (bekannt aus der späteren Shakespeare-Rezeption) beeinflussen würde. Diese Verbindungen führten zu zahlreichen Machtkämpfen in der folgenden Generation.

Trotzdem war am Ende klar, dass das Königtum Albas nicht mehr in Frage gestellt wurde. Der Name Alba wurde selbstverständlich gebraucht, und die meisten Regionen des Kernlands akzeptierten den König, auch wenn es lokale Rebellionen gab. Erst mit den Nachfolgern Malcolms (z. B. Duncan I. und Macbeth) erreichte das innere Ringen um die Thronfolge eine bekannte literarische Bearbeitung, die jedoch erst in viel späterer Zeit erfolgte.

In dieser Epoche versuchte man, das kirchliche Leben weiter zu reformieren und an den europäischen Standard anzunähern. Erste Kontakte zu kontinentaleuropäischen Klöstern und Bischofssitzen wurden geknüpft. So entstand ein Fundament für den späteren Eintritt Schottlands ins mittelalterliche Konzert der christlichen Reiche.

## Die Stellung Albas im frühmittelalterlichen Europa

Alba war zu dieser Zeit kein Großreich, aber es war auch nicht mehr nur ein loser Stammesbund. Auf einer Karte des frühmittelalterlichen Europa wirkte es immer noch abgelegen und weniger entwickelt als die Königreiche auf dem Kontinent. Doch im Vergleich zur frühen Epoche der Pikten und Skoten hatten sich erhebliche Fortschritte in Organisation, Kultur und internationaler Einbindung ergeben.

Pilger und Reisende, die aus dem Kontinent nach Irland und weiter nach Schottland kamen, berichteten von einer stolzen Königsdynastie, die ihr Land gegen Wikinger und Engländer verteidigte. Die Handelsrouten über die Nordsee und die Irische See waren besser erschlossen, und kirchliche Netzwerke verbanden Alba mit Klöstern in ganz Europa.

Zwar galten die Highlands immer noch als raues, schwer zugängliches Gebiet, doch auch dort war das Christentum weitgehend verbreitet. Klöster oder kleine Missionsstationen gab es selbst in entlegenen Tälern. Die Lebensweise der Bergbauern blieb hart und traditionell, aber sie waren Teil eines größeren Reiches, das in Notzeiten Armeen mobilisieren konnte.

So fand Alba langsam seinen Platz: nicht als zentralisierte Monarchie im modernen Sinn, sondern als ein keltisch geprägtes Reich mit starkem Clanwesen und einer aufstrebenden Königsmacht. Diese Situation bildete die Grundlage für die weiterführende mittelalterliche Geschichte Schottlands, in der es um Unabhängigkeitskriege und Konflikte mit England gehen sollte.

# KAPITEL 7: DIE DUNKELD-DYNASTIE UND INTERNE MACHTKÄMPFE

## Überblick über die Dynastie

Die Dunkeld-Dynastie, gelegentlich auch als „Haus Dunkeld" oder „Canmore-Dynastie" bezeichnet, übernahm die Königswürde in Schottland nach einer Phase häufiger Thronwechsel und Thronansprüche. Diese Dynastie knüpfte an frühere Könige von Alba an, behauptete jedoch eine stärkere, zusammenhängendere Linie, die sich letztlich von Malcolm II. († 1034) ableitete.

Obwohl die Bezeichnung „Dunkeld" aus dem Ort abgeleitet wird, an dem ein bedeutendes Kloster lag, sollte man sich das nicht als alleinigen Herrschaftssitz vorstellen. Die Könige reisten weiterhin durch das Land, hielten Hof an unterschiedlichen Orten und versuchten, ihren Einfluss zu sichern. Doch Dunkeld war eine Art geistiges und symbolisches Zentrum.

Mit der Dunkeld-Dynastie setzte ein Wandel in Schottland ein: Während das Reich zuvor stark von inneren Rivalitäten und der ständigen Wikingergefahr bestimmt war, begann nun eine Phase, in der sich das Königtum allmählich festigte und neue außenpolitische Beziehungen knüpfte. Dennoch blieben interne Machtkämpfe – innerhalb der Dynastie selbst und zwischen König und regionalen Herrschern – an der Tagesordnung.

Zentral für das Verständnis dieser Epoche ist, dass die Dunkeld-Könige sich immer wieder an der Schnittstelle zwischen keltischer Tradition und angelsächsischem oder gar normannischem Einfluss befanden. Dieser Spagat prägte ihre Regierungszeit und bestimmte, wie sich Schottland weiterentwickelte.

## Malcolm II. und die Erbfolgekrise

Obwohl wir Malcolm II. bereits im vorigen Kapitel kurz erwähnt haben, lohnt ein tieferer Blick auf sein Wirken. Er regierte von etwa 1005 bis 1034 und gilt als ein energischer König, der versucht haben soll, Schottlands Grenzen auszuweiten und die Rolle Albas im damaligen Nordbritannien zu stärken.

Malcolm II. focht Kämpfe gegen angelsächsische Herrscher im Süden aus, um sich Lothian zu sichern, das ein bedeutendes Gebiet in den südöstlichen Lowlands war. In einigen Chroniken heißt es, er habe Erfolge erzielt, andere Quellen hingegen berichten von wechselhaften Schlachten. Jedenfalls vergrößerte er möglicherweise das Einflussgebiet Albas, sodass die Grenze weiter nach Süden rutschte.

Ein zentrales Problem war die Thronfolge. Malcolm II. hatte keine überlebenden Söhne. Traditionell konnte in Schottland auch ein Neffe oder Enkel über die weibliche Linie beerben, doch dies führte oft zu Unstimmigkeiten. Um den Erbanspruch zu sichern, verheiratete Malcolm II. eine Enkelin, um durch deren Nachkommen den Thronanspruch zu wahren. Diese Konstellation war der Auslöser für spätere Machtkämpfe zwischen verschiedenen Familienzweigen.

Als Malcolm II. im Jahr 1034 starb, war daher nicht alles geklärt. Zwar sah man Duncan I. (einen Enkel Malcolms über die weibliche Linie) als legitimen Nachfolger, doch auch andere Verwandte erhoben Anspruch, darunter Macbeth, der über seine Frau Gruoch (eine Enkelin von Kenneth III.) in der königlichen Linie stand. Diese Rivalitäten brachen bald auf.

## Duncan I., Macbeth & der Kampf um die Königswürde

Duncan I. wurde 1034 König von Alba. Er trat die Nachfolge Malcolms II. an und schien zunächst akzeptiert. Doch die Verhältnisse waren fragil: Duncan musste sowohl mit den großen Mormaers (regionalen Fürsten) klarkommen als auch die andauernde Gefahr durch nordische Angreifer berücksichtigen. Zusätzlich gab es Spannungen mit Nordengland, wo abwechselnd angelsächsische und dänische Könige regierten.

In den Annalen wird berichtet, dass Duncan in Schlachten eher unglücklich agiert habe. Möglicherweise erlitt er eine Niederlage gegen Nordmänner im Norden. Auch intern soll er Auseinandersetzungen mit regionalen Lords gehabt haben, die ihm mangelnde Stärke vorwarfen.

Ein wichtiger Kontrahent war Macbeth, der Mormaer von Moray. Moray war ein machtvolles Gebiet im Norden, das bis dahin immer wieder versucht hatte, eine gewisse Unabhängigkeit zu behalten. Macbeth hatte einen legitimen Anspruch auf den Thron, da er in direkter Linie von früheren Königen abzustammen glaubte.

Der Konflikt eskalierte um 1040 in einer Schlacht, bei der Duncan fiel – laut einer Version wurde er von Macbeth getötet, laut anderen fiel er in einer offenen Feldschlacht. Jedenfalls übernahm Macbeth daraufhin die Königswürde. Er regierte von 1040 bis 1057, also deutlich länger, als das spätere Theaterstück „Macbeth" von Shakespeare vermuten lässt (das sich zudem teils dramaturgische Freiheiten nahm).

Historisch gesehen scheint Macbeth kein Schurke gewesen zu sein, sondern ein relativ erfolgreicher Herrscher. Er förderte die Kirche, unternahm sogar eine Pilgerreise nach Rom (laut den Annalen von Tigernach) und versuchte, die Autorität der Krone in weiten Teilen Albas zu stärken. Seine Ehe mit Gruoch, die königliches Blut hatte, stabilisierte seinen Thron.

Dennoch blieb die Opposition mächtig: Vor allem Duncans Söhne, Malcolm (später Malcolm III.) und Donald, wollten den Thron ihres Vaters zurückerobern. Im Jahr 1054 gab es einen entscheidenden Vorstoß, möglicherweise mit Unterstützung englischer Kräfte. Die Auseinandersetzungen setzten Macbeth mehr und mehr zu, bis er 1057 in der Schlacht von Lumphanan fiel. Sein Stiefsohn Lulach übernahm kurzzeitig die Macht, wurde jedoch binnen weniger Monate gestürzt, woraufhin sich Malcolm (später als Malcolm III. bekannt) durchsetzte.

Macbeths Königtum zeigt, dass die dynastischen Konflikte nicht einfach nur Ränkespiele waren: Sie hatten entscheidenden Einfluss auf die Stabilität Albas und auf den Umgang mit Nachbarn. Die Legitimität des Königs beruhte weiterhin sowohl auf Abstammung als auch auf militärischem Erfolg. Macbeths Regierungszeit verdeutlicht, dass die königliche Macht damals noch keineswegs gesichert war.

## Malcolm III. (Canmore) und die Festigung der Dunkeld-Dynastie

Mit Malcolms Thronbesteigung 1058 begann eine neue Phase. Er wird oft als Malcolm III. Canmore bezeichnet („Canmore" leitet sich von einem gälischen Wort für „großer Kopf" oder „großer Anführer" ab). Malcolm III. hatte gelernt, wie fragil die Königsmacht sein konnte.

Während seiner langen Regierungszeit (1058–1093) bemühte er sich, die dynastischen Querelen einzudämmen. Er kämpfte immer wieder gegen englische Ansprüche und versuchte zugleich, durch Heiratspolitik Allianzen zu schaffen. Seine berühmteste Verbindung war die Ehe mit der aus dem angelsächsischen Exil stammenden Prinzessin Margaret, einer späteren Heiligen.

Die Eheschließung mit Margaret hatte weitreichende Folgen: Margaret war englischer und teilweise ungarischer Abstammung (ihr Vater war in Ungarn im Exil gewesen), zudem sehr religiös. Sie brachte angelsächsische Hofsitten und eine stärkere Orientierung an die römische Liturgie mit. Durch sie wuchs der Einfluss englischer Berater am schottischen Hof. Gleichzeitig formte sich ein engeres Band zwischen Alba und den angelsächsischen Adeligen, die nach der normannischen Eroberung Englands (1066) zum Teil ins Exil gehen mussten.

Diese Verbindung half Malcolm III., den Thron zu sichern, stieß aber auch auf Widerstände. Ein Teil des schottischen Adels fürchtete die wachsende Anglisierung. Doch Malcolm war sehr zielstrebig und nutzte die angelsächsischen Gefolgsleute seiner Frau, um seine Position zu stärken.

Außenpolitisch erwuchs eine große Herausforderung durch die normannischen Könige Englands, die nach 1066 zunehmend Druck ausübten. Malcolm unternahm mehrmals Grenzüberfälle in Nordengland, traf aber auf starke Gegenwehr. 1072 zwang Wilhelm der Eroberer ihn zu einem Vertrag, in dem Malcolm formell Unterwerfung signalisierte und Geiseln stellte. Diese Episode verdeutlicht das schwierige Gleichgewicht zwischen Unabhängigkeit und Unterordnung.

Malcolm III. blieb aber über weite Strecken Herr des Geschehens in Alba. Bis zu seinem Tod 1093 versuchte er, seinen Söhnen den Weg zur Nachfolge zu ebnen. Dass seine Gattin Margaret hohes Ansehen genoss, half ihm, Widerstand im Inland zu besänftigen. Zugleich markierte Malcolms Regierungszeit den Anfang einer schrittweisen Annäherung an kontinentale Feudalstrukturen, ohne dass Alba sich vollständig veränderte.

## Die Rolle der Königin Margaret (spätere Heilige)

Margaret, Malcolms Ehefrau, wurde nach ihrem Tod als Heilige verehrt („St. Margaret of Scotland"). Ihre Lebensgeschichte zeigt, wie eng religiöse Frömmigkeit und Hofpolitik im Hochmittelalter verknüpft waren.

Ursprünglich stammte Margaret aus dem angelsächsischen Königshaus, das durch die normannische Eroberung Englands entthront wurde. Sie floh mit ihrer Familie und landete schließlich in Schottland, wo sie Malcolm III. heiratete. Bald darauf entfaltete sie einen großen Einfluss am Hof, indem sie:

1. **Kirchen- und Klosterreformen** anregte, die das schottische Kirchenleben näher an römische Normen heranführen sollten.
2. **Almosen und Wohltätigkeit** betrieb, etwa indem sie Pilger, Arme und Bedürftige unterstützte.
3. **Höfische Sitten** förderte, die den Hofalltag kultivierter wirken ließen. Dazu gehörten neue Tischsitten, Kleiderordnungen und die Pflege eines höfischen Umgangstons.

4. **Bildungsimpulse** setzte, indem sie Geistliche förderte, die Lesen und Schreiben verbreiteten.

Margaret gelang es, traditionelle keltische Elemente mit römisch-lateinischen zu verbinden. Zwar verursachte ihr Eifer teils Spannungen, wenn sie bestimmte alte gälische Bräuche als „unzivilisiert" empfand. Doch insgesamt trug sie dazu bei, dass die schottische Kirche sich stärker in die lateinische Christenheit einfügte.

Nach ihrem Tod 1093 soll sie durch ihren asketischen Lebensstil und ihre Wohltaten den Ruf einer Heiligen erlangt haben. 1250 erfolgte ihre Heiligsprechung offiziell, was Schottland auf die große kirchliche Bühne hob. Auch politisch wirkte ihre Verehrung nach, denn sie wurde zur Symbolfigur für das Christentum im Land und unterstrich die enge Verbindung mit dem angelsächsischen Erbe. So setzte sie einen Kontrapunkt zur später erstarkenden normannischen Kultur in England.

# Nachfolgekrisen nach Malcolm III. – Donald III., Duncan II. und Edgar

Als Malcolm III. 1093 bei einem Feldzug in England fiel, starb kurz darauf auch Königin Margaret. Damit brach eine neue Zeit der Unsicherheit an. Malcolm hatte mehrere Söhne, doch gleichzeitig gab es andere Verwandte, die den Thron beanspruchten.

Zunächst gelangte Malcolms Bruder Donald III. (auch „Donald Bane" genannt) auf den Thron. Er gehörte zum konservativeren Flügel des Adels, der wenig Gefallen an der Anglisierung unter Margaret gefunden hatte. Donald III. wollte möglicherweise die keltischen Traditionen Albas stärken und die englischen Berater am Hof vertreiben.

Allerdings war er nicht unangefochten. Duncan II., ein Sohn Malcolms aus einer früheren Verbindung, unternahm mit Hilfe normannischer und englischer Unterstützer einen Vorstoß, um den Thron zu gewinnen. Er besiegte Donald III. kurzzeitig und regierte einige Monate. Doch Duncan II. wurde 1094 getötet, wohl durch Verrat oder in einer Schlacht.

Daraufhin kehrte Donald III. erneut auf den Thron zurück. Doch die Söhne Margarets – allen voran Edgar und Alexander – wollten nicht kampflos zusehen. Edgar erhielt Unterstützung aus England, wo König Wilhelm II. (Rufus) regierte und seine Interessen in Schottland wahren wollte. 1097 gelang es Edgar, Donald III. zu stürzen und sich selbst zum König zu machen. Donald wurde gefangengenommen, geblendet oder verbannt (die Quellen variieren), jedenfalls verschwand er von der Bildfläche.

Diese innerdynastischen Konflikte machen deutlich, wie stark Schottland zu jener Zeit in die Machtpolitik Englands verflochten war. Die Söhne Malcolms III. aus der Ehe mit Margaret kamen oft nur mit Hilfe englischer Truppen an die Macht. Dies verstärkte wiederum die Anglisierungstendenz am Hof. Auf der anderen Seite blieben keltisch gesinnte Adlige unzufrieden, fühlten sich bedroht und lehnten die wachsenden normannischen Einflüsse ab.

## König Edgar (1097–1107) und sein Erbe

König Edgar war der erste Sohn Margarets, der sich dauerhaft durchsetzen konnte. Er regierte von 1097 bis 1107. Seine Zeit gilt im Vergleich zu den vorherigen Jahren als etwas ruhiger, obwohl das Verhältnis zu England keineswegs spannungsfrei war. Edgar musste den englischen Königen formell Gefolgschaft schwören, um ihren Beistand behalten zu können.

Er galt als fromm und friedliebend, führte wohl weniger Kriege als sein Vater Malcolm III. Sein Interesse lag eher darin, das Land zu befrieden und die Position der königlichen Verwaltung zu verbessern. Möglicherweise setzte er frühere Reformen seiner Mutter fort, förderte Klöster und sorgte dafür, dass angelsächsische Adlige am schottischen Hof Fuß fassten.

Innerhalb Schottlands war Edgar darauf bedacht, die großen Mormaers nicht zu sehr zu reizen. Er vergab ihnen Titel und Privilegien, damit sie seine Regierung stützten. Es gab weiterhin regionale Konflikte, doch insgesamt war die Lage stabiler als in den Jahren zuvor. In wirtschaftlicher Hinsicht profitierte Alba vom relativen Frieden, weil Händler sich sicherer bewegen konnten und die Bauern weniger Angst vor willkürlichen Plünderungen hatten.

Als Edgar 1107 starb, hinterließ er das Reich seinem Bruder Alexander I. (für den Norden) und David (für den Süden), was eine Art Teilung andeutete. Diese Aufteilung war jedoch eher formell. Letztlich übernahm Alexander I. den Thron in der Hauptsache, während David als Earl von Cumbria fungierte und später selbst König werden sollte. Hier wird sichtbar, wie die Brüder Malcolms und Margarets miteinander nach einer Lösung suchten, um Thronstreitigkeiten zu vermeiden.

## Alexander I. (1107–1124) – Ein entschlossener Herrscher

Alexander I. übernahm nach Edgars Tod den königlichen Titel. Er war energischer als Edgar und neigte eher zu Durchsetzungsmaßnahmen, wenn sich Widerstand regte. Sein Beiname „der Fierce" (der Grimmige) in manchen Chroniken legt nahe, dass er Konflikte nicht scheute, wenn es galt, die königliche Autorität zu bewahren.

Während seiner Regierungszeit kam es zu Zusammenstößen mit aufständischen Lords in den Highlands, die ihre Unabhängigkeit verteidigen wollten. Alexander schlug diese Aufstände offenbar mit harter Hand nieder. Auch gegen Wikingerstämme, die von den Orkneys aus operierten, musste er gelegentlich vorgehen.

Gleichzeitig war er tief religiös geprägt, was er in Stiftungen von Kirchen und Klöstern bewies. Er pflegte Kontakte mit der Kirche in England und holte sich Anregungen für die Reformen in Schottland. Wie seine Mutter Margaret wollte er die Liturgie und die kirchliche Organisation festigen, um Schottland stärker an die kontinentale und englische Praxis heranzuführen.

Alexanders Ehe mit Sybilla, einer unehelichen Tochter von König Heinrich I. von England, verdeutlicht erneut die Verflechtung mit dem englischen Königshaus. Diese Verbindung half ihm einerseits, seine Macht zu stabilisieren, brachte aber auch die Gefahr einer zunehmenden Abhängigkeit von England mit sich.

Der frühe Tod Sybillas und das Ausbleiben ehelicher Nachkommen hinterließen Alexander I. in einer schwierigen familiären Lage. Als er 1124 starb, fiel das Königtum an seinen jüngeren Bruder David, der später als David I. eine zentrale Figur in der Geschichte Schottlands werden sollte.

## Der innere Konflikt zwischen Tradition und Wandel

Während der Regentschaften von Edgar und Alexander I. entwickelte sich in Schottland ein Spannungsfeld zwischen traditionellen keltischen Strukturen und den sich ausbreitenden angelsächsisch-normannischen Einflüssen. Viele Adlige, besonders in den Lowlands, sahen in den neuen Sitten und dem Kontakt zu England eine Chance auf wirtschaftlichen und politischen Aufstieg. Sie kopierten Feudalnormen, bauten steinerne Burgen und nahmen Elemente der normannischen Ritterkultur an.

Demgegenüber standen alteingesessene Clans, vor allem in den Highlands, die ihre gälische Tradition hochhielten und sich nur ungern zentralisieren oder gar von fremden Modellen prägen ließen. Für sie war der König von Alba ein traditioneller Oberherr, der ihre Sprache sprach und ihre Bräuche respektierte.

Die Dunkeld-Könige versuchten, eine Balance zu finden. Sie förderten den Ausbau von Verwaltungsstrukturen, Kanzleien und Bischofssitzen, mussten aber gleichzeitig aufpassen, die lokale Elite nicht zu verprellen. So entstanden erste Ansätze einer Doppelstruktur: In den Lowlands wuchs das Feudalsystem mit normannisch geprägten Herren, in den Highlands blieb das altgälische Clanwesen weitgehend intakt.

Auch religiös war dies spürbar. Während in den Lowlands römische Kirchennormen und Englisch sprechende Priester an Einfluss gewannen, hielten entlegene Gebiete an der gälischen Liturgietradition fest. Die Könige duldeten dies, solange keine offene Rebellion entstand, versuchten aber allmählich, das ganze Land in kirchlicher Hinsicht zu vereinheitlichen.

## Aufkommen erster Burgen und Städte

Ein sichtbarer Wandel war die Entstehung von Burgen und befestigten Siedlungen im normannischen Stil. Während früher vor allem Holzpalisaden und Motte-and-Bailey-Festungen genutzt wurden, tauchten nun erste Steinburgen auf. Adelige, die sich dem König als Vasallen zur Verfügung stellten, erhielten oft Land und bauten dort wehrhafte Strukturen.

Parallel entwickelten sich Keimzellen von Städten, die in späteren Jahrhunderten als „Burghs" bezeichnet werden sollten. Diese frühen Siedlungskerne entstanden an strategischen Punkten, etwa an Flüssen, Handelswegen oder Küsten. Dort lebten Handwerker, Händler und ein wachsendes städtisches Bürgertum.

Das Königshaus förderte diese Entwicklung, weil es von Zöllen und Marktabgaben profitieren konnte. Je stärker der Handel, desto mehr Einnahmen flossen in die königliche Kasse. Außerdem war es im Interesse des Königs, dass neue Zentren entstanden, die direkt loyal waren und als Gegengewicht zu den Clans dienten.

Diese Urbanisierung war im 11. und 12. Jahrhundert noch in den Anfängen, doch sie markierte eine deutliche Veränderung gegenüber dem alten, eher ländlich geprägten Schottland. Handel kam aus England, dem Kontinent und sogar aus Skandinavien, wenn auch in bescheidenem Umfang. Für jene Zeit war dies ein bedeutender Schritt in Richtung mittelalterlicher Staatsbildung.

## Englische und normannische Adlige in Schottland

Ebenfalls kennzeichnend für diese Periode war der Zuzug angelsächsischer und normannischer Adliger, die vor den politischen Umwälzungen in England flohen oder gezielt von den schottischen Königen angeworben wurden. Das begann schon unter Malcolm III. und Margaret, verstärkte sich jedoch später.

Diese Adligen brachten ihre Ritterschaft, ihre militärischen Kenntnisse und ihre Verwaltungspraktiken mit. Im Gegenzug erhielten sie Ländereien in Schottland und stellten dem König loyale Gefolgschaft. Familien wie die Bruces, Stewarts oder Comyns sollen in dieser Phase ihre ersten Wurzeln in Schottland gefestigt haben.

Für den König war dies ein Vorteil, da er damit eine Machtbasis schuf, die nicht in den alten Clanstrukturen gefangen war. Doch es führte auch zu Konflikten mit den einheimischen Adelshäusern, die diese „Fremden" als Bedrohung für ihren Status ansahen.

Langfristig sollten diese eingewanderten Familien das Königreich prägen. Sie führten zum Beispiel das Konzept der „Fealty" (Vasallentreue) ein und halfen beim Aufbau einer Herrschaftsverwaltung, die den europäischen Standards näher kam. Sprachlich sorgten sie für ein Eindringen des Norman French an den Höfen, während das Englische (damals noch im angelsächsischen Dialekt) in den Lowlands immer verbreiteter wurde.

Diese Entwicklung stieß nicht überall auf Begeisterung. In den Highlands hielt man an Gälisch fest, und manche ältere Adelsgeschlechter empfanden den kulturellen Wandel als Verrat an den keltischen Wurzeln. Doch der königliche Hof rückte unaufhaltsam in Richtung einer Mischkultur, in der angelsächsische, gälische und normannische Elemente verschmolzen.

## Die Rolle der Kirche beim kulturellen Wandel

Die Kirche unterstützte viele Neuerungen. So förderten Bischöfe und Äbte den Bau steinerner Kirchen und Klöster, die als Zentren der Bildung, Liturgie und Seelsorge dienten. Mönchsorden aus dem kontinentalen Europa, wie die Benediktiner oder Augustiner, fassten schrittweise Fuß in Schottland.

Die schottische Kirche stand zwar nicht unter direktem Primat von Canterbury oder York, doch es gab Verhandlungen und Streitigkeiten darüber, ob Schottland eine eigene Kirchenprovinz bilden dürfe. Die Könige mischten sich in diese Debatten ein, da ihnen an einer gewissen Unabhängigkeit lag. Gleichzeitig wollten sie die Anerkennung durch den Papst, um ihre Herrschaft religiös zu legitimieren.

Klösterliche Skriptorien kopierten nicht nur religiöse Texte, sondern auch Verwaltungsdokumente. So entstand eine schriftliche Fixierung, die dem König erlaubte, Rechte, Ländereien und Privilegien klarer festzuhalten. Dadurch büßten mündliche Traditionen teils an Bedeutung ein.

Zugleich beschleunigte die Kirche den kulturellen Wandel, da viele Geistliche aus England, Frankreich oder anderen Teilen Europas stammten. Sie brachten lateinische

Bildungsstandards mit, verbreiteten neue Formen der Frömmigkeit und waren offen für eine Angleichung an die lateinische Christenheit. Das war besonders in den Lowlands sichtbar, wo klösterliche Zentren entstanden (z. B. Tyninghame oder Dunfermline).

## Verhältnis zu den Highlands & aufkeimender Widerstand

Während die Lowlands sich rasch wandelten, blieb das Verhältnis zu den Highlands angespannt. Dort dominierten alteingesessene Clans, die sich nicht ohne Weiteres in die neuen Strukturen integrieren ließen.

Einige Highland-Clans erkannten zwar die Autorität des Königs an, pochten aber auf ihre traditionelle Autonomie. Sie beanspruchten althergebrachte Rechte wie das Urram (Ehrenrecht) oder den freien Zugang zu Weidegründen. Wenn der König neue Abgaben verlangte oder fremde Adlige in ihre Region brachte, konnte das rasch zu Aufruhr führen.

Auch die Sprache war eine Barriere: Gälisch blieb im Norden die Alltagssprache, wohingegen sich in den königlichen Verwaltungszentren zunehmend das Englische (in altertümlicher Form) und das Norman French breit machten. Die Highlands empfanden das als kulturelle Entfremdung.

Die Folge waren gelegentliche Aufstände. Manche Mormaers sahen sich von den neuen Feudalherren bedroht, die der König einsetzte. Andere lehnten die kirchlichen Reformen ab, die ihre altkeltischen Praktiken in Frage stellten. Königliche Feldzüge in die Highlands sollten diese Aufstände niederschlagen, waren aber militärisch schwierig.

Dieses Spannungsverhältnis blieb eines der Hauptthemen der mittelalterlichen schottischen Geschichte: die Kluft zwischen einem stärker anglo-normannisch geprägten Kernland in den Lowlands und der gälisch-keltischen Eigenständigkeit der Highlands. Die

Dunkeld-Könige versuchten, diese Gräben zu überbrücken, ohne sie jedoch ganz zu schließen.

## Die Frage der königlichen Nachfolge und die Stabilität

Das zentrale Thema in dieser Zeit blieb die Nachfolgeregelung. Da die Könige zumeist viele Kinder hatten, kam es regelmäßig zu Neid und Rivalität. Hinzu kamen Halbgeschwister, die über andere Eheverbindungen oder Mätressen abstammten.

Die schottische Tradition kannte ursprünglich das Prinzip der „tanistry", wonach nicht unbedingt der älteste Sohn, sondern ein in der Verwandtschaft geeigneter Kandidat zum König gewählt werden konnte. Dies sollte Fehlentscheidungen vermeiden, führte aber oft zu blutigen Thronstreitigkeiten.

Unter dem wachsenden Einfluss des Feudalrechts setzte sich allmählich die Primogenitur (Erstgeburtsrecht) durch, wie sie in vielen europäischen Reichen üblich war. Das versprach mehr Stabilität, brachte jedoch Spannungen mit sich, weil es die keltische Praxis verwarf.

Königliches Handeln versuchte, beide Prinzipien zu vereinen: Oft wurde ein ältester Sohn zum designierten Nachfolger gekürt, doch zur Sicherung seiner Position arrangierte man Verbündete und schaltete potenzielle Rivalen aus. In einigen Fällen wurden Brüder mit Ländereien abgefunden, damit sie sich nicht gegen den Kronprinzen stellten.

Diese Politik diente der Stabilität und schuf immerhin einige aufeinanderfolgende Generationen von Dunkeld-Königen. Doch sie war keineswegs perfekt. Immer wieder kam es zu Intrigen, gerade wenn ein König starb, bevor er seinen Thronerben richtig hatte durchsetzen können.

## Die Außenbeziehungen zu England und Norwegen

Neben den inneren Spannungen galt es, außenpolitische Ansprüche abzuwehren. Englands Könige – zuerst die normannische Dynastie (Wilhelm I., Wilhelm II., Heinrich I.) und später die Plantagenets – betrachteten Schottland oft als Vasallenstaat oder zumindest als potentielle Einflusszone. Schottische Könige reagierten mal mit Einlenken, mal mit Grenzüberfällen.

Mit Norwegen blieb das Verhältnis schwankend. Zwar war die große Epoche der Wikingerraids abgeflaut, doch die norwegischen Herrscher beanspruchten weiterhin die nördlichen Inseln (Orkney, Shetland) und zeitweilig die Hebriden. Schottische Könige hätten diese Gebiete gern ins Reich integriert, stießen jedoch auf den Widerstand der Jarle vor Ort.

Gelegentlich kam es zu Abkommen, in denen Schottland oder Norwegen formell seine Ansprüche an erkannte Grenzen anpasste, doch die Praxis blieb von gegenseitigen

Übergriffen geprägt. Teilweise verbündeten sich regionale Machthaber mit dem König von Norwegen, wenn sie sich vom schottischen Hof benachteiligt fühlten.

Im Westen war ferner Irland ein Faktor. Einige schottische Herrscher pflegten Beziehungen dorthin, doch Irland war zu jener Zeit ebenfalls zersplittert und stark von anglo-normannischen Eroberungszügen betroffen (ab dem späten 12. Jahrhundert). Daher ergaben sich für Schottland keine allzu großen Handlungsspielräume.

Insgesamt gesehen war die Außenpolitik der Dunkeld-Könige daher ein Balanceakt zwischen englischem Druck, norwegischen Interessen und diversen Kleinkonflikten. Es gelang ihnen aber, das Reich zu behaupten und teils sogar vorsichtig zu erweitern, solange sie nicht in größere Fehden verwickelt wurden.

## Gesellschaftlicher Wandel & die wachsende Rolle des Adels

Durch die Zuwanderung normannischer Adliger und die allmähliche Übernahme feudaler Strukturen änderte sich die Zusammensetzung der herrschenden Schicht. Neben den alten Mormaers entstanden neue Grafentitel (Earls), die sich am englischen System orientierten.

Jene Earls verfügten über große Ländereien, errichteten Burgen und übten Gerichtsbarkeit aus. Sie traten teils als Mittler zwischen König und lokalen Gemeinschaften auf. Ein Teil von ihnen sprach Französisch, ein Teil Englisch, während in den Highlands gälische Dialekte vorherrschten.

Dieser Adel gewann an Selbstbewusstsein. Man war stolz auf die familiäre Abstammung, auf die Teilnahme an Kreuzzügen (später im 12. und 13. Jahrhundert) oder auf die Stiftung von Klöstern. Die Dynastie der Dunkeld-Könige war darauf angewiesen, diesen Adel in ihr Regierungsnetz einzubinden, etwa durch Heirat und Vergabe von Rechten.

Dies führte langfristig zu einer Stärkung des Feudalwesens, wobei sich die Stellung der freien Bauern verschlechterte. Manche gerieten in Abhängigkeit von Großgrundbesitzern, die nun an die Stelle der alten Clanführer traten. Wiederum war diese Entwicklung in den Highlands verzögert und nicht so stark ausgeprägt wie in den Lowlands, wo das feudal-normannische System Fuß fasste.

## Kultur und Identität in der Übergangszeit

Kulturell erlebte Schottland in dieser Epoche einen Schmelztiegel-Effekt:

- **Sprache**: Das Gälische war offiziell noch stark, verlor aber in den Lowlands zunehmend an Boden. Englisch (bzw. Scots) und Norman French traten in Erscheinung, vor allem am Hof und unter Einwanderern.
- **Bauwesen**: Steinarchitektur für Kirchen und Burgen setzte sich durch, oft in romanischem Stil. Feine Steinmetzarbeiten zeigten religiöse Motive, Wappen oder florale Muster.
- **Kunst**: Keltische Ornamentik blieb lebendig, verschmolz aber mit romanischen und normannischen Elementen. Buchmalerei existierte noch, verlegte sich aber zunehmend auf theologische Schriften.
- **Literatur und Geschichtsschreibung**: Erste Chroniken wurden verfasst, die versuchen, die Königsabfolge festzuhalten. Viele Werke sind verloren, doch es ist bekannt, dass Kirchenmänner wie Bischöfe oder Mönche sich bemühten, eine nationale Geschichte zu konstruieren, in der die Dunkeld-Könige verherrlicht wurden.

Auf diese Weise entstand schrittweise das Fundament einer neuen Identität, die sich später als „schottisch" definieren würde. In dieser Zeit sprach man eher von Alba und seinen Leuten, ohne eine einheitliche Volkszugehörigkeit nach heutigem Verständnis anzunehmen. Normannen, Engländer, Gall-Gaidhil (mischkeltische Wikinger), piktische und skotische Nachfahren – alle vermischten sich zunehmend.

## Der Ausblick auf David I. und weitere Entwicklungen

Am Ende dieses Kapitels rückt David I. (1124–1153) in den Fokus, der nach Alexander I. den Thron bestieg und als entscheidende Gestalt für die Vollendung der Reformen im 12. Jahrhundert gilt. David I. wird oft als einer der wichtigsten Könige der Dunkeld-Dynastie bezeichnet, da er die Feudalstruktur weiter ausbaute, umfangreiche Klostergründungen initiierte und Städte förderte.

Bevor wir jedoch auf David I. eingehen, der im nächsten Kapitel im Zusammenhang mit dem **Normannischen Einfluss und gesellschaftlichem Wandel** eine besondere Rolle spielen wird, lässt sich das vorläufige Fazit ziehen:

1. Die Dunkeld-Dynastie stabilisierte das Königtum in Schottland, auch wenn Thronstreitigkeiten häufig vorkamen.

2. Die Rolle von Frauen wie Königin Margaret brachte neue Sitten und verstärkte die Anglisierung.
3. Unter Malcolm III. und seinen Söhnen wurde Schottland stärker in die englische und kontinentale Politik eingebunden.
4. Die Feudalordnung begann, sich auszubreiten, was Spannungen mit den traditionellen keltischen Strukturen in den Highlands auslöste.
5. Die Kirche wirkte als Motor für kulturelle Veränderungen, indem sie neue Frömmigkeitsformen und Verwaltungspraktiken einführte.

Die Epoche der Dunkeld-Könige legte somit die Grundlage für das mittelalterliche Schottland, das im 12. Jahrhundert verstärkt normannische Elemente übernehmen sollte, ohne seine keltischen Wurzeln gänzlich aufzugeben.

## Zusammenfassung der zentralen Entwicklungen

- **Dynastische Festigung**: Nach Malcolm II. rangen verschiedene Königskandidaten um die Macht. Mit Malcolm III., Edgar und Alexander I. setzte sich allmählich eine kontinuierliche Königslinie durch.
- **Kirchliche Reformen**: Königin Margaret und ihre Nachkommen förderten eine Kirche im römischen Stil. Alte keltische Bräuche gerieten teils in Vergessenheit.
- **Einfluss Englands**: Die enge Verbindung zum angelsächsischen Exil und später zu den normannischen Herrschern Englands führte zu einer teilweisen Abhängigkeit und zu gegenseitigen Konflikten.
- **Gesellschaftlicher Wandel**: Zuwanderung normannischer Adliger, Gründung von Burgen und Keimzellen städtischen Lebens sowie der Aufbau feudaler Strukturen in den Lowlands prägten das Land nachhaltig.
- **Fortdauernde Kluft**: In den Highlands hielt das Clanwesen an keltischen Traditionen fest. In den Lowlands setzte sich allmählich ein normannisch geprägtes Feudalsystem durch.

# KAPITEL 8: NORMANNISCHER EINFLUSS UND GESELLSCHAFTLICHER WANDEL

## Schottland am Vorabend der normannischen Prägung

Zum Zeitpunkt des Amtsantritts von David I. (1124) war Schottland bereits in Kontakt mit der Normandie und den normannisch geprägten Adelshäusern Englands. Nach der Eroberung Englands durch Wilhelm den Eroberer (1066) hatten sich etliche Normannen im Norden angesiedelt oder mit englischen Dynastiefragen befasst, was Auswirkungen bis nach Schottland hatte.

Die Hochphase des direkten Wikingerterrors war inzwischen verebbt, wenngleich im Nordatlantikraum und auf den Orkneys noch immer Jarle herrschten. In den Lowlands hingegen waren schon seit Malcolm III. und Margaret vermehrt Adlige angelsächsischer und normannischer Herkunft aufgetaucht.

Mit David I. begann ein bewusster Schritt in Richtung einer tiefergehenden Einbindung feudaler Strukturen, wie sie in Frankreich und England längst ausgeprägt waren. David I. war in seiner Jugend am englischen Hof aufgewachsen und hatte die dortige Hofkultur kennengelernt. Er brachte diesen Erfahrungsschatz nach Schottland, wo er bald versuchte, die königliche Macht auf ein moderneres Fundament zu stellen.

# David I. und seine politische Vision

David I. (1124–1153) war ein jüngerer Sohn von Malcolm III. und Margaret. Bevor er König wurde, hatte er eine Zeitlang als Earl of Huntingdon in England gelebt, wodurch er direkten Einblick in die Feudalgesellschaft erhielt. Diese Erfahrungen prägten sein Verständnis von Herrschaft und Verwaltung.

Sobald er in Schottland an die Macht kam, begann er, normannische Ritter in sein Reich zu holen und ihnen Ländereien anzubieten, damit sie Burgen errichteten und die königliche Autorität stärkten. Im Gegenzug erwartete David I. Militärdienst und Loyalität. So wuchs eine Schicht von Vasallen heran, die ihre Position dem König verdankten und dadurch eng mit ihm verbunden waren.

Zudem förderte David I. den Ausbau von Klöstern, die nach kontinentaleuropäischen Ordensregeln (z. B. Benediktiner, Augustiner, Zisterzienser) lebten. Er stattete sie mit Grundbesitz aus, damit sie wirtschaftlich florieren konnten. Diese Klöster wurden in der Folge zu Zentren des Lernens und der Landwirtschaftsinnovation.

Durch diese Politik, die man rückblickend als „Davidian Revolution" bezeichnet, verwandelte David I. das bisherige Alba immer mehr in ein Feudalreich. Selbstverständlich gab es Widerstände, besonders vonseiten der traditionellen gälischen Adeligen und der Highland-Clans, die ihre Freiheiten bedroht sahen. Dennoch setzte sich Davids Modell in vielen Lowland-Regionen durch.

# Die Burghs – Entstehung erster Städte

Ein Kernaspekt von Davids Politik war die Gründung sogenannter „Burghs", also königlicher Städte. Hierbei handelte es sich um neu angelegte Siedlungen oder um bereits existierende Orte, denen Marktrechte und Privilegien verliehen wurden.

Diese Burghs bekamen eigene Rechtssysteme, die von einem königlichen Provost (Vorsteher) oder einem Rat verwaltet wurden. Kaufleute konnten hier Güter umschlagen, Handwerker fanden ein städtisches Milieu, und der König profitierte von Marktzöllen und einer gefestigten Infrastruktur. Beispiele für solche frühen Burghs sind Edinburgh, Stirling, Perth und Aberdeen (auch wenn manche davon bereits als Siedlungen existierten, erhielten sie nun einen formalisierten Status).

In diesen Städten lebten oft Einwanderer aus England, Flandern oder anderen Regionen, die spezielle Handwerks- oder Handelserfahrungen mitbrachten. Sie brachten zusätzliche Dynamik, wodurch das städtische Leben florierte.

Diese Urbanisierung markierte einen tiefen Wandel. Zuvor war Schottland fast ausschließlich ländlich strukturiert, doch nun entstand ein neuer Wirtschaftszweig mit

Marktplätzen, Zünften und Stadtrichtern. Natürlich waren die Burghs noch klein nach heutigen Vorstellungen, aber sie bildeten das Rückgrat eines sich entwickelnden schottischen Handels.

Gleichzeitig verstärkte dies die Kluft zwischen Lowlands und Highlands, da sich die städtischen Neugründungen vor allem in den fruchtbaren und leichter kontrollierbaren Regionen ansiedelten. Für die keltisch geprägten Highlands blieben Viehzucht, Clantraditionen und Subsistenzwirtschaft zentral.

## Normanisierung des Adels – Bruce, Stewart und andere Familien

Wie schon im vorangegangenen Kapitel erwähnt, waren normannische Familien teils bereits nach Schottland gekommen. Unter David I. und seinen Nachfolgern intensivierte sich dieser Prozess. Namen wie Bruce, Stewart (französisch: „Stuart"), Sinclair, de Morville oder Comyn gewannen an Bedeutung und stiegen in der schottischen Hierarchie auf.

Viele von ihnen erhielten großzügige Ländereien, meist in den Lowlands oder an strategisch wichtigen Punkten, wo sie Burgen bauten und einen sicheren Stützpunkt für den Königshof bildeten. Im Gegenzug leisteten sie Ritterdienste, stellten Truppen und respektierten die Oberhoheit des Königs. So entstand eine Art Pyramide, an deren Spitze der König stand und darunter der neue Feudaladel.

Diese Familien brachten ihre eigenen Traditionen mit – sei es in Architektur, in der Kriegsführung (z. B. Reitertruppen im normannischen Stil) oder in Verwaltungsfragen (etwa die schriftliche Fixierung von Lehenverträgen). Dadurch prägten sie das Land nachhaltig. Sie trugen zur Verbreitung der französischen Sprache am Hof bei, sodass man im 12. und 13. Jahrhundert davon sprechen kann, dass die Hochkultur der schottischen Oberschicht stark französisch beeinflusst war.

Allerdings war diese „Normanisierung" vor allem in den Lowlands spürbar. In die Highlands hinein reichte die königliche Macht weiter, doch die dortigen Clans arrangierten sich auf ihre Weise mit den neuen Verhältnissen oder widersetzten sich zeitweise. Auch entstanden im Laufe der Zeit Heiratsverbindungen zwischen normannischen Adeligen und gälischen Clanführern, was eine zusätzliche kulturelle Vermischung bewirkte.

## Die Rolle der Kirche in der Davidianischen Reform

David I. förderte nicht nur die Burghs und den Adel, sondern sah auch in der Kirche ein Schlüsselelement für den gesellschaftlichen Wandel. Seine Absicht war eine bessere Eingliederung Schottlands in die römisch-katholische Christenheit.
Dabei entstanden neue Bistümer oder es wurden ältere Strukturen reorganisiert. So entstanden Bischofssitze in Orten wie St Andrews, Glasgow, Dunkeld oder Moray. Jeder

Bischof war dem König gegenüber verpflichtet, obwohl er kirchenrechtlich unter dem
Papst stand. Diese Doppelrolle ermöglichte es David I., die Kirche als Partner in der
Staatsbildung einzuspannen.
Zugleich holte er Ordensgemeinschaften ins Land:

- **Zisterzienser** (z. B. in Melrose und Newbattle),
- **Augustiner-Chorherren** (z. B. in Holyrood),
- **Tironenser** (z. B. in Arbroath und später Kilwinning).

Diese Klöster nahmen Aufgaben in Landwirtschaft, Bildung und missionarischer Seelsorge wahr. Sie erhielten große Ländereien, die sie urbar machten, teils mit neuen Methoden. Als Folge gedieh die Wirtschaft in jenen Regionen, und zugleich wuchs der geistliche Einfluss.

Nebenbei trugen die Mönche und Kleriker zur kulturellen Entwicklung bei: Sie förderten Buchmalerei, Manuskripte, Theologie und Baukunst. In der romanischen Architektur, die später in den gotischen Stil überging, zeigte sich der Einfluss kontinentaler Vorbilder. So schlossen sich die sakralen Bauten in Schottland an die großen Bautrends Europas an.

## Wirtschaft und Handel unter normannischem Einfluss

Mit der Gründung der Burghs und dem Ausbau der Klöster nahm auch der Handel zu. Kaufleute kamen aus England, Flandern oder Nordfrankreich. In den neuen Städten etablierten sich Gilden, die bestimmte Gewerbe organisierten (Bäcker, Gerber, Schmiede u. a.).

Diese Entwicklung führte zu einer Spezialisierung in der Landwirtschaft, weil die städtische Nachfrage stieg. Schafzucht wurde wichtiger, weil Wolle auf dem kontinentaleuropäischen Markt begehrt war. Viehhaltung blieb ebenfalls bedeutend, gerade in den Highlands, doch hier fehlten oft die Verkehrswege für einen überregionalen Markt.

Der königliche Hof förderte den Handel mit Salz, Getreide, Fellen und sogar Fisch. Schottische Händler exportierten Erzeugnisse vor allem nach England oder über die Nordsee nach Skandinavien und Norddeutschland. Umgekehrt importierten sie Metallerzeugnisse, Tuch, Wein, Gewürze und Luxuswaren.

David I. und seine Nachfolger führten außerdem erste Formen der Münzprägung ein. Wenn auch in geringem Umfang, stellte dies einen weiteren Schritt in Richtung einer verfestigten Geldwirtschaft dar, die das Tauschgeschäft allmählich ergänzte. Auch hier orientierte man sich an englischen und französischen Vorbildern.

All diese Neuerungen verschoben das soziale Gefüge. Ein wohlhabendes Bürgertum begann sich herauszubilden, das wirtschaftliche Interessen vertrat und mit dem Adel konkurrieren konnte. Dieser Prozess stand noch am Anfang, sollte aber in den folgenden Jahrhunderten stärker hervortreten.

## Widerstand und lokale Konflikte

Trotz der Errungenschaften gab es Regionen und Gruppen, die den normannisch geprägten Wandel ablehnten oder sich benachteiligt fühlten. Besonders in den Highlands und entlegenen Distrikten stieß die Durchsetzung neuer Gesetze und Abgabepflichten auf Protest. Manche Clans sahen in den neu eingesetzten Feudalherren fremde Eindringlinge.

Auch innerhalb des Lowland-Adels konnten Rivalitäten ausbrechen, wenn sich eine Familie zu rasant bereicherte oder der König ihr zu viel Land verlieh. Intrigen waren an der Tagesordnung, obwohl David I. bemüht war, den Frieden zu wahren.
Einzelne Aufstände versuchten, die Herrschaft des Königs zu untergraben, blieben aber meist regional begrenzt, weil David I. militärisch recht schlagkräftig war und eine loyale Ritterschaft hinter sich hatte. Zudem pflegte er Allianzen mit einflussreichen gälischen Machthabern, indem er ihnen teils Selbstverwaltung ließ, solange sie seine Oberherrschaft anerkannten.

In dieser Zeit wurde auch das Verhältnis zu den Orkneys und den westlichen Inseln neu justiert. Die dortigen Jarle erkannten meist keine direkte Lehnshoheit des schottischen Königs an, sondern beriefen sich auf Norwegen. David I. versuchte, mit diplomatischen Mitteln und punktuellen Feldzügen den Einfluss auf diese Gebiete auszuweiten, was aber nur eingeschränkt gelang.

## Die Beziehungen zu England – Heiraten und Fehden

Ein wesentlicher Aspekt der normannischen Epoche war die enge Vernetzung Schottlands mit England. David I. selbst hatte Ländereien in England geerbt und war zeitweilig Vasall des englischen Königs. Diese Doppelstellung konnte Vor- und Nachteile bringen.

Während der sogenannten Anarchy in England (1135–1154), als Königin Matilda und Stephan von Blois um den englischen Thron kämpften, nutzte David I. die Schwäche Englands, um eigene Gebietsansprüche im Norden Englands zu sichern. Er rückte zeitweilig in Northumberland und Cumberland vor. Diese Grenzgebiete standen immer wieder in Diskussion, ob sie englisch oder schottisch wären.

Allerdings geriet David I. in die englischen Thronwirren verwickelt, weil er Matilda unterstützte. Die Schlacht von the Standard (1138) in Nordengland endete für die Schotten eher ungünstig. Zwar büßte David I. nicht seine gesamte Position ein, doch es wurde klar, dass die englischen Kräfte durchaus in der Lage waren, eine schottische Expansion zu stoppen.

Gleichzeitig festigten Heiratsverbindungen zwischen dem schottischen und dem normannischen Hochadel die Bande. Viele schottische Magnaten hatten englische Gattinnen, was politische und kulturelle Austauschprozesse förderte. So durchdrang das normannische Element weiter die schottische Aristokratie, während die englischen Könige darauf hofften, Schottland langfristig zu dominieren.

Unter David I. war Schottland also zwar autark, aber durch persönliche Verflechtungen und Lehensbeziehungen eng mit dem englischen Königshaus verbunden. Dieses Spannungsfeld sollte sich in den kommenden Jahrhunderten noch zuspitzen.

## Kirchenpolitik und Klostergründungen unter David I.

Wie bereits angedeutet, war David I. ein großer Förderer monastischer Orden. Unter seiner Regentschaft wurden zahlreiche Abteien gegründet, die Schottlands geistiges und wirtschaftliches Leben prägten:

- **Melrose Abbey** (Zisterzienser)
- **Jedburgh Abbey** (Augustiner)
- **Kelso Abbey** (Tironenser)
- **Holyrood Abbey** (Augustiner) in Edinburgh
  und weitere.

Diese Klöster erhielten Ländereien, auf denen sie landwirtschaftliche Neuerungen einführten. Dazu gehörte der Anbau neuer Getreidesorten, der Einsatz von Schaffarmen für Wollproduktion und effiziente Bewässerungssysteme. Zudem waren die Klöster Zentren der Alphabetisierung: Skriptorien kopierten Handschriften, und Laien konnten dort Grundlagen des Lesens und Schreibens erlernen (wenn sie dem gehobenen Stand angehörten oder sich als künftige Kleriker ausbilden lassen wollten).

Gleichzeitig strebte David I. nach einer stärkeren Einbindung der schottischen Kirche in die Organisation der lateinischen Christenheit. Er förderte Bischofssitze und Schiedsverfahren unter päpstlicher Autorität, damit kirchliche Streitfragen nicht mehr nur nach traditionellen gälischen Gepflogenheiten entschieden wurden.

Obwohl viele Äbte und Bischöfe aus England oder Frankreich kamen, schufen sie Strukturen, von denen das Königreich langfristig profitierte. Schulen und Hospitäler (Spitäler) wurden errichtet, die Bevölkerung profitierte von mildtätigen Spenden, und die Klöster verbesserten die wirtschaftliche Erschließung des Landes. So wurde der kirchliche Bereich ein wichtiger Motor im Wandel Schottlands zur mittelalterlichen Feudalgesellschaft.

## Die Entwicklung des Rechtswesens

Eine bedeutsame Folge der normannischen Einflüsse war die allmähliche Neuordnung des Rechtswesens. Früher hatten mündliche Traditionen und die Entscheidungen lokaler Stammesführer eine große Rolle gespielt. Unter David I. und seinen Nachfolgern erschienen hingegen zunehmend schriftliche Dokumente, die Besitzverhältnisse und Rechte festhielten.

Die Königskanzlei beschäftigte Kleriker, die Urkunden verfassten. In diesen Urkunden wurden etwa Schenkungen an Klöster oder Adlige bestätigt, Grenzen von Ländereien festgelegt und Lehensverhältnisse geregelt. Damit stieg die Bedeutung von Siegeln und Zeugenlisten, die die Echtheit der Dokumente bekräftigten.

Parallel entwickelten sich Gerichtsinstanzen, in denen Feudalherren oder königliche Beamte über Streitigkeiten urteilten. Das ältere keltische Recht wurde nicht sofort abgeschafft, aber es verlor an Bedeutung, besonders in den Lowlands. Die Highlands behielten häufiger ihre Stammesgerichte, doch selbst dort gab es erste Ansätze, königliches Recht anzuerkennen – sofern der König dies mit militärischer Macht durchsetzen konnte.

Die schriftliche Fixierung ermöglichte es dem König, seine Autorität über Ländereien stärker zu kontrollieren. Wenn Adlige sich nicht an Vereinbarungen hielten, konnte der König Urkunden vorweisen, die seine Rechte bestätigten. Das war ein großer Schritt auf dem Weg zu einer zentralisierten Monarchie, wenngleich die Entstehung eines umfassenden Rechtssystems noch viel Zeit in Anspruch nehmen sollte.

## Bedeutung der Sprache – Vom Gälischen zum Schottischen

Mit dem normannischen Einfluss änderten sich auch sprachliche Gegebenheiten:

1. **Gälisch**: In den Highlands und Teilen der Lowlands (z. B. Galloway) blieb Gälisch stark, besonders bei der Landbevölkerung. Die königliche Familie verstand zum Teil noch Gälisch, doch am Hof nahm die Nutzung ab.

2. **Englisch/Scots**: Durch angelsächsische und normannische Einwanderung verbreitete sich eine frühe Form des Scots in den Lowlands. Dieses Scots war eng verwandt mit dem nördlichen Dialekt des Altenglischen, vermischt mit französischem Wortschatz.
3. **Französisch** (Norman French): Die Oberschicht, vor allem die eingewanderten Adligen, gebrauchte Französisch als Hof- und Verwaltungssprache. Urkunden wurden oft auf Latein verfasst, doch mündlich sprach man untereinander Französisch.
4. **Latein**: Die Kirche und die offizielle Kanzlei nutzten Latein für Diplome, Gesetze und Chroniken.

Dieser Sprachenmix führte zu einer allmählichen Verdrängung des Gälischen aus dem politischen Zentrum. Während es in der frühen Epoche Albas die Sprache der Elite war, entwickelte sich nun Scots (mit angelsächsisch-normannischen Einflüssen) in den Lowlands als künftige Verkehrssprache.

Parallel entstand eine kulturelle Trennung: Hochland – gälisch, clanorientiert und traditionell; Tiefland – anglo-normannisch, feudal und städtisch geprägt. Diese Zweiteilung blieb über Jahrhunderte hinweg bestehen und prägte Schottlands innere Konflikte und Identität.

## David I. – Späte Regierungsjahre und Vermächtnis

David I. regierte bis 1153. In seinen späten Jahren setzte er die Reformen fort, obwohl es immer wieder kriegerische Zwischenfälle gab. Er hatte erfolgreich neue Herrschaftsstrukturen aufgebaut, die sich am europäischen Feudalmodell orientierten. In seinen Herrschaftsgebieten förderte er aktiv die Kirche, die Adelsfamilien und das städtische Bürgertum.

Sein Tod hinterließ ein stark verändertes Schottland:

- Zahlreiche neue Klöster waren entstanden.
- Die Verwaltung hatte schriftlich fixierte Grundzüge bekommen.
- Städte (Burghs) etablierten sich als Handels- und Handwerkszentren.
- Der normannische Adel spielte nun eine zentrale Rolle am Königshof, während die alten Mormaers sich in dieses System einzufügen versuchten.

Trotzdem war das Königreich keineswegs gefestigt. Die Highlands blieben nur teilintegriert, und die Nordinseln (Orkney, Shetland) standen weiter unter norwegischer Oberhoheit. England war ein permanenter politischer Faktor, sei es als Verbündeter oder als Gegner, je nach Lage.

Nichtsdestotrotz wird David I. oft als einer der „Baumeister" des mittelalterlichen Schottlands bezeichnet. Er legte einen Grundstein für die spätere Entwicklung hin zu einem Königreich, das im Hoch- und Spätmittelalter eine eigene Identität aus der Mischung keltischer, angelsächsischer und normannischer Elemente bildete.

## Nach David I. – Der Weg ins Hochmittelalter

Nach David I. bestieg dessen Enkel Malcolm IV. („Malcolm der Jungendliche") den Thron und später sein Bruder Wilhelm I. („William the Lion"). Diese Könige führten die Grundlinien der Davidianischen Reform fort, stießen dabei aber auch auf Widerstände. Im 12. und 13. Jahrhundert kam es wiederholt zu Aufständen in den Highlands oder zu Fehden mit englischen Königen, die ihren Norden sichern wollten.

Dennoch ist unübersehbar, dass sich die Gesellschaft in Schottland weiter in Richtung eines hochmittelalterlichen Feudalsystems bewegte:

- **Feudale Titel** wurden nun offiziell anerkannt (Earls, Barone etc.).
- **Rechtspflege** entwickelte sich mit Sheriff-Gerichten und einer königlichen Justizverwaltung.
- **Burghs** gewannen an Autonomie und konnten eine eigene Stadtverwaltung ausbilden.
- **Kirchliche Organisation** erreichte ein höheres Maß an Einheitlichkeit, Bistumsgrenzen wurden festgelegt, und Reformorden stellten die Abtei-Vorsteher.

Diese Aspekte werden im weiteren Verlauf der Geschichte Schottlands (und in den nächsten Kapiteln dieses Buches) wieder auftauchen, wenn es um Konflikte mit England, innere Adelsfehden und den Ausbau königlicher Macht geht.

## Gesellschaftliche Konsequenzen – Gewinner und Verlierer

Durch den normannischen Einfluss gab es bestimmte Gewinner:

- **Der König** selbst und sein engster Kreis, da sie die neuen Strukturen kontrollierten.
- **Eingewanderte Adlige** (Bruce, Stewart etc.), die Ländereien erhielten.
- **Kirchliche Einrichtungen**, die von Stiftungen profitierten.
- **Bürger und Kaufleute** in den entstehenden Städten, die Handel trieben.

Verlierer dieses Wandels waren oft jene, die nicht in das neue System passten:

- **Gälischsprachige Clans** in abgelegenen Gebieten, die an Einfluss verloren, wenn sie keine königliche Förderung erhielten.
- **Kleine freie Bauern**, die sich verschuldeten oder unter die Lehnsherrschaft großer Grundbesitzer gerieten.
- **Alter Adel** ohne enge Verbindung zum König, dem teils Ländereien entzogen wurden, weil er nicht loyal war oder gegen neue Herren rebellierte.

Es kam also zu einer schrittweisen Umverteilung der Macht. Einige alte Strukturen blieben weiterbestehen, aber auf lange Sicht verschob sich das Gewicht in Richtung einer königstreuen, normannisch geprägten Elite. Gleichzeitig waren neue soziale Konflikte programmiert, da die Integration der Highlands weiterhin problematisch blieb.

## Kultureller Austausch & der Beginn einer Literaturtradition

Der Zustrom normannischer und englischer Adliger, die klösterlichen Skriptorien sowie der Kontakt mit dem Kontinent förderten eine allmähliche Verschriftlichung von Geschichte und Erzählungen. Zwar entstanden noch keine großen literarischen Werke in Scots, doch man verfasste genealogische Aufzeichnungen, Heiligenviten und Chroniken in Latein oder Anglo-Norman.

Beispielsweise könnten erste Vorläufer dessen, was später zur „Scotichronicon" (eine wichtige mittelalterliche Chronik) werden sollte, in dieser Zeit wurzeln. Mönche schrieben in ihren Klöstern lokale Ereignisse nieder, berichteten von Mirakeln, Heiligsprechungen und wichtigen Schlachten.

Diese Texte dienten einerseits der Selbstvergewisserung („Wir sind ein christliches Königreich mit legitimen Herrschern"), andererseits stellten sie den Adligen eine Art ideologischen Spiegel aus, in dem sie sich als Beschützer des Glaubens oder als Förderer von Kunst und Kultur sahen.

Gleichzeitig entstanden mündlich weitergegebene Geschichten über Helden der Highlands, über alte keltische Krieger und piktische Könige, die jedoch nur selten schriftlich aufgezeichnet wurden. So entstand eine zweigleisige Situation: die offizielle schriftliche Kultur (Latein, Norman French) und die mündliche Tradition (Gälisch), die in den Highlands lebendig blieb.

## Rolle der Frauen im Wandel

Die normannische Feudalgesellschaft brachte für Frauen in der Oberschicht teils andere Formen von Einfluss mit sich. Adelige Frauen konnten durch Erbschaft oder Heirat an Ländereien gelangen und durften in Abwesenheit ihrer Gatten sogar Herrschaft ausüben. Manche wurden Patroninnen von Klöstern, was ihnen einen gewissen Ruf und Einfluss verschaffte.

In der breiten Bevölkerung änderte sich wenig. Bäuerinnen hatten dieselben harten Pflichten wie vorher, arbeiteten auf Feldern oder als Mägde, ohne große Rechte. Doch in den Städten ergaben sich erste Chancen für Frauen, etwa in Handwerkerfamilien oder bei Markttätigkeiten. Dennoch blieben sie rechtlich abhängig vom Ehemann oder Vater.

Exemplarisch kann man Königinnen oder Ehefrauen mächtiger Adliger nennen, die Heiratsallianzen schmiedeten und oft als Vermittlerinnen zwischen verfeindeten Parteien auftraten. Sie konnten Briefkontakte halten oder Klöster gründen. Doch die Gesellschaft blieb eindeutig patriarchal geprägt, und Frauen übten Macht fast nur über informelle Kanäle aus.

Trotzdem darf man nicht unterschätzen, dass etliche Heiratsverbindungen zwischen gälischen und normannischen Familien über Frauen zustande kamen. Sie trugen so zum kulturellen Austausch bei, indem sie Bräuche, Sprachelemente und familiäre Netzwerke vermischten.

## Entwicklungen in den Highlands und nördlichen Inseln

Parallel zu den tiefgreifenden Veränderungen in den Lowlands blieb das Leben in den Highlands und den Inseln oft näher an den alten Mustern. Hier dominierten weiterhin der Clanverband, mündliche Überlieferung und gälische Sprache.

Königliche Vertreter (Sheriffs oder Lords) konnten in manchen Regionen Fuß fassen, aber nicht überall. Wo sich der König zu sehr einmischte, drohten Aufstände. Erst wenn sich ein Clan freiwillig der königlichen Autorität unterstellte, konnte sich das Feudalsystem langsam verankern – oft, indem der Clanführer zum Earl ernannt wurde, was ihm formal Land und Titel sicherte, gleichzeitig aber Loyalität forderte.

Auf den Orkneys und Shetlands herrschten norwegische Jarle, die sich formell dem norwegischen König verbunden fühlten. Sie trieben Handel mit Norwegen, Island und sogar Grönland. Schottische Könige setzten darauf, Einfluss zu gewinnen, indem sie

Abkommen mit den Jarlen schlossen oder Ehen arrangierten. Doch eine vollständige Eingliederung dieser Inseln in das Königreich Schottland erfolgte erst später, teils erst im 15. Jahrhundert.

Auf den Hebriden war die Lage uneinheitlich. Einige Inseln standen stark unter nordischem Einfluss, andere waren keltisch-gälisch geprägt. Die Machthaber schwankten zwischen schottischem König und norwegischem König, je nachdem, was Vorteile versprach. Dadurch blieb die Westküste ein Zankapfel zwischen verschiedenen Herrschaftsansprüchen.

## David I. und die Konturen eines zentralen Staatswesens

Mit David I. und seinen Reformen nahm das Königreich Alba (man verwendete zunehmend auch den Begriff „Scotia" in lateinischen Texten) Gestalt als ein Feudalstaat an. Man kann jedoch nicht von einem modernen Zentralstaat sprechen, da noch viel Lokales und Regionales fortbestand. Doch einige Merkmale waren neu:

1. **König als Lehnsherr**: Der Adel war in Lehensbeziehungen mit dem König verbunden, was eine hierarchische Ordnung andeutete.
2. **Urbanes Zentrum**: Burghs entstanden, die rechtlich direkt dem König unterstanden und zur wirtschaftlichen Dynamik beitrugen.
3. **Kirchliche Hierarchie**: Bischöfe und Äbte integrierten das Land stärker in die lateinische Christenheit, was Bildung und Verwaltungswissen förderte.
4. **Königliche Kanzlei**: Schriftliche Dokumentation von Herrschaftsrechten, Belehnungen und Gesetzen.
5. **Größere Öffnung nach Europa**: Handel, Adelsverbindungen und kirchliche Kontakte banden Schottland enger an den Kontinent.

Mit diesen Grundlagen betrat Schottland allmählich die Bühne des europäischen Hochmittelalters. In den folgenden Generationen sollten Konflikte mit England, machtbewusste Adelsfamilien und innere Rivalitäten die Fortführung dieser Entwicklung prägen.

# Kontraste zum vorherigen keltischen System

Wenn man die Zeit vor Malcolm III. und Margaret (also das noch überwiegend keltisch geprägte Alba) mit dem Schottland unter David I. vergleicht, fallen folgende Unterschiede auf:

- **Politische Struktur**: Vorher dominierte eine lose Königsmacht mit Mormaers als nahezu autonomen Lords. Nun gab es ein feudal geprägtes Geflecht, das vertraglich und schriftlich abgestützt war.
- **Kultur und Sprache**: Das Gälische trat am königlichen Hof in den Hintergrund. Stattdessen sprach man Norman French, Englisch bzw. Scots und Latein in der Schriftkultur.
- **Militär**: Anstelle von klanbasierten Schwertkämpfern und Waffengefolgen kamen immer mehr Ritter in Kettenrüstung zum Einsatz, die auf Reiterangriffe setzten. Burgen bildeten regionale Machtzentren.
- **Stadtentwicklung**: Die Gründung von Burghs als Handels- und Verwaltungszentren hatte es in der alten Epoche nicht in solcher Form gegeben.
- **Kirche**: Das altkeltische Christentum verwandelte sich in ein deutlich strukturierteres, von Rom anerkanntes System mit Bischöfen und kontinentaleuropäischen Mönchsorden.

Dieser Umbruch verlief nicht ohne Reibungen. Doch im 12. Jahrhundert war klar: Das mittelalterliche Schottland hatte sich substanziell erneuert, auch wenn seine Identität weiterhin von keltischen, angelsächsischen und normannischen Einflüssen geprägt war.

# KAPITEL 9: DIE SCHOTTISCHEN UNABHÄNGIGKEITSKRIEGE – ERSTER TEIL

## Der politische Hintergrund vor den Unabhängigkeitskriegen

Am Ende des 13. Jahrhunderts befand sich Schottland in einer sensiblen Lage. Die Entwicklungen des Hochmittelalters hatten einerseits zu einem stärker organisierten Königtum geführt, das mit europäischen Feudalstrukturen verknüpft war. Andererseits blieben innere Konflikte um die Thronfolge bestehen. Im Jahr 1286 starb der schottische König Alexander III. plötzlich, ohne einen direkten männlichen Erben zu hinterlassen. Er hinterließ nur eine Enkelin, Margaret, genannt die „Maid of Norway". Diese war noch ein Kind und lebte am norwegischen Hof. Schottland steuerte in eine unsichere Zukunft.

Die führenden Adligen Schottlands einigten sich zunächst darauf, Margaret als Königin anzuerkennen. Allerdings bedeutete ihre Jugend, dass ein Regentschaftsrat die Geschäfte führen würde. Dieses Arrangement war fragil, da mächtige Adelshäuser ihre Chance sahen, Einfluss und Ländereien zu sichern. Noch bevor Margaret nach Schottland gebracht werden konnte, starb sie 1290 auf der Überfahrt. Damit fehlte jeder direkte Erbe der altangestammten Königsfamilie, und eine akute Thronkrise brach aus.

Diese Situation eröffnete dem englischen König Edward I. (1272-1307) die Möglichkeit, in schottische Angelegenheiten einzugreifen. Edward, in späteren Überlieferungen als „Hammer of the Scots" betitelt, war ein machtbewusster Monarch, der sich in ganz Großbritannien als Schiedsrichter aufspielte. Die schottischen Adligen baten ihn durchaus um Vermittlung, um einen Bürgerkrieg zu vermeiden. Dies führte zur sogenannten „Great Cause" (Große Ursache), bei der mehrere Anwärter auf den schottischen Thron ihre Ansprüche geltend machten. Unter ihnen waren vor allem John Balliol und Robert Bruce (der Großvater des späteren Robert the Bruce) bedeutend.

## Die „Great Cause" und die Wahl John Balliols

Edward I. trat als Schlichter auf, beanspruchte aber auch eine Lehnshoheit über Schottland. Die schottischen Lords waren gespalten: Einige hofften auf eine friedliche Lösung, andere fürchteten bereits, dass Edward das Land unterwerfen wollte. Nach einer umfangreichen Prüfung der genealogischen Linien entschied sich Edward für John Balliol als rechtmäßigen König. 1292 wurde Balliol gekrönt, allerdings nur unter der Bedingung, dass er Edward I. als Lehnsherrn anerkennen musste.

John Balliol zeigte rasch, dass er nicht die Stärke besaß, eigenständig zu regieren. Er unterstand faktisch den Weisungen Edwards, der in Westminster über schottische Belange mitentschied. Für viele Schotten war dies ein Affront, da sie ihre Eigenständigkeit schwinden sahen. Balliol geriet in Konflikt mit dem schottischen Hochadel, der sich vom englischen König gegängelt fühlte. Als Edward I. mit überzogenen Forderungen (etwa Truppenstellungen und Abgaben für englische Kriege gegen Frankreich) an Schottland herantrat, wurde Balliol immer unpopulärer.

Die Situation eskalierte 1295, als eine Gruppe einflussreicher schottischer Adliger die sogenannte „Auld Alliance" mit Frankreich anstrebte – ein Bündnis gegen England. John Balliol unterstützte diesen Kurs halbherzig, konnte sich aber nicht gegen die wachsende Gewaltbereitschaft durchsetzen. Edward I. sah in diesem Bündnis mit Frankreich einen direkten Schlag gegen seine Oberherrschaft. Er marschierte 1296 mit seinen Truppen nach Norden, um Schottland zu unterwerfen.

## Die Eroberung Schottlands durch Edward I.

1296 begann Edward I. einen Feldzug, der Schottland schnell in die Knie zwang. In der Schlacht bei Dunbar (April 1296) schlugen seine Truppen ein schottisches Heer vernichtend. John Balliol, angesichts der militärischen Unterlegenheit, ergab sich und wurde gezwungen, öffentlich auf die Krone zu verzichten („Toom Tabard" – der leere Wappenrock). Edward I. ließ die schottischen Kronjuwelen und das sagenumwobene Krönungsrelikt, den „Stein von Scone", nach England bringen. Damit wollte er symbolisch die Unabhängigkeit Schottlands beenden.

In der Folgezeit stationierte Edward I. englische Garnisonen in vielen Burgen Schottlands, ernannte englische Beamte und verlangte Steuern. Dies wurde von der einheimischen Bevölkerung als Fremdherrschaft empfunden. Besonders die Adligen, die bislang privilegiert gewesen waren, sahen sich in ihrer Freiheit beschnitten. Das Volk litt unter der Willkür der Besatzungssoldaten, während Missernten und hohe Abgaben die Lebensbedingungen verschlechterten.

Trotz dieses scheinbaren Triumphs Edwards gab es Schotten, die den Widerstand organisierten. Lokale Aufstände flammten in den Highlands und den Lowlands gleichermaßen auf, häufig angeführt von niederen Adligen oder charismatischen Persönlichkeiten. Zu diesen gehörte ein Mann, der bald zum Symbol des schottischen Widerstandes werden sollte: William Wallace.

## Der Aufstieg William Wallaces

Über das frühe Leben William Wallaces ist wenig Verlässliches bekannt; er stammte vermutlich aus einer kleineren Adelsfamilie in den Lowlands. 1297 trat er erstmals in den Blickpunkt der Geschichtsschreibung, als er einen englischen Beamten in Lanark tötete. Dieser Vorfall gilt als Auslöser für einen offenen Aufstand. Wallace stellte bald eine wachsende Schar von Kämpfern um sich, deren Ziel es war, die englischen Besatzungstruppen zu vertreiben.

Wallace war kein hochrangiger Adliger, sondern eher ein Gutsbesitzersohn – was ihn für die breite Bevölkerung glaubwürdig machte. Er verband Mut, militärisches Geschick und taktische Innovationen. Schon bald schlug er mit seinen Mannen kleinere englische Garnisonen und entfachte den Funken des Widerstands überall im Land. Ein zweiter Anführer dieser Bewegung war Andrew de Moray im Norden, der ebenfalls bedeutenden Einfluss erlangte und eigene Truppen mobilisierte.

Beide Kräfte vereinigten sich schließlich im Kampf gegen Edwards Statthalter. Ihr gemeinsames Ziel war es, die Engländer aus Schottland zu vertreiben. Im Spätsommer 1297 zogen Wallace und de Moray gen Stirling, wo eine englische Armee stand, um den Widerstand zu brechen.

## Die Schlacht von Stirling Bridge (1297)

Die Schlacht von Stirling Bridge gilt als ein Meilenstein der schottischen Geschichte. Die englische Armee, geführt von John de Warenne (Earl of Surrey) und Hugh de Cressingham, war zahlenmäßig überlegen und setzte auf schwerbewaffnete Ritter und Bogenschützen. Wallace und de Moray hingegen verfügten überwiegend über Fußsoldaten, Speerträger und einige Bogenschützen.

Das Schlachtfeld lag bei der Brücke von Stirling, einem strategisch wichtigen Übergang über den Fluss Forth. Die Engländer unterschätzten das schottische Manöver: Wallace und de Moray warteten, bis ein Teil der englischen Truppen die schmale Brücke überquert hatte, um dann blitzschnell anzugreifen. Die Engländer, die noch auf der Brücke oder erst wenige Meter am Ufer standen, waren in einer denkbar ungünstigen Position. Die Schotten schlugen zu und schnitten den Nachrückenden den Weg ab.

In dem Chaos stürzten viele englische Soldaten in den Fluss und ertranken. Die schottischen Speerträger dezimierten die Ritter, die in dem engen Raum keine wirkungsvolle Formation bilden konnten. Auf englischer Seite starb auch Hugh de Cressingham. Der Rest des Heeres floh panisch. Damit hatten die Schotten einen spektakulären Erfolg errungen, der im ganzen Land die Moral hob.

Andrew de Moray wurde allerdings in dieser Schlacht so schwer verwundet, dass er bald darauf verstarb. William Wallace blieb alleiniger Anführer und erhielt von den schottischen Adligen, die sich dem Widerstand angeschlossen hatten, den Titel eines „Guardian of Scotland". Ohne formelle Krönung führte er nun im Namen des abgesetzten John Balliol oder des „schottischen Volkes" die Geschicke des Landes.

## William Wallace als Guardian of Scotland

Nach Stirling Bridge wurde Wallace in der Bevölkerung zum Volkshelden. Er machte sich daran, weite Teile Schottlands von englischen Garnisonen zu befreien. Adlige, die zuvor abwartend gewesen waren, traten nun offen an seine Seite. Wallace versuchte, eine Art Verwaltung aufzubauen, Urkunden auszustellen und Bündnisse zu festigen – darunter Kontakte mit den norddeutschen Hansestädten und Frankreich.

Trotz seiner militärischen Erfolge hatte Wallace jedoch Schwierigkeiten, alle schottischen Magnaten zu einen. Manche misstrauten ihm wegen seiner niederen Herkunft, andere hatten eigene Ambitionen. Wallace wusste, dass Edward I. eine Gegenoffensive vorbereitete. Er versuchte, die Verteidigung Schottlands zu organisieren, doch es mangelte an Geld, Ausrüstung und Geschlossenheit.

Edward I. ließ sich durch die Niederlage bei Stirling Bridge nicht entmutigen. 1298 marschierte er mit einer großen Armee abermals nach Schottland. Wallace wollte dem offenen Kampf zunächst ausweichen, doch auf Druck einiger Adliger kam es schließlich zur Schlacht von Falkirk.

## Die Schlacht von Falkirk (1298)

Falkirk markierte einen Wendepunkt im Widerstand Wallaces. Edward I. verfügte über gut trainierte Truppen, insbesondere Langbogenschützen aus Wales, die verheerende Wirkung hatten. Wallace hatte seine Streitmacht in Kreisformationen (Schiltrons) formiert, um die englische Reiterei abzuwehren. Diese Taktik war prinzipiell erfolgreich gegen Kavallerieangriffe, doch die englischen Bogenschützen beschossen die Schiltrons aus sicherer Distanz.

Die schottischen Verbündeten flüchteten teils vom Schlachtfeld, wodurch Wallace in Bedrängnis geriet. Obwohl er sich tapfer schlug, wurde seine Armee vernichtend geschlagen. Er selbst überlebte nur knapp. Die Schlacht von Falkirk zerstörte den Nimbus der Unbesiegbarkeit, den Wallace seit Stirling Bridge genossen hatte.

Nach der Niederlage zog sich Wallace aus der Guardianship zurück. Er glaubte, dass er die Unterstützung des Hochadels verloren habe und wollte wohl auch das Land schützen, indem er sich nicht als Ziel präsentierte. Ohne ihn zerfiel der organisierte Widerstand in verschiedene Gruppen, die teils mit den Engländern verhandelten. Edward I. konnte nun einen Großteil Schottlands erneut besetzen.

## Die Gefangennahme und Hinrichtung William Wallaces

Wallace blieb allerdings ein Symbol des Aufbegehrens. Er führte weiterhin ein Leben im Untergrund, griff englische Patrouillen an und suchte Verbündete. Edward I. setzte eine hohe Belohnung auf seine Ergreifung aus. 1305 wurde Wallace von einem schottischen Adligen verraten und bei Glasgow gefasst.

Die Engländer überführten ihn nach London, wo ihm ein Schauprozess gemacht wurde. Wallace wurde des Hochverrats angeklagt, obwohl er stets argumentierte, er hätte König Edward nie als rechtmäßigen Lehnsherrn anerkannt und könne daher auch nicht des „Verrats" schuldig sein. Das Urteil war jedoch von vornherein klar: Wallace wurde zum Tode verurteilt und auf grausame Weise hingerichtet (Hängen, Ausweiden, Vierteilen) – ein Abschreckungssignal an alle Widerständler in Schottland.

Dennoch erreichte Edward I. damit nicht die erhoffte Einschüchterung. Wallaces Schicksal machte ihn zum Märtyrer der schottischen Unabhängigkeitsbewegung. In vielen Teilen des Landes zeigten sich erneut aufkeimende Unruhen. Wer zuvor gezögert hatte, sah in Wallaces Tod eine Ungerechtigkeit, die nach Vergeltung schrie. Gleichzeitig begann ein neuer Anführer auf der Bildfläche zu erscheinen: Robert the Bruce, ein potentieller Thronanwärter.

## Innerer Zwist unter den schottischen Adligen

Während Wallace zum Volkshelden wurde, rang die schottische Adelselite um Macht und Einfluss. Bereits vor Falkirk waren Rivalitäten zwischen den Clans Comyn und Bruce aufgebrochen, beide mit königlichen Erbansprüchen. Der Clan Comyn, mächtig im Norden, war eher geneigt, Abkommen mit den Engländern zu schließen, wenn es den eigenen Vorteil sicherte. Robert Bruce hingegen, aus einer Familie normannisch-gälischer Herkunft, sah die Chance, sich selbst zum König aufzuschwingen.

Bis 1306 wechselten die Fronten mehrmals. Manche Adlige akzeptierten englische Oberhoheit, erhielten dafür Ländereien oder Ämter. Andere schworen scheinbar Edward I. die Treue, führten aber heimlich Widerstandsaktionen durch. Robert Bruce hielt sich lange bedeckt. Mal war er gegen Edward, mal kooperierte er vorsichtig. Doch im Innersten glaubte er an ein freies Schottland, geführt von einer schottischen Dynastie – nämlich seiner.

Die Ermordung John Comyns (1306) in einer Kirche in Dumfries durch Robert Bruce persönlich war ein Schock für das Land. Ob es ein geplanter Mord oder eine spontane Tat war, ist unklar. Fakt ist, dass Bruce danach gebrandmarkt war – für die einen ein Mörder, für andere der mutige Beseitiger eines Rivalen. Doch diese Tat ermöglichte es ihm, sich den Weg zur Krone zu ebnen.

## Die Bedeutung des frühen Widerstands und das Vermächtnis Wallaces

Trotz allem hatte William Wallace mit seinem Widerstand einen wichtigen Grundstein gelegt. Stirling Bridge bewies, dass Schotten gegen eine überlegene englische Armee gewinnen konnten, wenn Mut, Taktik und Zusammenhalt stimmten. Wallaces Heldentaten inspirierten künftige Generationen. Sein Name wurde zum Inbegriff des Freiheitskampfes.

Auch die Idee einer organisierten Verwaltung zur Befreiung Schottlands blieb bestehen. Wallace hatte als Guardian versucht, diplomatische Beziehungen zum Ausland aufzubauen, und zeigte damit, dass Schottland ein eigenständiges „Volk" sein wollte. Dieser Gedanke lebte weiter und fand in späteren Dokumenten – allen voran der Declaration of Arbroath (1320) – seinen Ausdruck.

Der erste Teil der Schottischen Unabhängigkeitskriege endete formal mit Wallaces Tod und der erneuten englischen Besetzung. Doch Edward I. konnte die schottische Identität nicht auslöschen. Viele Adlige hatten zwar ihre Besitzungen gerettet, indem sie sich ihm unterwarfen, doch im Volk brodelte der Wille zum Widerstand. Und in Robert the Bruce fand sich ein Mann, der bereit war, das Erbe Wallaces fortzuführen, wenn auch auf ganz andere Art.

## Rückblick – Zwischen Fremdherrschaft & Freiheitsstreben

Rückblickend zeigt sich, dass der schottische Freiheitskampf zu dieser Zeit keineswegs einheitlich war. Die Motivation der Beteiligten reichte von persönlichem Ehrgeiz über die Verteidigung lokaler Rechte bis hin zu einem patriotischen Ideal. Wallace verkörperte diesen patriotischen Kern wie kein Zweiter.

Der Erfolg bei Stirling Bridge ließ erstmals die Möglichkeit aufscheinen, England ernsthaft zu widerstehen. Die Niederlage bei Falkirk hingegen enthüllte, wie abhängig der Erfolg von

Organisation und Einigkeit war. Ohne starke Unterstützung des Adels und ausreichende Ressourcen war ein reiner Guerillakampf langfristig nicht erfolgreich.

Edward I. blieb bis zu seinem Tod 1307 eine entschlossene Kraft, die Schottland nicht als eigenständiges Königreich ansah, sondern als Teil seines Herrschaftsbereichs. Seine Mittel waren Härte, strategisches Geschick und Diplomatie. Die Hinhaltetaktik mancher schottischer Adliger, die mal für, mal gegen ihn kämpften, zeigte, dass Schottland intern gespalten war. Erst als der Anspruch auf den schottischen Thron erneut Gestalt annahm – in Person von Robert the Bruce – kam es zu einem zweiten, intensiveren Teil der Unabhängigkeitskriege.

## Die Ausgangsbedingungen für den nächsten Konflikt

Nach Wallaces Tod (1305) und Edwards erneuter Besatzung (1306) war Schottland wirtschaftlich geschwächt, viele Burgen in englischer Hand. Zahlreiche Gemeinden in den Lowlands hatten sich mit den Besatzern arrangiert, denn offene Rebellion brachte Vergeltungsschläge, Plünderungen und Tod. Die Highlands wiederum blieben schwer zugänglich, boten aber wenig wirtschaftliche Basis für einen organisierten Krieg.

In dieser Situation wagte Robert the Bruce 1306 mit wenigen Anhängern den Schritt, sich in Scone zum König krönen zu lassen. Das war mehr als ein symbolischer Akt; er forderte Edward I. offen heraus. Der englische König reagierte hart: Bruce wurde zum Geächteten erklärt, seine Ländereien konfisziert. Doch Bruce entging den englischen Häschern und sammelte bald ein Heer um sich.

Damit begann der zweite, entscheidende Abschnitt der Schottischen Unabhängigkeitskriege. Robert the Bruce sollte die Idee eines unabhängigen Schottlands auf ein neues Fundament stellen: Er stammte selbst aus einem der bedeutendsten Adelsgeschlechter und verband militärisches Können mit diplomatischem Geschick.

# KAPITEL 10: ROBERT THE BRUCE UND BANNOCKBURN – ZWEITER TEIL DER UNABHÄNGIGKEITSKRIEGE

## Roberts Krönung und die ersten Rückschläge (1306)

Als Robert the Bruce sich im März 1306 zum König von Schottland krönen ließ, stand er vor einer schier übermächtigen Aufgabe. Die meisten schottischen Burgen waren von englischen Garnisonen besetzt, viele Adlige hatten bereits Edward I. gehuldigt. Zudem war Bruce durch die Ermordung John Comyns in die Kritik geraten und hatte sich einige potenzielle Unterstützer vergrault.

Edward I. reagierte unverzüglich: Er sandte ein Heer nach Schottland, um Bruce festzusetzen oder zu töten. Bruces erste Schlachten waren Misserfolge. In Methven (1306) wurde er geschlagen, kurz danach erlitt seine Anhängerschaft eine weitere Niederlage. Bruce verlor Anhänger, musste flüchten und seine Familie in Sicherheit bringen. Seine Frau Elizabeth, seine Tochter Marjorie und seine Schwestern gerieten in englische Gefangenschaft. Historische Berichte zeichnen das Bild eines tief am Boden zerstörten Robert the Bruce, der nur knapp dem Tod entging.

Einer volkstümlichen Legende zufolge zog Bruce sich auf eine Insel (möglicherweise die Hebriden oder Rathlin Island) zurück, wo ihn die Beobachtung einer hartnäckigen Spinne dazu inspirierte, seinen Kampf fortzusetzen. Ob diese Geschichte historisch zutrifft, ist ungewiss. Sie symbolisiert jedoch Bruces Entschlossenheit, nach jedem Scheitern erneut aufzustehen.

## Edwards Tod und der Machtwechsel in England (1307)

Die Lage änderte sich 1307 grundlegend, als Edward I. starb. Sein Sohn und Nachfolger Edward II. galt als weniger entschlossen und weniger militärisch geschickt. Während Edward I. fast fanatisch die Unterwerfung Schottlands vorangetrieben hatte, zeigte Edward II. in seinen ersten Regierungsjahren wenig Elan, sofort massiv in Schottland einzugreifen. Er war in innere Konflikte seines Hofes verwickelt und interessierte sich offenbar stärker für persönliche Günstlinge und höfische Intrigen als für konsequente Kriegsführung.

Robert the Bruce nutzte dieses Zeitfenster klug. Er kehrte aus dem Versteck zurück und mobilisierte alte Verbündete, um kleinere englische Garnisonen nacheinander anzugreifen.

Zugleich wandte er sich an Adlige, die zwischen Loyalität zu England und der schottischen Sache schwankten. Indem er Erbansprüche an Ländereien versprach und seine königliche Legitimität betonte, gewann er neue Unterstützer.

## Guerrilla-Strategie und Eroberung der Burgen

Zwischen 1307 und 1310 entwickelte Bruce eine erfolgreiche Strategie. Statt offene Feldschlachten zu suchen, konzentrierte er sich auf gezielte Überfälle und Belagerungen. Seine Truppen operierten mobil, kannten das Terrain und nutzten Überraschungseffekte. Viele englische Besatzungen waren demoralisiert, weil kaum Nachschub eintraf und Edward II. sie nicht energisch unterstützte.

Nach und nach fielen wichtige Burgen in schottische Hand. Stirling Castle aber blieb noch lange englisch. Bruce wusste, dass Stirling Castle ein Prestigeobjekt war: Wer Stirling hielt, kontrollierte das Zentrum Schottlands. 1313 gelang es James Douglas (einem der engsten Vertrauten Bruces) und anderen Anführern, weitere Festungen zu erobern. Stirling Castle sollte in einer großen Schlacht entschieden werden – die Engländer würden nicht hinnehmen, diesen Schlüsselort zu verlieren.

In dieser Phase gewann Bruce an Rückhalt im Land. Er galt nicht mehr als einzelgängerischer Adliger, sondern als anerkannter König, der das Volk von der englischen Fremdherrschaft befreien wollte. Auch der Mord an John Comyn geriet in den Hintergrund, da Bruce seine Reue bekundet und sich am Kreuzzugsideal orientiert hatte. Die Kirche in Schottland gab ihm inzwischen Rückendeckung, was seiner Legitimation enorm half.

# Der Vorabend von Bannockburn (1314)

Anfang 1314 befand sich Bruce in der starken Position, große Teile Schottlands zu kontrollieren. Jedoch stand Stirling Castle weiterhin unter englischer Herrschaft, kommandiert von Sir Philip Mowbray. Eine Vereinbarung besagte, dass die Burg kapitulieren müsse, wenn nicht spätestens bis 24. Juni 1314 englische Verstärkung einträfe.

Edward II. sah sich gezwungen, ein großes Heer aufzustellen, um Stirling zu entsetzen. Den Quellen zufolge soll sein Heer beeindruckend groß gewesen sein, bestehend aus Rittern, Bogenschützen und Fußsoldaten. Viele englische Barone waren jedoch unzufrieden mit Edward II.s Führungsstil. Dennoch mobilisierten sie aus Prestigegründen, da ein Verlust Schottlands eine Demütigung gewesen wäre.

Robert the Bruce wusste um die numerische Überlegenheit der Engländer. Allerdings hatte er Vertrauen in seine Taktik, die Schotten hatten bereits mehrfach gezeigt, dass sie mit disziplinierten Schiltron-Formationen Reiterangriffe abwehren konnten. Bruce ließ die Gegend um Bannockburn, einen Fluss südöstlich von Stirling, sorgfältig vorbereiten. Sümpfe, Gräben und versteckte Fallgruben sollten das englische Heer in Unordnung bringen.

# Die Schlacht von Bannockburn – Tag 1 (23. Juni 1314)

Am 23. Juni 1314 begann das englische Heer, die schottischen Stellungen zu erkunden. Bruce hatte seine Armee in mehrere Schiltrons eingeteilt, jeweils angeführt von erfahrenen Kommandeuren wie Edward Bruce (seinem Bruder), James Douglas und Randolph, Earl of Moray. Die Engländer unterschätzten anfangs die Vorbereitung der Schotten.

Im Verlauf des Tages kam es zu Vorstößen einzelner englischer Ritterabteilungen, die versuchten, die Schotten aus der Defensive zu locken. Ein berühmtes Ereignis war die Tötung des englischen Ritters Henry de Bohun durch Robert the Bruce persönlich: De Bohun erkannte Bruce, griff ihn an, doch Bruce wich aus und schlug ihn mit seiner Axt vom Pferd. Dieser Zwischenfall gilt als Symbol für Bruce' Mut und trug zur Moralsteigerung seiner Truppen bei.

Am Ende des ersten Tages waren die Engländer nicht entscheidend vorangekommen. Sie hatten zwar erkannt, wie die schottischen Verteidigungslinien aufgebaut waren, doch ihre Truppen waren demoralisiert vom schwierigen Gelände und den Verlusten. Bruce hingegen sah, dass sein Plan aufging.

## Die Schlacht von Bannockburn – Tag 2 (24. Juni 1314)

Am zweiten Tag wollte Edward II. eine Entscheidung erzwingen. Sein zahlenmäßig überlegenes Heer setzte sich in Bewegung, um die Schiltrons frontal zu durchbrechen. Doch das Terrain spielte den Schotten in die Hände. Die Schiltrons standen eng beieinander, Speere ragten nach außen, und die englischen Ritter fanden kaum Raum, ihre Kavallerie mit voller Wucht einzusetzen.

Gleichzeitig setzten die Schotten Bogenschützen und leichte Truppen ein, um die englischen Reihen zu stören. Das englische Heer geriet in Unordnung: Die vorderen Einheiten wurden aufgehalten, die hinteren drängten nach, und in Sumpf- und Morastgebieten stauten sich Pferde und Männer. Viele Ritter wurden von ihren Pferden geworfen, andere versanken im Boden.

In der entscheidenden Phase brachte Bruce zusätzliche Infanterie ins Spiel. Die Engländer wurden zurückgedrängt. Panik brach aus, als die Schiltrons zügig vorrückten. Edward II. verlor die Kontrolle über seine Armee. Viele flohen Richtung Stirling oder versuchten, über den Bannock Burn zu entkommen. Ein Massensterben begann, da die Engländer von Speerträgern und Bogenschützen bedrängt wurden.

Edward II. selbst floh mit seinem königlichen Gefolge vom Schlachtfeld. Die Schlacht war in kurzer Zeit entschieden. Die Reste der englischen Armee lösten sich auf. Es war ein triumphaler Sieg für Bruce und seine Anhänger. Bannockburn wurde zur Legende, ähnlich wie Stirling Bridge, aber mit viel größeren Folgen.

## Folgen des Sieges von Bannockburn

Der Sieg bei Bannockburn sicherte Roberts Thron nachhaltig. Stirling Castle kapitulierte kurz darauf, und viele andere Burgen ergaben sich oder wurden von den Schotten zurückerobert. Die englische Armee war gedemütigt, Edward II. verlor in seinem Königreich an Ansehen. Für Schottland bedeutete Bannockburn, dass der Weg zur faktischen Unabhängigkeit offenstand.

In den nächsten Jahren gelang es Bruce, die meisten Widerständler im eigenen Land zu integrieren. Die Clans im Norden, die ihm zuvor skeptisch gegenüberstanden, erkannten in ihm nun den erfolgreichen König. Selbst frühere Gegner innerhalb der Adelskreise akzeptierten seine Herrschaft, da er bewiesen hatte, dass er England widerstehen konnte.

Zudem verbesserte sich Schottlands diplomatische Lage. Frankreich und andere europäische Mächte sahen im Sieg bei Bannockburn die Bestätigung einer eigenständigen schottischen Monarchie. Handelsbeziehungen konnten intensiviert werden, und es reifte der Gedanke, dass Schottland eine souveräne Nation sei.

## Die Konsolidierung der Herrschaft Robert the Bruces

Zwischen 1314 und 1320 widmete sich Robert the Bruce dem Wiederaufbau des Landes. Er ordnete die Verwaltung neu, vergab Ländereien an loyale Gefolgsleute und bestrafte jene Adligen, die weiterhin mit England kollaborierten. Burgen, die er nicht halten konnte, ließ er oft schleifen, damit sie den Engländern nicht erneut in die Hände fielen.

Einen großen Schritt zur internationalen Anerkennung machte Schottland mit der „Declaration of Arbroath" (1320). Darin bekundeten die schottischen Adligen und Kleriker ihre Unabhängigkeit und betonten, dass der König nur so lange an der Macht bleiben solle, wie er das Land vor Fremdherrschaft bewahrte. Dieses Dokument, verfasst an Papst Johannes XXII., sollte die päpstliche Anerkennung Schottlands als eigenständiges Königreich erwirken.

Robert the Bruce kämpfte auch an militärischen Fronten weiter. Er unterstützte Unruhen in Nordengland und versuchte, Edwards Position zu schwächen. Sein Bruder Edward Bruce unternahm sogar einen Feldzug nach Irland, in der Hoffnung, ein vereintes gälisches Königreich zu formen. Dieser Plan scheiterte letztlich, doch er zeigt die Ambitionen der Bruce-Familie in jenen Jahren.

## Friedensverträge und die späte Phase

England war nach Bannockburn in einer inneren Krise: Edward II. verlor Ansehen und wurde 1327 schließlich abgesetzt und ermordet. Sein Nachfolger Edward III. (1327–1377) war noch minderjährig, weshalb sein Regentschaftsrat die Politik lenkte. Die Schotten nutzten die schwache Lage, um weiter Druck auszuüben.

1328 kam es schließlich zum Frieden von Edinburgh-Northampton, in dem England die Unabhängigkeit Schottlands anerkennen musste und Robert the Bruce als König akzeptierte. Dieses Abkommen gilt als großer Erfolg der schottischen Seite. Bruce hatte erreicht, wovon William Wallace einst träumte: eine offizielle Bestätigung Schottlands als souveräner Staat.

# Der Tod Robert the Bruces und sein Vermächtnis

Robert the Bruce starb 1329. Er litt an einer schweren Krankheit, vermutlich Lepra. Sein Tod bedeutete den Verlust eines Herrschers, der aus turbulenten Verhältnissen heraus eine stabile Monarchie geformt hatte. Zwar sollte Schottland in den kommenden Jahren weiterhin Konflikte mit England erleben, doch die Grundlagen für eine eigenständige königliche Tradition waren gelegt.

Bruces Vermächtnis ist eng mit der Schlacht von Bannockburn verknüpft, einem Ereignis, das die schottische Identität stark prägt. Er hatte gezeigt, dass ein vereintes Schottland sich gegen den mächtigen Nachbarn behaupten konnte. Sein politisches Geschick, seine militärische Strategie und seine Fähigkeit, rivalisierende Adlige zu integrieren, machten ihn zu einem der bedeutendsten Könige in der schottischen Geschichte.

## Die Rolle der Kirche und des Klerus

Wie schon bei Wallace spielte auch bei Robert the Bruce die Kirche eine wichtige Rolle. Geistliche unterstützten ihn moralisch, forderten die Gläubigen zum Widerstand gegen die Fremdherrschaft auf und vermittelten politisch. Nach Bannockburn stieg das Ansehen Bruces bei Bischöfen und Äbten weiter, was ihm half, Ordnung im Land zu schaffen. Auch die Papstkirche, die anfangs zögerte, näherte sich Schottland an, nachdem sich Bruces Erfolg abzeichnete.

Die Declaration of Arbroath zeigte, wie eng nationale Unabhängigkeit und kirchliche Legitimation zusammenhingen. Das Schreiben an den Papst verdeutlichte den neuen Geist: Nicht nur ein einzelner König, sondern das ganze schottische Volk forderte Anerkennung seiner Freiheit. Dieses Dokument gilt als einer der frühesten Vorläufer moderner nationaler Identitätsschriftstücke.

## Wirtschaftliche und gesellschaftliche Veränderungen

Die Kriegsjahre hinterließen tiefe Spuren: Teile Schottlands, insbesondere die Grenzregionen, waren verwüstet. Bauern hatten ihre Felder aufgegeben, viele starben in Kämpfen oder an Hungersnöten. Doch mit dem Erfolg Bruces öffneten sich neue Möglichkeiten. Händlern war es wieder möglich, sicherer zu reisen, Burgen wurden in schottischer Hand ausgebaut oder geschleift, um die englische Rückeroberung zu erschweren.

Einige Adlige, die sich mit Bruce solidarisiert hatten, stiegen rasch auf, während Kollaborateure enteignet wurden. Das Feudalsystem wurde weiter gestärkt, da Bruce für Loyalität Ländereien vergab. Gleichzeitig wollte er nicht, dass sich einzelne Adlige zu stark machten, weshalb er auf ein Gleichgewicht der Kräfte achtete. Die Highlands blieben dabei weiterhin teils unabhängig, aber auch dort wuchs der Respekt für den König.

## Die Bedeutung von Bannockburn in der nationalen Erinnerung

Bannockburn wurde in den folgenden Jahrhunderten zum Mythos hochstilisiert. Ähnlich wie Stirling Bridge im Falle von Wallace symbolisiert Bannockburn den Sieg der Einheit, des Muts und der taktischen Cleverness über eine scheinbar übermächtige Armee. Dichter und Chronisten schrieben Lobeshymnen auf Robert the Bruce. Im kollektiven Gedächtnis verknüpfte man seine Person mit dem „goldenen Moment" schottischer Unabhängigkeit.

Spätere Monarchen griffen in Krisenzeiten oft auf die Erinnerung an Bannockburn zurück, um das Volk zu einen. Die englisch-schottischen Beziehungen blieben zwar konfliktreich, aber das Ergebnis von 1314 zeigte, dass Schottland kein leicht zu eroberndes Land war. Noch Jahrhunderte später, in den Jakobitenaufständen und darüber hinaus, beriefen sich schottische Patrioten auf die Tradition von Bruce und Bannockburn.

## Kontraste zwischen Wallace und Bruce

Obwohl beide Helden der Unabhängigkeitskriege waren, gibt es markante Unterschiede:

- **Herkunft**: Wallace war von eher niedrigem Adel, Bruce aus einer einflussreichen Adelsfamilie.
- **Strategie**: Wallace kämpfte häufig im Guerillastil; Bruce baute gezielt ein Fürstenbündnis und ein Heereswesen auf, das den englischen Feudalrittern gewachsen war.
- **Unterstützung**: Wallace setzte auf breiten Volksrückhalt, hatte jedoch weniger Rückendeckung aus dem Hochadel. Bruce gelang es, den Adel zu vereinen, weil er selbst Teil dieser Elite war.

## Das Erbe der Unabhängigkeitskriege

Die Unabhängigkeitskriege veränderten Schottland tiefgreifend. Zum einen entstand ein gestärktes Nationalbewusstsein, in dem die Vorstellung eines autonomen Staates fest verankert wurde. Zum anderen hinterließ die jahrzehntelange Kriegsführung Wunden, Armut und eine Abneigung gegen lange Kriegszüge.

Auf diplomatischer Ebene erkannten andere Länder zunehmend, dass Schottland eine eigenständige Macht in Nordwesteuropa war. Diese Anerkennung machte es möglich, Handelsabkommen zu schließen oder Bündnisse gegen England zu formen. Der Friede von 1328 war zwar nicht für alle Zeit bindend, doch er räumte Schottland Luft ein, sich zu erholen.

## Nachwirken bis in die Moderne

Bannockburn wirkt bis heute als nationales Symbol: Im 19. und 20. Jahrhundert wurde es in Gedichten, Liedern und politischen Reden beschworen. Wallace und Bruce stehen für Mut, Entschlossenheit und den Wunsch nach Unabhängigkeit. Selbst in aktuellen Diskussionen um Autonomie oder Zugehörigkeit Schottlands innerhalb des Vereinigten Königreichs finden sich Verweise auf diese mittelalterliche Epoche.

Historiker debattieren über die tatsächlichen Größenverhältnisse der Heere oder über politische Details. Doch für das kollektive Gedächtnis bleibt Bannockburn ein Beleg dafür, dass Schottland seine Freiheit behaupten konnte – trotz aller widrigen Umstände.

## Schottland nach Bruce – Stabilität und neue Konflikte

Nach Robert the Bruces Tod kam es in Schottland zu weiteren Thronfolgefragen. Sein Sohn David II. bestieg den Thron als Kind und musste sich erneut gegen englische Ansprüche wehren. Auch wenn die Bedrohung nie ganz verschwand, war die Grundlage für ein relativ eigenständiges Spätmittelalter gelegt. Clans und Adelshäuser fanden in der Geschichte von Wallace und Bruce eine Quelle für Stolz und Zusammenhalt.

Spätere Könige wie Robert II. (Beginn der Stewart-Dynastie) oder James I. griffen auf Bruces Vermächtnis zurück, wenn sie königliche Autorität gegen Adelsverschwörungen durchsetzen wollten. Die Kirche hielt weiterhin die Erinnerung an den großen Sieg wach, indem sie Bruce in offiziellen Texten rühmte.

## Zwischenbilanz der Unabhängigkeitskriege

Die Schottischen Unabhängigkeitskriege lassen sich in zwei Phasen gliedern, die wir in den Kapiteln 9 und 10 betrachtet haben:

1. **Erste Phase**: Thronstreit (John Balliol vs. Edward I.), englische Besatzung, Aufstieg und Scheitern William Wallaces.

2. **Zweite Phase**: Robert the Bruce übernimmt die Führung, formt ein schlagkräftiges Heer, siegt bei Bannockburn und erwirkt den Frieden von Edinburgh-Northampton.

Die Bilanz dieser Konflikte ist eindeutig: Schottland bewahrte seine Eigenständigkeit. Zwar vergingen noch Jahre, bis die Stabilität gefestigt war, doch die Königswürde blieb in schottischen Händen, und England musste Schottland als eigenständigen Staat anerkennen.

## Gesellschaftliche Veränderungen nach dem Krieg

Nach den Unabhängigkeitskriegen wandelte sich die innere Struktur Schottlands. Adlige Familien, die sich mit Robert the Bruce verbündet hatten, wurden gestärkt. Neue Burgen entstanden oder wurden ausgebaut, der Handel belebte sich, und das Bewusstsein einer eigenen schottischen Identität formte sich stärker als zuvor. Die ländliche Bevölkerung litt zwar, erholte sich aber langsam durch verbesserte Agrarpolitik und Handel.

Klöster spielten nach wie vor eine Rolle bei der kulturellen Erholung. Sie halfen, Wissen zu bewahren und neue Ideen zu verbreiten. Die königliche Verwaltung entwickelte sich weiter, um das Land vor erneuten Angriffen besser zu schützen. Es entstand eine Art Frühform nationaler Politik, bei der Großclans und Adel gemeinsam in den Parlamenten (Three Estates) berieten.

# KAPITEL 11: DIE STEWARTS UND IHR AUFSTIEG

## Hintergrund und Anfänge der Stewarts

Mit dem Tod Robert the Bruces (1329) und seinem minderjährigen Sohn David II. auf dem Thron brach in Schottland eine Phase politischer Unsicherheit an. Der Adel war nicht einheitlich, die Beziehungen zu England blieben angespannt. In dieser Zeit erschien eine Adelsfamilie, die später zur prägenden Dynastie werden sollte: das Haus Stewart (auch „Stuart" geschrieben, wobei „Stewart" die ältere Schreibweise ist).

Die Stewarts hatten normannische Wurzeln und gelangten ursprünglich im 12. Jahrhundert nach Schottland. Der Name „Stewart" leitet sich von ihrem Amtssitz ab. Einer ihrer Vorfahren war der sogenannte „High Steward of Scotland" – ein hohes Hofamt, das die Verwaltung der königlichen Domänen und die Organisation des königlichen Haushalts umfasste. Dieses Amt, verbunden mit Landbesitz, ließ die Familie in den Reihen des schottischen Adels aufsteigen.

Während der Unabhängigkeitskriege stand der damalige High Steward in engem Kontakt mit Robert the Bruce und unterstützte ihn. Nach dessen Tod setzte die Familie Stewart ihre Loyalität gegenüber dem schottischen Königshaus fort. Zugleich nutzte sie die Wirren der Zeit, um eigene Positionen auszubauen. Das Amt des Stewards brachte – abgesehen von Verwaltungsaufgaben – Einfluss in Hofkreisen, Beziehungen zu wichtigen Adligen und oft Privilegien bei der Vergabe von Lehen mit sich.

## David II. und die Rolle der Stewarts

David II. war noch ein Kind, als er 1329 König wurde. Da er der einzige legitime Sohn von Robert the Bruce war, galt er als Hoffnungsträger für die Fortdauer der Bruce-Linie. Doch die tatsächliche Macht im Land übten Regenten aus. Mehrere Adelsfamilien rangen um Einfluss und versuchten, den jungen König zu kontrollieren. In dieser Situation trat Walter Stewart (6. High Steward of Scotland) als einer der führenden Magnaten auf.

England nutzte die Schwächephase, um erneut in schottische Belange einzugreifen. Edward Balliol, ein Sohn des früheren Königs John Balliol, erhob 1332 Ansprüche auf den Thron und erhielt dabei englische Unterstützung. Diese Phase war von weiteren Kämpfen und Besetzungen geprägt. David II. musste teilweise ins Exil nach Frankreich fliehen, um sein Leben zu schützen.

In seiner Abwesenheit gewannen die Stewarts weiter an Ansehen, indem sie Widerstand gegen die englische Einflussnahme organisierten. Walter Stewart wurde zu einem wichtigen Entscheidungsträger, pflegte Kontakte zu den französischen Verbündeten („Auld Alliance") und versuchte, die Hochadligen im Land zusammenzuhalten. Als David II. schließlich zurückkehren konnte, traf er auf eine veränderte Adelslandschaft, in der die Stewarts eine Schlüsselrolle besaßen.

## Übergang zur Herrschaft Robert Stewarts (Robert II.)

Als David II. älter wurde und selbst regieren wollte, stieß er auf Hindernisse. Zum einen war die Lage finanziell und militärisch heikel: Schottland war durch jahrelange Kämpfe erschöpft. Zum anderen gab es erneute Fehden mit England und zeitweilige Friedensschlüsse, bei denen hohe Lösegelder zu zahlen waren (David II. wurde in einer Schlacht gefangen genommen und erst gegen Ransom freigelassen).

David II. blieb ohne legitime Nachkommen; seine Eheverbindungen brachten keine dauerhaften Erbansprüche hervor. Das eröffnete Robert Stewart (einen Enkel Robert the Bruces über die weibliche Linie) die Möglichkeit, selbst König zu werden. Robert Stewart war bereits in verschiedene Intrigen verwickelt, zum Teil sogar gegen David II., doch letztlich gelang es ihm, sich als Thronfolger zu behaupten.

Als David II. 1371 starb, endete die direkte Bruce-Linie im Mannesstamm. Robert Stewart bestieg unter dem Namen **Robert II.** den Thron. Damit begann die Stewart-Dynastie in Schottland, die das Land mehrere Jahrhunderte regieren sollte. Robert II. hatte bereits zuvor politische Praxis gesammelt und kannte die Machtspiele am Hof. Dennoch stand er nun vor der Aufgabe, ein gespaltenes Land zu vereinen.

# Die Herrschaft Robert II. (1371–1390)

Robert II. war der Sohn von Walter Stewart und Marjorie Bruce, einer Tochter Robert the Bruces. Durch diese Abstammungslinie war sein königlicher Anspruch legitimiert. Seine Krönung 1371 verlieh dem Haus Stewart eine neue Würde und machte es zum Träger des schottischen Königtums.

Diese Epoche war geprägt von Spannungen mit England, das sich nicht damit abfinden wollte, dass Schottland eigenständig war. Zugleich gab es interne Konflikte: Der schottische Adel war sehr selbstbewusst, viele Herren besaßen eigene Burgen und Privatarmeen. Robert II. galt als eher zurückhaltend und vorsichtig, was die Zeitgenossen teils als Schwäche auslegten. Er setzte auf Bündnisse innerhalb der Adelsfamilien und versuchte, durch Heiraten seine Familie zu vernetzen.

In den Highlands kam es weiterhin zu Clan-Rivalitäten, die der König nur mit Mühe eindämmen konnte. Gleichzeitig wuchs die Bedrohung von Piraterie und Kleinkriegen entlang der Küsten. Robert II. bemühte sich um eine Marinepolitik, doch die Ressourcen des Königreichs waren begrenzt.

Trotz aller Schwierigkeiten war die Regierungszeit Robert II. vergleichsweise stabil. Er legte ein Fundament für nachfolgende Könige, die sich energischer gegen englische Einmischung und innere Zersplitterung wehren würden. In den Chroniken wird er teils als passiver König beschrieben, der seinen energischeren Verwandten oder Ratgebern das Feld überließ.

# Robert III. & die Problematik der königlichen Autorität

Robert II. war bereits älter, als er den Thron bestieg, und nach rund 19 Jahren Herrschaft folgte ihm 1390 sein Sohn **Robert III.** Dieser hatte ursprünglich den Taufnamen John, änderte ihn jedoch, um sich von den unglücklichen Balliol-Königen namens „John" abzuheben.

Robert III. galt als fromm und gutmütig, doch er war gesundheitlich angeschlagen. In den Chroniken gibt es Hinweise auf eine Lähmung infolge eines Reitunfalls. Infolgedessen übernahm sein Bruder, der Herzog von Albany, zunehmend die Regierungsgeschäfte. Dieser Bruder hieß ursprünglich Robert Stewart, nahm dann jedoch den Titel Duke of Albany an.

Die Position des Königs wurde dadurch weiter geschwächt. Robert III. besaß kaum die Energie, sich gegen Albany oder andere mächtige Lords durchzusetzen. Es kam zum sogenannten „Albany-Regime", bei dem der Herzog von Albany nahezu wie ein Regent über das Land herrschte. Die Folge waren Intrigen am Hof, Rivalitäten mit dem Kronprinzen David (später starb dieser unter mysteriösen Umständen) und eine allgemeine Erosion königlicher Autorität.

## Die Rolle der Stewarts in den Highlands und Lowlands

Die Stewarts saßen zwar als Könige auf dem Thron, doch ihre Machtbasis reichte nicht automatisch in alle Regionen. In den Lowlands, wo das Feudalsystem weiterentwickelt war und Burghs wuchsen, ließen sich königliche Erlasse leichter durchsetzen. Der Adel in den Lowlands war an Handel und städtischer Entwicklung interessiert, so dass er die Zusammenarbeit mit dem König suchte, solange dessen Politik ihren Interessen diente.

In den Highlands dominierte dagegen das Clanwesen. Manche Clans akzeptierten die Stewarts als rechtmäßige Könige, andere folgten eher dem lokalen Oberhaupt. Konflikte um Weideland, Fehden zwischen Clans, Überfälle auf Nachbardörfer – all das blieb an der Tagesordnung. Der königliche Hof konnte zwar versuchen, Schlichtungsversammlungen einzuberufen, doch ohne starke militärische Präsenz blieb es bei bloßen Appellen.

Gerade in der Zeit Roberts II. und III. verschärften sich manche Rivalitäten. Angesehene Clans wie die Macdonalds (Herrscher über die „Lordship of the Isles") oder die Campbells in Argyll suchten ihre Autonomie zu wahren. Die Stewarts bemühten sich, sie durch Titel und Ländereien zu binden. Diese Politik führte aber oft zu Neid unter konkurrierenden Clans.

## Die internationale Stellung Schottlands

Nach der Schlacht von Bannockburn hatte sich Schottland als unabhängiger Staat behauptet und war auf europäischer Bühne wahrnehmbar. Die Auld Alliance mit Frankreich blieb bestehen, was einen gewissen Schutz vor englischer Dominanz bot. Allerdings war diese Allianz nicht immer effektiv: Frankreich und Schottland konnten sich zwar gegenseitig Unterstützung zusichern, doch die geographische Distanz und unterschiedliche Interessen schränkten das reale Zusammenwirken ein.

Dennoch profitierten schottische Kaufleute von Handelsprivilegien in französischen Häfen. Umgekehrt bot Schottland französischen Söldnern und Agenten einen Stützpunkt für Aktionen gegen England. Auch mit den Hansestädten im Ostseeraum gab es reges Handelsaufkommen, das sich unter den Stewarts fortsetzte. Städte wie Aberdeen oder Dundee waren Knotenpunkte für Felle, Wolle und Getreide.

Die englisch-schottischen Grenzregionen blieben jedoch permanent umkämpft. Es kam zu sogenannten „Border Wars", bei denen Adlige beider Seiten Raubzüge organisierten. Die Stewarts mussten daher eine aufwendige Grenzverteidigung organisieren. Man versuchte, Burgen zu stärken und lokalen Lords in den Marches besondere Rechte zu geben, damit sie im Ernstfall schnell wehrhaft waren.

# James I. und der Neuanfang (1424)

Robert III. starb 1406, ohne die Verhältnisse im Königreich stabilisiert zu haben. Sein Sohn, James I., war zu diesem Zeitpunkt erst 12 Jahre alt und befand sich in englischer Gefangenschaft. James I. wurde während einer Schiffsreise nach Frankreich gefangen genommen, als er versuchte, dem Einfluss des machthungrigen Herzogs von Albany zu entkommen.

Die Engländer hielten James I. viele Jahre als Geisel. Erst 1424, nach dem Tod des Herzogs von Albany und diversen Verhandlungen, durfte James nach Schottland zurückkehren und die Königswürde antreten. Dieses späte Eintreffen eines rechtmäßigen Königs ermöglichte einen gewissen Neuanfang. James I. war in England erzogen worden, kannte die dortigen Verwaltungspraktiken und wollte nun das schottische Königtum stärken.

Seine Herrschaft begann mit Reformen und harten Maßnahmen gegen jene Adligen, die in der Zwischenzeit quasi selbstherrlich regiert hatten. James I. wollte die Finanzen des Königreichs ordnen, das Rechtswesen modernisieren und lokale Gewalten brechen, die sich der königlichen Kontrolle entzogen. Diese Politik stieß auf Widerstände, die in eine dramatische Zuspitzung führten.

## Die Reformpolitik James' I.

James I. leitete verschiedene Reformen ein:

1. **Finanzielle Konsolidierung**: Er erhöhte Steuern und wollte die Abgaben stärker einziehen. Damit sollten Lösegelder und andere Schulden beglichen werden.
2. **Gesetzgebung und Justiz**: James I. förderte eine zentralisierte Rechtsprechung. Er lud Vertreter der Burghs in die Parlamente ein, um neue Gesetze zu beschließen, die das ganze Reich umfassten.
3. **Rückgewinnung königlicher Ländereien**: Adlige, die sich während seiner Abwesenheit unrechtmäßig bereichert hatten, sollten enteignet oder entschädigt werden. James I. wollte den Kronbesitz vergrößern.
4. **Förderung der Wirtschaft**: Er unterstützte den Handel, lud ausländische Handwerker ein und versuchte, in den Städten eine stabile Verwaltung zu etablieren.

All diese Maßnahmen sollten die Stellung der Stewarts festigen, doch sie griffen tief in die Privilegien des Adels ein. Viele Lords empfanden es als Angriff auf ihre traditionelle Macht. Auch in den Highlands stieß James I. auf Widerstand, da er versuchte, unbotmäßige Clanführer zu bestrafen.

# Die Ermordung James' I. (1437)

Der entschiedene Kurs James' I. rief Verschwörungen hervor. Insbesondere jene Adligen, die sich persönlich bedroht fühlten, suchten einen Ausweg. 1437 wurde der König in Perth von einer Gruppe Adliger ermordet, angeführt von Sir Robert Graham. Die Hintergründe waren komplex: persönliche Rache, Sorge um Machtverluste, Angst vor James' starkem Zugriff auf Adel und Klerus.

James I. war zu diesem Zeitpunkt gerade einmal 42 Jahre alt. Sein Tod riss das Land in eine erneute Krise, da sein Sohn, James II., noch ein Kind war. Wieder einmal übernahmen Regenten die Macht, und wieder einmal geriet das Königtum in Gefahr, von machthungrigen Adligen an den Rand gedrängt zu werden.

Dennoch hinterließ James I. ein wichtiges Erbe: Er hatte die Vorzüge einer zentralen Königsmacht aufgezeigt, die sich auf Verwaltungsreformen und ein funktionierendes Parlament stützte. Sein früher Tod verhinderte zwar eine Vollendung seiner Pläne, aber der Grundgedanke blieb im Bewusstsein der nachfolgenden Generationen.

# James II. und die Bekämpfung der mächtigen Douglas-Familie

Nach dem Mord an James I. führte dessen Witwe, Königin Joan Beaufort, die Regentschaft für den minderjährigen James II. (geboren 1430). Wieder war Schottland in eine Situation versetzt, in der ein junger König auf den Thron kam und starke Adelsfamilien ihren Einfluss ausweiten wollten.

Eine der mächtigsten Familien war das Haus Douglas, das große Ländereien in Südschottland besaß und auf eine beachtliche Gefolgschaft zählen konnte. Mehrere Earls of Douglas bauten fast so etwas wie einen eigenen Staat im Staat auf, mit Burgen, Vasallen und eigenen diplomatischen Kontakten.

Als James II. heranwuchs, erkannte er, dass er seine eigene Autorität nur durchsetzen konnte, wenn er die Macht der Douglases brach. Er setzte auf den Rat loyaler Magnaten und schreckte vor drastischen Mitteln nicht zurück. 1452 kam es zum dramatischen Eklat: Der König lud den Earl of Douglas zu einer Versöhnung ein, doch während des Treffens erstach James II. den Earl eigenhändig. Ob es eine geplante Tat war oder ein impulsiver Ausbruch, bleibt unklar. In jedem Fall verhärtete sich danach der Konflikt, und es folgten Kämpfe gegen die Douglas-Familie, bis diese entmachtet war.

## Konsolidierung der königlichen Macht in der zweiten Hälfte des 15. Jahrhunderts

Mit der Ausschaltung der Douglas-Familie vergrößerte James II. den Handlungsspielraum der Krone. Er verteilte deren Besitzungen an loyale Gefolgsleute oder verwaltete Teile als Kronland. So wurde die königliche Macht im südlichen Schottland gestärkt. Auch andere aufmüpfige Adlige bekamen zu spüren, dass der König nicht bloß eine Symbolfigur war.

James II. bemühte sich, weitere Reformansätze seines Vaters fortzuführen: Er förderte den Ausbau der Burghs und den Handel, investierte in Burgbefestigungen, um die Grenzregion gegenüber England abzusichern, und entwickelte eine Art Artillerie, die in künftigen Konflikten Bedeutung erlangen sollte.

Dennoch war Schottland weiterhin von inneren Spannungen geplagt. In den Highlands blieben Clan-Rivalitäten ein Thema, und die Lordship of the Isles (dominiert von den Macdonalds) zeigte immer wieder Unabhängigkeitsbestrebungen. James II. musste wiederholt Feldzüge unternehmen, um ein Minimum an Kontrolle zu wahren.

## James III. – Ein kompliziertes Verhältnis zum Adel

James II. starb 1460 bei der Belagerung von Roxburgh Castle durch eine explodierende Kanone. Sein Sohn James III. war erst neun Jahre alt, als er den Thron bestieg. Erneut rief dies Regenten auf den Plan, die die Geschicke des Reiches lenkten.

Als James III. älter wurde und selbst regieren wollte, zeigte sich eine andere Persönlichkeit als bei seinem energischen Vater: James III. war künstlerisch interessiert, förderte die Musik und suchte Kontakte zum europäischen Hochadel. Gleichzeitig vernachlässigte er die Beziehungen zum schottischen Adel, was zu Reibungen führte. Er verließ sich oft auf niedere Günstlinge oder ausländische Berater, was manche Lords als Affront empfanden.

Mehrmals entluden sich Unzufriedenheiten in Rebellionen. Insbesondere in den 1470er-Jahren kam es zu einer Verschwörung gegen den König, an der sogar sein eigener Bruder beteiligt war. Auch sein Sohn, der spätere James IV., nahm an der offenen Revolte teil. 1488 schlug diese Rebellion in einen Bürgerkrieg um, und James III. fiel in der Schlacht von Sauchieburn. Dies hatte zur Folge, dass James IV. als jugendlicher Sieger den Thron übernahm.

## Bedeutende Errungenschaften der Stewart-Könige des 15. Jahrhunderts

Trotz aller Intrigen und Machtkämpfe leisteten die Stewarts einen wichtigen Beitrag zur Weiterentwicklung Schottlands:

1. **Stärkung des Königtums**: Im Vergleich zu den Zeiten Roberts II. und III. schufen James I. bis James III. ein kräftigeres Königtum, das sich gegen einzelne Adelsgeschlechter durchsetzen konnte.
2. **Auf- und Ausbau von Burghs**: Sie förderten die städtische Entwicklung, was Handel und Handwerk begünstigte und die königlichen Einnahmen steigerte.
3. **Kulturelle Impulse**: James I. brachte literarische Einflüsse aus England mit, James II. investierte in Festungsbau, James III. förderte Kunst und Musik.
4. **Außenpolitik**: Sie pflegten wechselnde Beziehungen zu England. Mal gab es Phasen des Friedens, mal kurze Kriege. Gleichzeitig hielt die Auld Alliance mit Frankreich, die Schottland einen gewissen Rückhalt in Europa verschaffte.

Die Schattenseite war, dass einzelne Könige – insbesondere James III. – es nicht schafften, den Adel dauerhaft an sich zu binden. Die wiederkehrenden Minderjährigkeiten (Kinder auf dem Thron) führten immer wieder zu Regentschaften und Machtvakuum. Dadurch blieb Schottland einerseits lebendig, andererseits unterstand es ständigen Erschütterungen.

## James IV. – Höhepunkt der Stewart-Macht

James IV. (1488–1513) gilt als einer der bedeutendsten Könige der Stewart-Dynastie. Er bestieg den Thron nach dem Tod seines Vaters James III. in einer turbulenten Situation, aber er besaß den Willen und das Geschick, das Reich zu befrieden. Er tat Buße für seine Beteiligung am Aufstand, der zum Tod des Vaters geführt hatte, was ihm Sympathien einbrachte. Außerdem zeigte er eine gewisse Großzügigkeit gegenüber dem Adel: Er vergab Ämter, richtete Turniere aus und förderte das höfische Leben.

James IV. investierte in eine Flotte, die sogenannten „New Haven Ships", um Schottlands Seewege zu schützen und den Handel zu fördern. Er baute Burgen aus, machte Edinburg Castle zu einem bedeutenden Sitz königlicher Verwaltung und förderte den Ausbau der

Artillerie. Unter ihm florierten Künste und Wissenschaften: Er gründete 1496 das „College of Surgeons" in Edinburgh und schuf die Grundlage für eine modernere Verwaltung.

Allerdings geriet er in Konflikte mit England, vor allem nachdem er sich durch die Auld Alliance stärker an Frankreich band. 1513 kam es zur berühmten Schlacht von Flodden Field, in der James IV. gegen englische Truppen unter dem Heer von König Heinrich VIII. antrat. Die schottische Armee erlitt eine schwere Niederlage, bei der James IV. selbst fiel – ein Schlag, der das Land erheblich schwächte.

## Vom Höhepunkt zur Niederlage – Flodden (1513)

Die Schlacht von Flodden markiert einen Wendepunkt in der Geschichte der Stewart-Könige. James IV. hatte eine imposante Armee aufgestellt, unterstützt durch modernere Artillerie und umfangreiche Vorbereitungen. Dennoch wog die zahlenmäßige und taktische Überlegenheit der englischen Truppen schwer, zumal das Gelände ungünstig für die Schotten war.

In Flodden Field starben neben dem König zahlreiche Adlige, Bischöfe und Ritter, was in Schottland eine Art „verlorene Generation" schuf. Der Thron fiel an den unmündigen James V., was erneut eine Regentschaftssituation erzeugte. Schottland trauerte um einen König, der zwar ambitioniert war, sich aber in einen verlustreichen Waffengang hineinziehen ließ.

Diese Niederlage wirkte lange nach. Viele Clans, die militärisch engagiert waren, verloren ihre Führungsschicht. Wirtschaftlich geriet Schottland in Schwierigkeiten, da die Armee und viele Ressourcen verloren gingen. Dennoch blieb das Königreich souverän; England konnte aus der Schlacht keinen direkten Eroberungserfolg erzielen. Flodden zeigte jedoch die Verwundbarkeit der Stewarts, wenn sie in Großkonflikte mit England hineingezogen wurden.

# James V. und die Frage der Kontinuität

Mit dem Tod James' IV. (1513) begann die Herrschaft James' V. (1513–1542), erneut unter Regentschaft seiner Mutter Margaret Tudor (Schwester des englischen Königs Heinrich VIII.) und anderer Adeliger. Diese Verwandtschaftsbeziehung zeigte das gespannte Verhältnis: Schottland blieb in Personalunionen oder Ehen an England gebunden, ohne jedoch politisch fusioniert zu sein.

James V. wuchs zu einem König heran, der versuchte, die Königsmacht gegen abtrünnige Lords zu verteidigen. Er baute den Hof in Stirling aus, förderte die Auld Alliance mit Frankreich und war kulturell interessiert. In seiner Zeit traten aber bereits die ersten Wellen der religiösen Umbrüche auf, die später zur Reformation führen sollten. Noch blieb Schottland überwiegend katholisch, doch Anzeichen von Kritik an der Kirche mehrten sich.

James V. führte Auseinandersetzungen mit dem Adel, insbesondere gegen die Familie Hamilton und andere Magnaten, die zu viel Einfluss beanspruchten. In den Highlands versuchte er wiederum durch Kommissionen und gezielte Clansanktionen für Ruhe zu sorgen, was teils erfolgreich war, teils Widerstand hervorrief. Außenpolitisch stand er oft im Schatten Heinrichs VIII., der seine Schwester Margaret mal unterstützte, mal gegen sie handelte.

# Weiterer Konflikt mit England und das Ende James' V.

Gegen Ende seiner Herrschaft geriet James V. in offenen Konflikt mit Heinrich VIII. von England. Dieser hatte sich von Rom losgesagt und die Church of England gegründet, was die religiös-politische Kluft verstärkte. James V., ein katholischtreuer König, lehnte die Reformation ab und hielt zu Frankreich und dem Papst. Heinrich VIII. forderte von ihm jedoch ein Bündnis und eine Anerkennung seiner Vormachtstellung.

Die Folge war erneuter Krieg an den Borders. 1542 erlitt die schottische Armee eine empfindliche Niederlage in der Schlacht von Solway Moss. James V., bereits kränklich, erfuhr kurz danach von der katastrophalen Niederlage. Er starb Ende 1542, angeblich an gebrochenem Herzen und Schwäche. An seiner Stelle hinterließ er eine wenige Tage alte Tochter: Mary Stuart (bekannt als Maria Stuart, „Mary Queen of Scots").

Damit begann ein turbulentes Kapitel der Steward-Geschichte, in dem das Königreich erneut von einem Kind regiert werden sollte. Gleichzeitig traten durch den Einfluss der Reformation massive religiöse Spannungen zutage, die das Land spalten sollten.

# Zusammenfassung des Stewart-Aufstiegs (14.–15. Jahrhundert)

Betrachtet man die Ära von Robert II. bis James V., so erkennt man:

1. **Dynastiewechsel**: Mit Robert II. (1371) endete die Bruce-Linie, und die Stewarts übernahmen als neue Könige.
2. **Machtkämpfe**: Innerhalb Schottlands war das Königtum wiederholt durch minderjährige Thronfolger, starke Adelsfamilien (Douglas, Hamilton, Albany) und Konflikte in den Highlands gefährdet.
3. **Außenpolitik**: Die Beziehungen zu England schwankten zwischen Friedensabkommen und Kriegen. Die Auld Alliance mit Frankreich wirkte als Gegenpol, war aber nicht immer militärisch nützlich.
4. **Kulturelle Blüte**: Einzelne Könige (v. a. James I. und James IV.) förderten Künste, Wissenschaften, Burgh-Bau und eine gewisse Zentralisierung des Rechtssystems.
5. **Große Niederlagen**: Flodden Field (1513) und Solway Moss (1542) zeigten die Verwundbarkeit der schottischen Armee im Vergleich zu Englands militärischer Stärke.
6. **Institutionelle Entwicklung**: Das Parlament (Three Estates) gewann an Form, die königliche Kanzlei wuchs, und die Verwaltung wurde schrittweise professionalisiert.

So standen die Stewarts am Vorabend der Reformation vor einem Land, das einerseits solide monarchische Strukturen besaß, andererseits stark von Adelsinteressen, Grenzkriegen und bald auch religiösen Spannungen gezeichnet war.

# KAPITEL 12: REFORMATION UND RELIGIÖSE SPANNUNGEN

## Die Vorgeschichte der Reformation in Schottland

Während im 15. Jahrhundert die Stewart-Könige um Macht und Stabilität rangen, verlor die römisch-katholische Kirche zunehmend an moralischer Autorität. Missstände wie Ämterhäufung, Korruption und das Luxusleben einiger Bischöfe sorgten für Unmut in der Bevölkerung. Zwar blieb die Mehrzahl der Menschen dem Glauben traditionell verbunden, doch im europäischen Kontext gewannen kritische Stimmen an Gewicht.

Im Heiligen Römischen Reich Deutscher Nation trat Martin Luther 1517 mit seinen 95 Thesen an die Öffentlichkeit, die viel Resonanz fanden. Luther kritisierte den Ablasshandel, das Papsttum und forderte eine Rückkehr zur biblischen Lehre. Die Ideen der Reformation breiteten sich rasant in nördlichen Teilen Europas aus, gefördert durch den Buchdruck und durch soziale Spannungen. Bald erreichten sie auch England, wo Heinrich VIII. 1534 die Loslösung von Rom vollzog und sich zum Oberhaupt der anglikanischen Kirche erklärte.

Schottland, eng mit Frankreich verbunden und unter einer überwiegend katholisch gesinnten Monarchie, stand zunächst abseits dieser Entwicklungen. Doch der Einfluss Englands und die Verbreitung reformatorischer Schriften machten auch im Norden Schule. Heimlich eingeschmuggelte Bücher, Prediger von den Universitäten auf dem Kontinent und heimliche Diskussionskreise weckten das Interesse vieler Menschen an einer neuen Form des Christentums. Das führte in der zweiten Hälfte des 16. Jahrhunderts zu tiefen Konflikten – teils politisch, teils religiös motiviert.

# Maria Stuart und die katholische Kontinuität

Maria Stuart (Mary Queen of Scots), 1542 geboren, wurde als Katholikin erzogen. Da sie durch ihre Mutter, Maria de Guise, und enge Beziehungen zu Frankreich geprägt war, sah sie in der römisch-katholischen Kirche das legitime Glaubensbekenntnis. Nach dem Tod ihres Vaters James V. war sie formal Königin, doch als Kleinkind konnte sie nicht regieren. Eine Regentschaft unter ihrer Mutter, Maria de Guise, und anderen Adeligen entstand. Schottland geriet damit in den Fokus Englands, das versuchte, Maria Stuart mit dem englischen Thronfolger Edward (Sohn Heinrichs VIII.) zu verloben. Dies scheiterte jedoch am Widerstand der schottischen Adligen, die nicht vollständig englische Dominanz wollten.

Maria Stuart wuchs in Frankreich auf, heiratete den französischen Thronfolger Franz II. und wurde zeitweilig Königin von Frankreich (1559–1560). Nach dem frühen Tod ihres Mannes kehrte sie 1561 nach Schottland zurück. Dort war allerdings bereits eine starke protestantische Bewegung im Vormarsch, die John Knox und andere Reformatoren anführten. Maria Stuart fand ein Land vor, das in Glaubensfragen tief gespalten war.

## Die protestantische Bewegung und John Knox

John Knox gilt als der bedeutendste Reformator Schottlands. Ursprünglich Priester, bekannte er sich zur lutherisch und später calvinistisch geprägten Lehre. Nachdem er zeitweilig in England und auf dem Kontinent gelebt hatte, kehrte er nach Schottland zurück und führte eine radikale Kampagne gegen die katholische Kirche. Er hielt flammende Predigten, in denen er den Papst als Antichrist bezeichnete und den Klerus für korrupt erklärte.

Die religiöse Reformbewegung in Schottland wurde von Teilen des Adels unterstützt, insbesondere von jenen, die sich wirtschaftliche Vorteile (z. B. Übernahme von Kirchengut) oder mehr Unabhängigkeit von der Krone erhofften. Gleichzeitig waren Stadtbürger und niedere Adelige offen für die Idee einer Kirche, die bibelzentriert war und keine teuren Sakramente anbot. Sie wünschten sich weniger Abhängigkeit vom Papst und von ausländischem Einfluss, insbesondere aus Frankreich.

Im Parlament von 1560 (oft als Reformparlament bezeichnet) verabschiedeten die protestantischen Lords eine Reihe von Gesetzen, die das katholische Mass opferten, den Papstbesuch untersagten und eine presbyterianische Kirchenordnung einführten. Damit war Schottland offiziell zu einem protestantischen (calvinistischen) Land geworden, obwohl Maria Stuart als katholische Königin noch in Frankreich weilte.

## Maria Stuarts Rückkehr nach Schottland (1561) und ihr Konflikt mit Knox

Als Maria Stuart 1561 nach Schottland zurückkam, war sie erst 18 Jahre alt und im katholischen Glauben tief verwurzelt. Die adlige Elite und John Knox hatten bereits die protestantische Kirche fest verankert. Maria versuchte zunächst, sich diplomatisch zu arrangieren, versprach, die Religionsgesetze zu respektieren, und hielt private Messen in ihrer Kapelle. Doch es gab Spannungen: Knox hielt feurige Predigten gegen den „Götzendienst" der Königin und warnte, Schottland dürfe nicht erneut unter katholische Fremdherrschaft geraten.

In der Außenpolitik suchte Maria Stuart eine Balance: Sie wollte Frankreich nicht völlig entfremden, hatte aber auch keine Absicht, sich England zu unterwerfen. Politisch stand sie vor dem Problem, einen Ehemann zu wählen, der Schottland in internationale Allianzen einbinden könnte. Ihre Ehe mit Henry Stuart, Lord Darnley (1565), erwies sich als unglücklich und trug zum politischen Chaos bei: Darnley war ebenfalls Katholik und beanspruchte für sich Mitregentschaft, was viele protestantische Lords verärgerte.

## Morde und Machtkämpfe – Die Krise des Hofes

Der schottische Hof versank nach Marias Rückkehr in Intrigen. Ein entscheidendes Ereignis war der Mord an David Rizzio (1566), dem italienischen Privatsekretär und Vertrauten Marias, der starke Eifersucht bei Darnley erweckt hatte. Eine Gruppe Adliger, angeführt von Darnley, stürmte in Marias Gemächer, zerrte Rizzio heraus und erstach ihn. Die Königin, schwanger mit dem späteren James VI., war tief schockiert. Dieses Verbrechen erschütterte die Stellung Marias weiter.

1567 kam es zum nächsten Skandal: Darnley starb bei der Explosion seines Hauses in Kirk o' Field, wobei Hinweise auf ein Attentat hindeuteten. James Hepburn, Earl of Bothwell, wurde verdächtigt, verantwortlich zu sein, doch Maria Stuart heiratete ihn wenig später, was das Misstrauen der protestantischen Lords erneut schürte. In ihren Augen war die Königin in das Verbrechen verwickelt oder zumindest moralisch kompromittiert.

Die Folge war ein offener Aufstand, in dem viele Adlige Maria die Krone entzogen. Sie wurde gefangen genommen und auf Schloss Loch Leven inhaftiert. Unter dem Druck ihrer Gegner dankte sie 1567 ab, und ihr einjähriger Sohn James VI. wurde zum König proklamiert. Die Regentschaft übernahm zunächst der Earl of Moray, ein Halbbruder Marias und entschiedener Protestant. So setzte sich die Reformation in Schottland endgültig durch.

## Das presbyterianische System & die Rolle von John Knox

Während diese politischen Wirren tobten, festigte John Knox die Strukturen der neuen schottischen Kirche. Das sogenannte „Scots Confession" von 1560, an dem Knox federführend beteiligt war, legte die Glaubensgrundlagen fest: calvinistische Theologie, Verzicht auf Hierarchien wie Bischöfe, Betonung der Predigt und der Gemeinde. Pfarrer und Älteste (Presbyter) sollten vor Ort die Geschicke der Kirche leiten, weshalb man von einem presbyterianischen System spricht.

Knox hielt unermüdlich Predigten in Edinburgh und anderen wichtigen Städten, prangerte Korruption an und wachte darüber, dass die protestantischen Sitten eingehalten wurden. Beispielsweise stellte er den Genuss von Tanz, Musik und Unterhaltung unter ein strenges Licht. Auch Ehen wurden stärker überwacht, die Gemeinde sollte moralische Verstöße ahnden. Dadurch entstand ein Netzwerk aus Gemeindekirchen, die zusammen die Kirk of Scotland bildeten.

Das Parlament unterstützte diese Entwicklung, teils aus echter Überzeugung, teils weil es durch die Auflösung katholischer Klöster an Kirchengüter kam. Klöster wurden zum Großteil geschlossen oder säkularisiert, Kircheninventar zerstört, Heiligenfiguren und Altäre zerschlagen. Eine radikale Bilderstürmerei setzte ein, die viele Zeugnisse mittelalterlicher Frömmigkeit vernichtete.

## Marys Flucht nach England und ihre Gefangenschaft

Maria Stuart gelang 1568 die Flucht aus Loch Leven. Mit wenigen Anhängern versuchte sie, ihren Thron zurückzuerobern, wurde jedoch in einer Schlacht bei Langside geschlagen. Hilflos wandte sie sich an Elisabeth I. von England um Unterstützung, in der Hoffnung, diese würde ihr helfen, ihre rechtmäßige Position als schottische Königin zurückzuerlangen.

Elisabeth I. aber, selbst protestantisch und misstrauisch gegenüber Marias katholischem Anspruch (Maria Stuart erhob indirekt auch Anspruch auf den englischen Thron), ließ sie festsetzen. Die nächsten 19 Jahre verbrachte Maria in englischer Gefangenschaft. Damit war ihre Rolle in Schottland beendet. Ihre Anhänger wurden verfolgt, ihr Sohn James VI. wuchs unter protestantischer Regentschaft auf.

Für Schottland bedeutete das, dass die konfessionelle Weichenstellung unumkehrbar wurde. Die Macht lag bei protestantischen Lords, die eine calvinistische Kirche etabliert hatten. Die katholische Minderheit war weitgehend marginalisiert; die wenigen verbliebenen Klöster lebten im Untergrund oder wurden aufgelöst.

## Der junge James VI. und die etablierte Reformation

James VI. war von Geburt an König, stand jedoch bis zu seiner Volljährigkeit unter Regentschaften, unter anderem von James Stewart, Earl of Moray, und später von James Douglas, Earl of Morton. Beide waren strikte Protestanten, nahmen Einfluss auf James' Erziehung und sorgten dafür, dass er mit calvinistischen Ideen vertraut war. Zudem versuchten sie, die Adelshäuser gegeneinander auszubalancieren und die Grenzkonflikte mit England einzudämmen.

Der junge König entwickelte ein tiefes Interesse an Politik und Theologie. Später, als er James I. von England werden sollte (1603), schrieb er selbst Werke über Staatslehre („The True Law of Free Monarchies"). In Schottland lernte er, mit den mächtigen protestantischen Predigern zu verhandeln. Diese prägten das kirchliche Leben stark, forderten teils sogar, dass der König sich der Kirchenordnung unterordnen solle.

Die Reformation war nun im Land verwurzelt. Die Pfarreien waren mit Predigern besetzt, die den calvinistischen Glauben verkündeten, der Gottesdienst war schlicht. Sakramente gab es nur zwei (Taufe und Abendmahl), Heiligenverehrung war abgeschafft. In den Highlands allerdings blieb der katholische Glaube in einigen Clans bestehen, weil dort die königliche Macht weniger durchdrang und die alten Traditionen tiefer verankert waren.

## Folgen der Reformation für Gesellschaft und Kultur

Die Reformation hatte erhebliche Konsequenzen:

1. **Machtverschiebung**: Die katholische Kirche verlor ihren Grundbesitz an den protestantischen Adel oder den Staat. Das Adelssystem erhielt dadurch neue Ländereien und mehr finanzielle Ressourcen.
2. **Kultureller Bruch**: Klöster und ihre Bibliotheken wurden aufgelöst; viele Kunstwerke, Skulpturen und Manuskripte gingen verloren. Die calvinistisch geprägte Kirche lehnte üppige Kunst in Gottesdiensten ab.
3. **Bildung**: Die Reformatoren setzten auf Bibellese und Predigt. Schulen entstanden, um die Alphabetisierung zu fördern, damit die Menschen die Heilige Schrift selbst lesen konnten. Städte bekamen Presbyterien, die den Schulbetrieb organisierten.
4. **Religiöse Spaltung**: Die Reformation schuf einen protestantisch dominierten Staat, doch es blieben katholische Minderheiten, vor allem in entlegenen Highlands und auf den Inseln. Diese Spannungen blieben noch lange ein Konfliktherd.

Durch die konfessionelle Ausrichtung Schottlands auf den Calvinismus grenzte sich das Land nicht nur gegenüber dem Katholizismus ab, sondern auch gegenüber dem lutherischen oder anglikanischen Protestantismus. Die presbyterianische Ordnung galt als besonders streng und demokratisch in der Gemeindeleitung. Das führte zu einem oft angespannten Verhältnis zwischen König und Kirche, weil Letztere ihre Unabhängigkeit betonte.

## Politische Bündnisse und internationale Auswirkung

Mit dem erzwungenen Ende Marias in Schottland endete auch der enge Schulterschluss mit dem katholischen Frankreich. Zwar blieb die „Auld Alliance" offiziell bestehen, aber sie spielte nun eine geringere Rolle, da Schottland protestantisch geworden war. England hingegen übte Druck aus, weil Elisabeth I. ein protestantisches Bündnis wünschte.

Diese Lage mündete in ein vorsichtiges Miteinander: Schottland blieb eigenständig, aber je nach Konfliktlage suchten die Regenten mal die Nähe zu England, mal hielten sie Distanz. Da Schottland eine starke protestantische Kirche hatte, wuchsen ideologische Gemeinsamkeiten mit England. Zugleich verteidigte James VI. seine Stellung als König gegen allzu einmischende Presbytern, was ihn später (als er 1603 den englischen Thron erbte) noch beschäftigen sollte.

Für Europa wirkte die schottische Reformation insofern bemerkenswert, als sie das nördliche Ende der reformierten Welt markierte. Vom Norden Irlands abgesehen (wo es teils anders zuging), war Schottland nun mehr Teil der protestantischen Staaten, während Länder wie Spanien, Frankreich oder Österreich-Habsburg katholisch blieben. Schottische Adlige, Kaufleute und Prediger pflegten Verbindungen zu niederländischen, deutschen und Schweizer Reformierten.

## Der Untergang Marias Stuart – Eine Legende entsteht

Maria Stuart, in England gefangen, stand im Verdacht, an mehreren katholischen Verschwörungen gegen Elisabeth I. beteiligt zu sein. 1587 wurde sie nach langem Zögern Elisabeths hingerichtet. Dieses Ereignis erregte europaweit Aufsehen: Eine katholische Königin, hingerichtet von einer protestantischen Königin.

In Schottland war ihr Einfluss längst vorbei, doch ihr Tod hinterließ ein ambivalentes Erbe. Für Katholiken weltweit wurde Maria Stuart zur Märtyrerin, für Protestanten war sie eine Umstürzlerin und Verräterin. Im 19. Jahrhundert setzten sich Dichter und Romanautoren intensiv mit ihrem Schicksal auseinander, verklärten sie als tragische Figur.

Gleichwohl stand die Entwicklung Schottlands inzwischen unter dem Zeichen einer protestantischen Staatskirche. Marias Sohn, James VI., war eng mit der schottischen Kirche verbandelt, bis er 1603 den englischen Thron erbte und so die Personalunion von Schottland und England begründete. Damit begann eine neue Epoche, in der religiöse Konflikte weitergingen, aber in anderen Bahnen.

## John Knox' spätes Wirken und Vermächtnis

John Knox, als zentraler Reformator, hatte ab den 1560er-Jahren großen Einfluss. Seine Predigt gegen Maria Stuart und den „Paptismus" (Papsttum) prägte das Volk. Er lehnte die Idee einer weiblichen Herrschaft ab („First Blast of the Trumpet Against the Monstrous Regiment of Women"), was ihn in direkten Konflikt mit Maria Stuart brachte.

In seinen späten Jahren (er starb 1572) litt Knox unter gesundheitlichen Beschwerden, blieb aber einflussreich als geistliches Oberhaupt der Gemeinde in Edinburgh. Seine Schriften und Predigten sicherten der schottischen Kirche ein Erbe, das man heute als vehement calvinistisch und anti-katholisch bezeichnen kann.

Das Vermächtnis Knox' findet sich in der Presbyterian Church of Scotland: eine Kirche ohne Bischöfe, die auf Synoden und Presbyterien gründet. Für Schottland bedeutete dies in den kommenden Jahrhunderten eine starke Kirchendisziplin, die das Alltagsleben sehr moralisch-reglementierend beeinflusste. Gleichzeitig bildete sich eine politische Kultur heraus, in der lokale Gemeindegremien durchaus selbstbewusst waren – ein frühes Beispiel für Mitbestimmung in einem theokratischen Kontext.

## Die Adelshäuser und die Konfessionsfrage

Nicht alle großen Adelsfamilien wurden sofort protestantisch. Einige wechselten opportunistisch, wenn Ländereien winkten. Andere blieben heimlich katholisch, sofern sie sich in abgelegenen Highlands befanden oder französische Unterstützung genossen. Besonders in West- und Nordschottland gab es Enklaven, wo die Reformation nur langsam vordrang.

Die Krone nutzte den Konfessionswechsel, um die Macht der Kirche über Ländereien zu brechen und sie dem Adel oder dem König zuzuschanzen. Das führte zu einem neuen Reichtum einzelner Häuser, während der Klerus verarmte oder ins Exil ging. Klöster wie Arbroath, Melrose oder Holyrood wurden säkularisiert, ihre Gebäude verfielen oder wurden als Steinbrüche genutzt.

Somit entstand ein Wirtschaftswandel: Ein Teil der Einnahmen, die früher dem Klerus zugutekamen, floss nun in die Privatschatullen des Adels oder in königliche Kassen. Städte erhielten oft kirchliche Ländereien, was ihre Selbstverwaltung stärkte und einen Handelsaufschwung begünstigte. In gewissem Maße kann man sagen, die Reformation beförderte eine sozial-ökonomische Umstellung zugunsten einer städtisch-adligen Elite.

## Bildung und Verbreitung des Lesens

Ein positiver Effekt der Reformation zeigte sich im Bildungswesen. Die calvinistische Kirche betonte, jeder Gläubige solle selbst die Bibel lesen können. Das bedingte eine höhere Alphabetisierungsrate, zumindest in den Lowlands. Pfarrer und Schulmeister richteten „kirk schools" ein, um Kindern das Lesen und Schreiben zu lehren.

Universitäten wie St Andrews, Glasgow und Aberdeen passten ihre Lehrpläne an die reformierte Theologie an. Theologieprofessoren bildeten künftige Pfarrer aus, die in den Gemeinden wirkten. Man veröffentlichte erste Bibelübersetzungen ins Scots oder las englischsprachige Reformbibeln. Dadurch erhielt Schottland eine breitere Schicht an Lesefähigen, was langfristig die kulturelle Entwicklung beförderte.

Im Gegenzug verschwanden viele alte lateinische Schriften, Chroniken und liturgische Bücher oder wurden kaum noch genutzt. Die Reformation brach somit auch mit der klösterlichen Tradition des Kopierens und Bewahrens von Manuskripten. Viel Wissen ging verloren, andererseits öffnete sich Schottland geistig für neue Strömungen aus Genf, Zürich, Wittenberg und anderen protestantischen Zentren.

## Soziale Folgen der sittlichen Strenge

Die kirchlichen Presbyterien wachten nicht nur über die Glaubenslehre, sondern auch über die Moral ihrer Gemeindemitglieder. Wer Ehebruch, Trunkenheit, Fluchen oder ähnliche „Sünden" beging, konnte vor das Kirchengericht geladen werden. Bußstrafen, öffentliche Schandecke („Repentance Stool") oder zeitweiliger Ausschluss aus der Gemeinde waren gängige Maßnahmen.

Dieses System bedeutete für viele Menschen eine starke soziale Kontrolle. Es förderte Tugenden wie Fleiß, Bescheidenheit und Gemeinschaftssinn, schränkte jedoch Lebensfreude und persönliche Freiheit ein. Feiern, Tänze und volkstümliche Bräuche wurden kritisch betrachtet, sofern sie nicht streng züchtig verliefen.

Besonders hart traf dies Frauen, die leichter als „Sünderinnen" gebrandmarkt werden konnten. Unverheiratete Mütter, Ehebrecherinnen oder jene, die sich auffällig verhielten, liefen Gefahr, als Hexen oder Verführerinnen denunziert zu werden. Hexenverfolgungen kamen in der Folgezeit in ganz Europa vor, in Schottland jedoch mit beachtlichem Ausmaß.

## Politische Stabilisierung unter dem protestantischen Establishment

Nach Marias Abdankung und ihrer Flucht nach England stabilisierte sich das Land schrittweise. Die Regenten für den jungen James VI. waren meist calvinistisch gesinnt. Der Adel, der sich zum Protestantismus bekannte, konnte in Ruhe Besitzungen und Titel festigen, ohne dass die Krone bedrohlich wirkte.

Allerdings war James VI. kein passiver König. Als er erwachsen wurde, versuchte er, die Rolle des Königtums über die Kirche zu erhöhen. Er argumentierte für eine Episkopalstruktur mit Bischöfen, die dem König untergeordnet wären. Dies stieß auf heftigen Widerstand bei jenen Presbyterianern, die ausschließlich eine synodale Kirchenleitung akzeptierten. So keimte ein Konflikt zwischen „Episcopalians" und „Presbyterians" auf.

Trotz dieser Meinungsverschiedenheiten war die politische Lage ruhiger als in den Jahrzehnten zuvor. England ließ Schottland relativ in Frieden, da Elisabeth I. keinen Großkrieg riskieren wollte. Die Adelshäuser arrangierten sich in Rivalitäten, ohne den König offen zu stürzen. Die Kirk war stark, aber noch nicht allmächtig.

## James VI. – Der Weg zur Personalunion (1603)

Der größte politische Einschnitt kam 1603, als Elisabeth I. von England ohne direkten Erben starb. James VI. von Schottland, ein Ururenkel Heinrichs VII., wurde als **James I.** auch König von England. Damit entstand eine Personalunion, die Schottland und England unter einen Monarchen stellte, aber nicht ihre Parlamente vereinte. Schottland blieb formal eigenständig, doch der König residierte fortan in London.

Diese Entwicklung hatte weitreichende Folgen für Schottland: Der Hof zog in die englische Hauptstadt, viele schottische Adlige folgten dem König, um in London Karriere zu machen. Die protestantische Kirche Schottlands hatte nun einen König, der über ein viel größeres Reich herrschte und die englische Staatskirche (Anglikanismus) beeinflusste. Damit begann ein neues Kapitel in der schottischen Geschichte, das zu den späteren Bürgerkriegen und den Konflikten um die Ausrichtung der Kirche führte.

# Fazit – Eine epochale Neuordnung

Die Reformation in Schottland war weitaus mehr als ein kirchlicher Streit. Sie formte das Land um:

- **Kirche**: Vom katholischen Klerus blieb nur eine kleine Minderheit, die protestantische (calvinistische) Ordnung setzte sich als Nationalkirche durch.
- **Macht**: Der Adel sicherte sich Kirchengüter, das Parlament wurde ein wichtiger Schauplatz politischer Auseinandersetzungen.
- **Kultur**: Lateinische Bildung schrumpfte, volkssprachliche Bibeln und Predigten fanden breiten Zugang, Bildersturm vernichtete viel kunsthistorisches Erbe.
- **Soziale Ordnung**: Presbyterien sorgten für Gemeindedisziplin, Schulen für Alphabetisierung. Gleichzeitig wuchsen Einflüsse aus Europa, insbesondere Calvinismus aus Genf.
- **Politik**: Maria Stuarts Sturz, die Regentschaften und Marias Hinrichtung in England verdeutlichten die Verflechtung mit der englischen und kontinentalen Politik.

Bis zum Ende des 16. Jahrhunderts hatte sich Schottland als protestantisches Königreich etabliert. Die Stewarts regierten weiter, doch sie mussten sich an die neue Rolle der Kirche gewöhnen. Mit dem Amtsantritt James' VI. in England (Personalunion ab 1603) begann eine Phase, in der Schottland seinen König überwiegend in London sitzen hatte, was langfristig zu neuen Konflikten um Religion und Autonomie führen sollte.

# KAPITEL 13: JAKOB I. (JAMES VI.) UND DIE VEREINIGUNG DER KRONEN

## Von James VI. zu James I. – Die Erbschaft des englischen Throns

Im Jahr 1603 veränderte sich die politische Landschaft auf den Britischen Inseln grundlegend. Elisabeth I. von England, die letzte Tudor-Herrscherin, war ohne direkte Nachkommen gestorben. Eine wichtige Thronanwärterin wäre eigentlich Maria Stuart (Mary Queen of Scots) gewesen – doch sie war 1587 in England hingerichtet worden. Ihr Sohn James VI. von Schottland, ein Urenkel Heinrichs VII., rückte nun in den Mittelpunkt. Da Elisabeth I. keinen anderen legitimen Erben hinterlassen hatte und James VI. der nächstliegende protestantische Verwandte war, fiel die englische Krone an ihn.

Diese Personalunion, in der James VI. als **James I. von England** auf den englischen Thron kam, machte ihn zum ersten König, der beide Kronen – jene von Schottland und jene von England – in Personalunion vereinte. Oft spricht man von der „Union of the Crowns" im Jahr 1603. Politisch bedeutete das zwar keine vollständige Verschmelzung beider Staaten (Parlament und Verwaltung blieben jeweils eigenständig), aber die oberste Herrschaft lag nun in einer Person. Für Schottland war dies ein gewaltiger Einschnitt: Der König residierte fortan in London, was die Dynamik in der Politik und im Hofleben stark veränderte.

## James' Erziehung und seine Ansichten über Königtum

James VI. war 1566 geboren worden. Nach dem Tod seines Vaters, James V., war er 1567 als Baby König geworden, wobei die faktische Macht über das Reich bei Regenten lag. Er wuchs in einer Zeit tiefgreifender religiöser Umbrüche auf: Die Reformation hatte in Schottland durch John Knox und andere Prediger eine calvinistische Prägung hinterlassen. James' Erziehung fiel daher teils streng protestantisch aus. Gleichzeitig lernte er den Wert von Toleranz, da er mit den Wünschen verschiedener Adliger konfrontiert war, die mal episkopale, mal presbyterianische Positionen vertraten.

Schon als junger Mann zeigte James VI. Interesse an Philosophie und Theologie. Er schrieb Werke wie „The True Law of Free Monarchies" (1598), in denen er das monarchische Prinzip verteidigte und die Idee verbreitete, der König stehe über allen irdischen Institutionen. Er vertrat also den Grundsatz des „göttlichen Rechts" der Könige. Diese Staatsauffassung prägte sein Denken und erklärte, warum er Konflikte mit zu mächtigen Adelsfraktionen oder mit einer strengen presbyterianischen Kirche hatte.

# Schottlands Situation vor 1603

Bevor James VI. den englischen Thron erbte, war Schottland politisch relativ stabil. Die Reformation hatte sich gefestigt; die große Mehrheit der Lowlands folgte der calvinistischen Kirche (Kirk), die Presbyterianer nannte sich. In den Highlands dagegen bestanden immer noch starke Clantraditionen, und manche Gebiete hielten am Katholizismus fest oder mischten alte Riten mit neuen. James VI. hatte während seiner Jugend verschiedene Adelsverschwörungen überstanden, unter anderem den Gowrie-Aufstand.

Trotzdem gelang es ihm, zumindest einen modus vivendi zu schaffen: Er setzte klug Adlige gegeneinander ein, suchte das Gespräch mit der Kirk, ohne sich völlig zu unterwerfen, und verfolgte einen Ausgleich mit England. Da Elisabeth I. in England keine Nachkommen hatte, und Maria Stuart (James' Mutter) tot war, pflegte James VI. vorsichtige Kontakte nach London. Man kann sagen, er bereitete den Erbgang in England vor, ohne Elisabeth zu provozieren.

## Die Union der Kronen – Ein bloßer Personenbund

Als James VI. im März 1603 die Nachricht vom Tod Elisabeths erhielt, machte er sich unverzüglich auf den Weg nach Süden. In London wurde er als **James I. von England** gekrönt. Damit war das Haus Stuart (Stewart) erstmals auch auf dem englischen Thron. Schottland verlor seine Residenzfunktion: Der König regierte jetzt in London und besuchte Schottland nur noch sporadisch.

Diese Personalunion bedeutete aber keine Parlamentsunion. Das englische Parlament und das schottische Parlament blieben eigenständig. Auch das Rechts- und Steuersystem blieb getrennt. Viele Engländer standen einer vollständigen Union skeptisch gegenüber, da man Schottland als armes, rückständiges Land wahrnahm. Gleichzeitig war ein Teil der schottischen Elite für die Union offen, um Zugang zu englischen Märkten und Ämtern zu erhalten. James versuchte mehrfach, eine engere Vereinigung zu erreichen, stieß aber auf den Widerstand des englischen Parlaments.

## Auswirkungen auf Schottlands Hof und Adelsleben

Mit James' Übersiedlung nach London verlagerte sich das Zentrum königlicher Politik an die Themse. Viele schottische Adlige folgten dem König, um in England Karriere zu machen oder Hofämter zu erhalten. Das führte zu einer gewissen „Abwanderung" des Hochadels und der königsnahen Kreise. In Edinburgh, Stirling und den traditionellen Residenzen Schottlands verödeten Teile des höfischen Lebens.

Zudem schufen sich in London Schotten-Netzwerke, die dem König dienten und zugleich englische Gunst suchten. Man nennt diese Gruppe manchmal scherzhaft die „Scots at Court". Da James I. manchen Schotten bevorzugt behandelte, regte sich im englischen Adel Unmut. Diese Rivalitäten waren Teil der Fehden am Hof, die sich noch verschärften, als James I. Favoritenpolitik betrieb (z. B. George Villiers, Duke of Buckingham).

In Schottland selbst blieb ein Kronrat bestehen, der im Namen des Königs Entscheidungen traf. Die lokalen Machthaber, besonders in den Highlands, konnten von der schwächeren königlichen Präsenz profitieren und ihre Autonomie ausbauen. Gleichzeitig brauchte man in den Lowlands eine effektive Verwaltung, um Recht und Ordnung zu sichern. Die schottischen Parlamentsversammlungen gewannen etwas an Bedeutung, weil der König nicht ständig eingriff, sondern über Stellvertreter agierte.

## Religiöse Spannungen – Presbyterianer vs. Episkopale

Obwohl James VI. (I.) calvinistisch erzogen worden war, gefiel ihm das strenge Presbyterianertum nicht besonders. Er bevorzugte eine Episkopalkirche (mit Bischöfen), in der der König ein hohes Maß an Kontrolle ausüben konnte. Die Anglikanische Kirche Englands bot für James eine Vorbildfunktion, denn sie akzeptierte das Königtum als obersten Beschützer und besaß eine hierarchische Struktur, die der Monarch beeinflussen konnte.

In Schottland hingegen hatte sich die presbyterianische Kirk durchgesetzt, die sich stark auf Synoden und Presbyterien stützte und jegliche Bischofsstrukturen ablehnte. Führende Prediger wollten den König nicht als Oberhaupt der Kirche anerkennen, sondern sahen Jesus Christus als alleiniges Oberhaupt. James sah darin eine Gefahr für seine Autorität und versuchte wiederholt, Bischöfe einzusetzen oder der Kirk zumindest eine gemischte Leitungsform zu geben.

Diese Differenzen sorgten für Spannungen. James war vorsichtig, um keinen offenen Konflikt zu riskieren, da er die Unterstützung der Schotten nicht verlieren wollte. Aber er legte den Grundstein für später entstehende Konflikte, die sich unter seinen Nachfolgern (Charles I., Charles II.) zu Bürgerkriegen und Aufständen ausweiteten.

## Politik in England – Das Verhältnis zum Parlament

In England kam James I. mit einem selbstbewussten Parlament in Kontakt, das sich schon bei Elisabeth I. gewisse Rechte erstritten hatte. James war an eine unumschränkte, königliche Position gewöhnt, wie sie in Schottland noch möglich gewesen war. In England hingegen stieß er auf Widerstand, wenn er Steuern erheben oder neue Gesetze erlassen wollte.

Die berühmte Auseinandersetzung mit dem englischen Parlament in Sachen „divine right of kings" (göttliches Recht der Könige) entbrannte. James I. verteidigte sein Verständnis, der König stehe über dem Gesetz, während das Parlament auf Mitspracherechte beharrte. Es kam während James' Regierungszeit noch nicht zum offenen Bruch, doch der Samen für künftige Konflikte war gelegt – besonders in der Regierungszeit seines Sohnes Charles I.

Für Schottland hatte das indirekte Auswirkungen. Während James I. in England mit dem Parlament rang, blieb er gezwungen, sich in Schottland auf loyal gesinnte Regentschaftsvertreter zu stützen. Das schottische Parlament entwickelte sich zwar weiter, hatte aber weniger Einfluss auf die Gesamtpolitik, da James' Hauptfokus auf England lag. Somit blieb Schottland ein Anhängsel, dessen Belange oft in London entschieden wurden.

## Kolonialambitionen und die Rolle der Stewarts

James I. war außerdem bestrebt, das Königreich zu stärken, indem er Kolonisationen förderte. Unter ihm begann England, die englisch-irische Kolonisation in Ulster auszubauen. Auch Schotten siedelten dort, was später zu den „Scots-Irish" führte, einer Gruppe, die in den kommenden Jahrhunderten weite Teile Nordirlands prägte.

Die Kolonien in Nordamerika wurden ebenfalls unterstützt, vor allem durch private Investorengruppen wie die Virginia Company. Hier mischten auch schottische Adlige mit, da sie vom Handel, Landbesitz und gewinnbringenden Geschäften im atlantischen Raum profitieren wollten. Der Zusammenschluss der Kronen hatte also nicht nur innenpolitische Folgen, sondern öffnete vielen Schotten die Türen zu neuen Handels- und Siedlungsprojekten.

Allerdings hatten diese frühen Kolonisierungsmaßnahmen wenig direkte Auswirkungen auf das einfache Volk in Schottland. Die Highland-Clans blieben in ihren eigenen Strukturen, und die Lowland-Bauern spürten allenfalls schwach etwas vom transatlantischen Handel. Erst später, im 17. und 18. Jahrhundert, wuchs die Bedeutung kolonialer Unternehmungen und hob so manche schottische Familie (etwa die Tobacco Lords von Glasgow) zu Reichtum.

## Die „King James Bible" und kulturelle Entwicklungen

Eine bedeutende kulturelle Leistung James' I. in England (und damit in Personalunion für Schottland) war die Veröffentlichung der „King James Bible" (auch Authorized Version) im Jahr 1611. Diese Bibelübersetzung ins Englische prägte über Jahrhunderte die protestantische Welt anglophoner Länder. Zwar war dies primär ein englisches Projekt, doch es hatte Ausstrahlung auf Schottland, wo man bis dato andere Bibelversionen nutzte (z. B. die Geneva Bible).

Die King James Bible beförderte die Anglisierung der schottischen Kirche, zumindest in den Lowlands, wo Englisch (Scots) gesprochen wurde. Gleichzeitig förderte James I. Hofkultur, Musik und Theater, was eine Blütezeit der Literatur in England einleitete (William Shakespeare wirkte in dieser Epoche). Für Schottland bedeutete das, dass viele Dichter und Intellektuelle in den englischen Kulturkreis einzogen, was wiederum die eigenständige schottische Hochkultur etwas schwächte.

## Fortdauernde Brennpunkte in Schottland

Obwohl James I. (VI.) sein Hauptaugenmerk auf England legte, bestanden in Schottland weiterhin bestimmte Probleme:

1. **Highland-Clans**: Manche Clans wie die Macdonalds oder die Camerons standen dem König loyal gegenüber, andere beharrten auf alten Fehden und ignorierten königliche Erlasse. Raubzüge, Viehdiebstähle und Grenzfehden hielten an.
2. **Lordship of the Isles**: Offiziell war die Macht der Lords of the Isles gebrochen, doch es gab immer wieder Bestrebungen, alte Privilegien einzufordern.
3. **Grenzregion zu England (Borders)**: Hier lebten Reiver-Familien, die an das Gesetz nur bedingt gebunden waren. James wollte Ruhe und Ordnung herstellen, was mal mehr, mal weniger gelang.
4. **Presbyterianische Kirche**: Sie verteidigte ihr Synodalsystem, während James, inspiriert von der anglikanischen Staatskirche, Bischöfe einführte oder versuchte, sie wiederzubeleben. Dieses Ringen blieb zunächst unter der Oberfläche, würde aber in Zukunft an Intensität gewinnen.

## Beziehung zu Irland und katholischen Minderheiten

Irland war überwiegend katholisch geblieben, weshalb James I. in England die Politik Elisabeths I. fortsetzte, dort protestantische Kolonisationen („Plantations") voranzutreiben. Zahlreiche Schotten, vor allem aus den Lowlands, wurden ermuntert, in den Nordosten Irlands (Ulster) überzusiedeln. Dies veränderte das Bevölkerungsgefüge und legte den Keim für die späteren Spannungen in Nordirland.

Innerhalb Schottlands existierten kleine katholische Minderheiten, insbesondere in entlegenen Highlands oder bei Adligen, die familiäre Verbindungen zum Kontinent (Frankreich, Spanien) hielten. Diese Gruppen wurden von James nicht energisch verfolgt, solange sie keinen Aufruhr planten. Im Vergleich zu Elisabeth I. oder Heinrich VIII. war James' Regierung etwas toleranter, aber dennoch galt offener Katholizismus als suspekt.

## James' spätes Wirken und sein Erbe in Schottland

James I. starb 1625 in London, nachdem er über 20 Jahre zugleich König von Schottland, England und Irland gewesen war. In Schottland hinterließ er eine gemischte Bilanz: Einerseits hatte er durch die Union of the Crowns für dauerhaften Frieden mit England gesorgt – die jahrhundertelangen Grenzkriege gingen deutlich zurück. Andererseits fühlten sich viele Schotten vernachlässigt, da James fast nur in London regierte und die Belange Schottlands nur am Rande wahrnahm.

Die Art und Weise, wie James Bischöfe im schottischen Kirchenwesen installierte, beunruhigte die presbyterianische Mehrheit. Diese latent schwelenden Konflikte würde sein Sohn Charles I. erben und durch eigene Unbeugsamkeit verschärfen. Aus dem Blickwinkel Schottlands hatte James VI. seine Heimat in den Schatten des englischen Hofes gerückt, was die schottische Elite in neue Abhängigkeiten führte.

## Charles I. und die Zuspitzung der Kirchenfrage

Charles I. (1625–1649) setzte die Linie seines Vaters fort. Er wollte einheitliche Rituale und eine hierarchische Kirchenordnung (Episkopalismus) in allen seinen Reichen (England, Schottland und Irland) einführen. In Schottland stieß das auf heftigen Widerstand: 1637 versuchte er, ein neues Gebetbuch (Laud's Liturgy, benannt nach Erzbischof Laud) einzuführen, das stark an den anglikanischen Ritus erinnerte.

In Edinburgh und anderen Städten brach ein Sturm der Entrüstung los. Protestierende warfen Steine auf Geistliche, die das neue Gebetbuch verwenden wollten. Bald darauf organisierten sich die Gegner in den „Covenanters" und unterzeichneten 1638 den National Covenant, ein Dokument, das die Verteidigung des „wahren" Glaubens (presbyterianischer Calvinismus) gegen alle königlichen Eingriffe versprach. Damit war eine religiös-politische Front gegen Charles I. in Schottland entstanden.

# KAPITEL 14: BÜRGERKRIEGE UND DIE HERRSCHAFT CROMWELLS

## Ausgangslage nach James I. – Die Thronbesteigung Charles' I.

Nach dem Tod James' I. (VI.) im Jahr 1625 erbte sein Sohn **Charles I.** das gemeinsame Königtum über England, Schottland und Irland. Charles war 25 Jahre alt und hatte bereits bei Lebzeiten seines Vaters eine gewisse Mitwirkung an Staatsangelegenheiten gezeigt. Doch er war charakterlich anders: Wo James pragmatische Kompromisse suchte, zeigte Charles Starrsinn und ein ausgeprägtes monarchisches Selbstverständnis. Er verfolgte die Idee des „göttlichen Rechts der Könige" noch rigider als sein Vater.

Für Schottland bedeutete das, dass es weiterhin von London aus regiert wurde. Doch Charles I. kümmerte sich kaum um die spezifischen schottischen Interessen, sondern wollte in allen Teilen seines Reiches eine einheitliche episkopale Kirche etablieren und die königliche Macht über das Parlament behaupten. In England führte das zu schweren Konflikten mit dem dortigen Parlament; in Schottland wiederum zu offenen Aufständen, die ihren Ausgang in der Kirchenfrage nahmen.

## Die Einführung des „Laudian Liturgy" und der Covenant

1637 beorderte Charles I. gemeinsam mit Erzbischof William Laud eine neue Liturgie für Schottland, die stark an den anglikanischen Gottesdienst angelehnt war. Die Schotten, insbesondere die presbyterianisch gesinnten Gemeinden, lehnten diese Neuerungen ab: Sie sahen darin einen Schritt zurück in Richtung Katholizismus und eine Missachtung ihrer presbyterianischen Tradition.

Die Einführung des „Laudian Liturgy" in der St. Giles' Cathedral in Edinburgh (Juli 1637) führte zu Tumulten. Eine legendäre Szene beschreibt, wie eine Marktfrau namens Jenny Geddes einen Hocker nach dem Prediger warf, als dieser die neue Liturgie vorlas. Die Unruhen breiteten sich rasch aus, viele Gläubige verweigerten die Teilnahme an den Gottesdiensten mit dem neuen Gebetbuch.

Die schottischen Protestanten organisierten sich, um ihrem Widerstand Form zu geben. 1638 unterzeichneten zahlreiche Adlige, Geistliche und Bürger den **National Covenant**, ein Dokument, das den Schutz des „wahren reformierten Glaubens" versprach und sich gegen jede Einmischung der Krone in Kirchenangelegenheiten richtete. So formierte sich eine Volksbewegung, die sogenannten **Covenanters**, deren Ziel es war, die presbyterianische Ordnung zu verteidigen.

## Die Bischofskriege (1639–1640)

Charles I. hielt an seinen Vorgaben fest. Er betrachtete den Covenant als Aufstand gegen seine königliche Autorität. Die Spannungen eskalierten zu den sogenannten **Bischofskriegen** (Bishops' Wars) 1639 und 1640. Charles versuchte, mit englischen Truppen Schottland zu unterwerfen und die widerspenstigen Presbyterianer zu disziplinieren. Doch er war finanziell und logistisch schwach aufgestellt, da ihm das englische Parlament die nötigen Mittel verweigerte.

In Schottland formierten sich Covenanter-Armeen, geführt von Adligen wie Alexander Leslie, einem erfahrenen Militär, der zuvor in den europäischen Kriegen (z. B. Dreißigjähriger Krieg) gedient hatte. Leslie baute ein Heer auf, das diszipliniert agierte und den englischen Truppen überlegen war. 1639 drangen die Schotten in den Norden Englands ein, besetzten Teile von Northumberland und Durham. Der Konflikt endete im sogenannten **Pacification of Berwick** (1639), doch nur vorläufig.

1640 kam es zum zweiten Bischofskrieg: Die Covenanter marschierten erneut in England ein und besetzten Newcastle. Charles I. war gezwungen, einen demütigenden Friedensschluss zu akzeptieren und die schottischen Forderungen anzuhören. Diese Ereignisse beschleunigten die Krise in England, da Charles' Unfähigkeit, Geldmittel zu sichern, ihn zwang, das englische Parlament einzuberufen. Dieses „Long Parliament" begann bald, gegen Charles vorzugehen, was den Weg in den englischen Bürgerkrieg eröffnete.

## Verknüpfung mit dem englischen Bürgerkrieg

Der Streit zwischen Charles I. und dem englischen Parlament mündete 1642 in offene Kriegsführung. Der König stützte sich auf royalistische Adlige, während die

Parlamentsarmee von Puritanern und reformorientierten Kreisen unterstützt wurde. Oliver Cromwell trat hier erstmals hervor, organisierte die sogenannte „New Model Army" und gewann entscheidende Schlachten.

Für Schottland stellte sich die Frage, auf welcher Seite man stand. Die Covenanters waren prinzipiell gegen Charles' Kirchenpolitik, sahen jedoch auch den Wert einer königlichen Einheit. Letztlich entschied sich eine Mehrheit der schottischen Führung für ein Bündnis mit dem englischen Parlament gegen Charles, weil man hoffte, der Sieg würde das presbyterianische System in ganz Britannien etablieren. 1643 schlossen Schottland und die englischen Parlamentarier das „Solemn League and Covenant" – eine Allianz, um den König zu besiegen.

In den folgenden Jahren entsandten die Schotten Truppen nach England, kämpften gegen die Royalisten und trugen zu einigen Siegen der Parlamentsarmee bei. Allerdings war das Bündnis von Spannungen geprägt, denn die Engländer waren eher presbyterianisch oder unabhängige Puritaner, was nicht identisch mit schottischen Vorstellungen war. Cromwell selbst war ein Independent, der kein presbyterianisches Staatskirchenmodell wollte.

## Die Hinrichtung Charles' I. und die royale Krise

Nach mehreren Niederlagen geriet Charles I. 1646 in Gefangenschaft. Die Schotten lieferten ihn an das englische Parlament aus, was einen schweren moralischen Konflikt darstellte, denn Charles war ja offiziell ihr König. In den Verhandlungen forderten die Schotten, Charles möge das presbyterianische System anerkennen, doch er zögerte. Letztlich waren die englischen Parlamentarier unter Cromwell entschlossen, ein Exempel zu statuieren.

1649 wurde Charles I. wegen Hochverrats zum Tode verurteilt und öffentlich enthauptet – ein einmaliger Vorgang in der englischen Geschichte. Diese Tat schockierte viele Europäer, ebenso zahlreiche Schotten. Zwar hatte man sich gegen Charles gewandt, aber ihn zu töten, war für viele ein Schritt zu weit. Anstatt einer sofortigen Zustimmung, wandten sich manche Schotten von Cromwell ab und erklärten Charles' Sohn, Charles II., zum rechtmäßigen König.

## Die schottische Krönung Charles' II. und Cromwells Einmarsch (1650)

Als in England die Monarchie abgeschafft und eine Republik (Commonwealth) unter Oliver Cromwell ausgerufen wurde, erkannte das schottische Parlament Charles II. als neuen König an. Bedingung war, dass dieser den Covenant anerkannte und das presbyterianische Bekenntnis annahm. Charles II. war hierzu bereit, zumindest offiziell, weil er seine Aussicht auf Macht nicht aufgeben wollte.

Diese Entwicklung brachte Cromwell gegen Schottland auf. Er wollte kein restauriertes Königtum dulden. 1650 marschierte er mit Truppen nach Norden, um Schottland zu unterwerfen und Charles II. zu vertreiben. Zunächst sah es für die Schotten nicht schlecht aus, doch Cromwell war ein geschickter Feldherr. In der **Schlacht von Dunbar** (September 1650) errang die New Model Army einen verheerenden Sieg gegen die Covenanter. Im Jahr darauf folgte die Niederlage der Schotten in der **Schlacht von Worcester** (1651), wodurch Charles II. fliehen musste.

Damit war Schottland von englischen Truppen besetzt. Cromwell setzte Militärgouverneure ein, die das Land kontrollierten. Viele schottische Burgen wurden von englischen Garnisonen gehalten, und Schottland musste die Herrschaft des Commonwealth anerkennen.

## Die Zeit des Commonwealth und des „Protektorats" (1653–1660)

Nach seiner Machtergreifung ernannte sich Oliver Cromwell 1653 zum „Lord Protector". Er herrschte faktisch wie ein Diktator, gestützt auf das Militär. Schottland war nun Teil des Commonwealth of England, Scotland and Ireland – einer Zwangsunion, die von vielen Schotten als Besatzung empfunden wurde.

Unter Cromwells Protektorat wurde Schottland direkt von London aus regiert, Adlige verloren ihren Einfluss, und das schottische Parlament existierte nur noch formell. Die religiösen Fragen blieben kompliziert: Cromwell war ein Independent (Freikirchler), stand den Presbyterianern skeptisch gegenüber. Manche radikale Covenanter fanden seine Ideen zu gemäßigt, andere Schotten vermissten die monarchische Ordnung.

Wirtschaftlich litt Schottland unter den Kriegsfolgen, Plünderungen und einer hohen Steuerlast, um die englischen Truppen zu finanzieren. Gleichwohl förderte Cromwell einen einheitlichen Binnenmarkt und ließ Straßen, Brücken und Festungen ausbauen, was langfristig Infrastruktur verbesserte.

## Schottischer Widerstand und die Rolle der Highlands

Nicht alle Schotten fügten sich kampflos. In den Highlands kam es zu Partisanenaktionen gegen die Besatzungstruppen. Clans, die Charles II. unterstützten, versteckten sich in den Bergen und führten Nadelstiche aus. Cromwell reagierte mit harten Vergeltungen, was bei der Landbevölkerung große Verluste verursachte. Zahlreiche Höfe wurden niedergebrannt, Vieh konfisziert, um die Rebellen auszuhungern.

Gleichzeitig entstanden in den Lowlands dissidente Gruppen, sogenannte **Royalisten**, die auf eine Wiederherstellung der Monarchie hofften. Während des Protektorats war aber an einen offenen Aufstand kaum zu denken, da Cromwells Armee zu mächtig war. Erst nach Cromwells Tod (1658) und den nachfolgenden Regierungskrisen im Commonwealth tat sich ein Zeitfenster für eine Restauration auf.

## Die Rückkehr Charles' II. (1660) und das Ende des Protektorats

Die Herrschaft Cromwells stieß im englischen Kernland zuletzt auf Ablehnung. Nach Cromwells Tod gelang es seinem Sohn Richard Cromwell nicht, das Regime zu stabilisieren. Das englische Parlament und die Armee einigten sich 1660 auf die Restauration der Monarchie, indem sie Charles II. zurückriefen. So endete der Commonwealth, und Charles II. wurde König von England, Schottland und Irland.

Schottland begrüßte diese Restauration, sah aber schnell, dass Charles II. eine harte Linie in kirchlichen Fragen einschlug. Er rächte sich an ehemaligen Covenanter-Führern und stellte das episkopale Kirchensystem wieder her. Viele treue Presbyterianer fühlten sich betrogen, da sie Charles II. einst mit dem Covenant verbunden hatten. Hier begann ein neues Kapitel der Verfolgung presbyterianischer Nonkonformisten, die wir im nächsten Kapitel (Kapitel 15) weiterverfolgen.

## Bilanz der Bürgerkriegszeit und des Protektorats in Schottland

Die Phase der britischen Bürgerkriege (1642–1651) und der anschließenden Cromwell-Herrschaft (bis 1660) war für Schottland hochdramatisch:

1. **Bedeutung der Covenanter**: Die Bischofskriege hatten Schottland zum Ausgangspunkt eines breiten Widerstands gegen Charles' Kirchenpolitik gemacht. Die schottischen Covenanter wurden zu einem wichtigen Faktor, der die englische Parlamentarier-Armee unterstützte.
2. **Kriegsfolgen**: Die mehrfache Invasion, zuletzt durch Cromwells New Model Army, verwüstete weite Landstriche. Kirchen, Dörfer und Burgen litten.
3. **Commonwealth und Besatzung**: Schottland verlor vorübergehend seine staatliche Eigenständigkeit. Die englischen Gouverneure setzten eine harte Militärherrschaft durch, was das Land politisch an den Rand drängte.
4. **Ideologische Spaltungen**: Presbyterianer, Episcopalians, Royalisten, Independents – die Konfessionen und politischen Lager rangen um die Vorherrschaft. Das schuf tiefsitzende Feindbilder.
5. **Wiederherstellung der Monarchie**: Nach 1660 war zwar das Königreich formal wiederhergestellt, doch die Fragen um Kirchenverfassung und regionale Freiheiten blieben ungelöst.

So mündete Schottland nach 1660 in eine Restaurationsepoche, in der die Stewarts erneut das Zepter schwangen. Zugleich bahnten sich neue Konflikte an, da Charles II. und später James VII. (James II. von England) versuchten, ihren monarchischen und episcopalen Einfluss auszuweiten.

## Die Bedeutung für die Stewart-Dynastie

Die Bürgerkriege und Cromwells Protektorat zeigten der Stewart-Dynastie die Zerbrechlichkeit monarchischer Macht. Charles I. war hingerichtet worden, was in Schottland großen Schock auslöste, obwohl manche Covenanter ihn vorher bekämpft hatten. Sein Sohn Charles II. kehrte zwar 1660 als König zurück, musste aber aufpassen, wie er die gewonnenen Lehren umsetzte.

Für die Stewarts in Schottland blieb das Hauptproblem ungelöst: Die Presbyterier wollten eine eigenständige Kirche, die frei von bischöflicher Autorität war. Charles II. setzte jedoch Bischöfe ein und verfolgte Andersdenkende. Das verschärfte den Graben zwischen Hof und gläubigen Gemeinden, was in den nächsten Jahren zu brutalen Verfolgungen der Covenanter führte.

## Nachwirkung auf Highlands und Lowlands

Die Bürgerkriegszeit verstärkte zudem die Unterschiede zwischen Highlands und Lowlands. In den Lowlands war der presbyterianische Einfluss stark, man hatte Armeen gegen Charles I. aufgestellt und zunächst Cromwell unterstützt, bis auch er als Fremdherrscher galt. In den Highlands gab es mehr königstreue (royalistische) Clans, aber auch manche, die sich aus den Kriegen heraushielten.

Die wirtschaftliche Erholung dauerte lange. Handel und Landwirtschaft litten unter dem Zusammenbruch der normalen Ordnung während der Besatzungszeit. Gleichzeitig entstanden neue Chancen, denn manche Adelige nutzten den Kriegswirrwarr, um Ländereien aufzukaufen. Nach 1660 begann man allmählich, Schottland wirtschaftlich zu revitalisieren, was jedoch durch spätere Krisen erneut behindert wurde.

## Einfluss auf die Reformationstradition

Durch die Kriege erhielten die Presbyterianer neuen Märtyrerstatus. Viele Pfarrer, die sich geweigert hatten, episkopale Anordnungen zu befolgen, wurden verfolgt oder gar hingerichtet (die Zeit der „Killing Times" später in den 1680er-Jahren). Diese Erfahrungen schweißten die protestantischen Gemeinden zusammen. Das Gedenken an Covenanter-Soldaten, die gegen Charles I. und seine Bischofspolitik gekämpft hatten, überdauerte Jahrhunderte.

Gleichzeitig führte Cromwells kurzer Protestantismus (Independententum) zu einer gewissen geistigen Öffnung. Man lernte von Puritanern und sah, dass es noch radikalere Gruppen gab. So formierte sich ein Spektrum von Presbyterianern bis hin zu Quäkern oder Independents, auch in Schottland. Letztere blieben allerdings eine kleine Minderheit.

## Verfassungsentwicklung – Schottland nach 1660

Unter dem Protektorat war Schottlands Parlament aufgelöst und durch englische Vertreter ersetzt worden. Nach der Restauration kehrte das schottische Parlament formal zurück, doch es blieb vom König gelenkt. Charles II. ernannte Commissioner, die seine Interessen vertraten. Die politische Kultur war durch den Krieg jedoch verändert.

Manche Adlige hatten sich mit Cromwell arrangiert und fürchteten nun Rache; andere kehrten zurück zum König. Diese Neuordnung schuf ein wechselndes System von Loyalitäten. Im Bereich Recht bewirkte die Zeit der Fremdherrschaft immerhin ein gewisses Zusammenwachsen in britischen Dimensionen, indem man Gesetze und Verwaltung aufeinander abstimmte. Trotz allem war Schottland weiter rechtlich eigenständig, bis zur späteren Union von 1707.

## Cromwells Vermächtnis aus schottischer Perspektive

Aus rein schottischer Sicht bleibt Oliver Cromwell eine gespaltene Figur. Er hatte Schottland militärisch besetzt, Burgen mit englischen Soldaten belegt und die Unabhängigkeit de facto abgeschafft. Das schottische Volk litt unter Requirierungen und Zwangsabgaben, erlebte aber auch erste Ansätze eines „united Britain" unter republikanischem Banner. Manche Händler profitierten vom freien Handel innerhalb des Commonwealth, der interne Zollschranken aufhob.

In den Highlands und unter Royalisten sah man Cromwell als Unterdrücker. Presbyterianische Covenanter beurteilten ihn ambivalent: Einerseits kämpfte er gegen Charles I., andererseits setzte er keine presbyterianische Staatskirche durch. Diese widersprüchlichen Ansichten leben in schottischer Erinnerung weiter.

## Schritt zur Restauration und die Bedeutung Charles' II. in Schottland

Charles II. war 1660 nicht nur in England, sondern auch in Schottland wieder als König anerkannt worden. Der Jubel über das Ende der Besatzung war groß. Doch rasch zeigte sich, dass Charles II. eine harte Hand gegen diejenigen hatte, die ihn vormals verraten oder abgesetzt hatten. Manche Covenanter wurden verfolgt, da sie einst gegen Charles I. und später gegen Charles II. gekämpft hatten.

Zudem knüpfte Charles II. an den Episkopalismus an, was die Konfliktlinie mit den Presbyterianern erneut öffnete. Diese Zeit nach 1660 leitete in Schottland eine Phase ein, in der Freiheiten der Kirchengemeinden beschnitten wurden.

## Die schottisch-englische Vernetzung im 17. Jahrhundert

Die Bürgerkriege hatten alle Teile Britanniens in Mitleidenschaft gezogen. Engländer, Iren und Schotten kämpften in wechselnden Koalitionen. Daher war es unvermeidlich, dass sich ihre Geschicke verflochten. Im Anschluss an die Kriege entstand ein Bewusstsein, dass man trotz unterschiedlicher Institutionen in einem engem Raum lebte.

Dieses Zusammenwachsen war ein wichtiger Schritt hin zur Union von 1707 – jedoch war es kein harmonischer Weg. Das schottische Volk sah sich in den Wirren der Kriege oft als Opfer fremder Mächte. In den Highlands blieb zudem die Distanz zum Lowland-Establishment bestehen.

## Wirtschaftliche und gesellschaftliche Veränderungen in der Kriegs- und Nachkriegszeit

Die Kriegszeit und Cromwells Protektorat hatten wirtschaftliche Schäden verursacht, gleichzeitig aber auch Reformen wie eine verbesserte Infrastruktur (Straßen, Befestigungsanlagen) gebracht. Dadurch stieg nach 1660 der Austausch zwischen schottischen Regionen und dem Nachbarland England.

Stadtbewohner in Edinburgh, Glasgow oder Aberdeen nutzten neue Handelsmöglichkeiten, manche Bauern litten weiter unter hoher Steuerlast und feudalen Abgaben. Die Adelsfamilien sortierten sich neu, indem sie ihre Ländereien konsolidierten oder Schulden einforderten.

Die langandauernde militärische Mobilisierung hinterließ zudem ein Erbe von Gewaltbereitschaft. Viele Männer hatten im Krieg gedient, Söldnererfahrungen gesammelt oder in Kontinentaleuropa im Dreißigjährigen Krieg gekämpft. Das steigerte das Gewaltpotenzial in den Highlands, da Clanfehden teilweise von Kriegsrückkehrern verschärft wurden.

## Kirchliche Spaltung und die „Killing Times"

Nach der Restauration 1660 begann in Schottland die systematische Verfolgung radikaler Covenanter, die den König als Oberhaupt der Kirche ablehnten. Sie trafen sich heimlich zu Feldgottesdiensten („Conventicles"), oft verfolgt von königstreuen Soldaten. Wer erwischt wurde, riskierte Gefängnis oder den Tod. Diese Unterdrückung erreichte in den 1680er-Jahren ihren Höhepunkt, später als „Killing Times" bekannt.

Diese Politik schuf tiefen Hass auf die königliche Regierung. Sie führte auch zu einer Radikalisierung einiger Presbyterianer, die den bewaffneten Widerstand gegen die Krone rechtfertigten. Damit blieb Schottland eine religiös zerrissene Gesellschaft, die erst nach der Glorious Revolution 1688/89 zu einer formalen Akzeptanz presbyterianischer Strukturen gelangte.

# KAPITEL 15: RESTAURATION UND DIE GLORIOUS REVOLUTION

## Ausgangslage nach der Herrschaft Cromwells

Im vorigen Kapitel beschrieben wir, wie Schottland während des Bürgerkriegs und unter der Herrschaft Oliver Cromwells (**Commonwealth und Protektorat, ca. 1649–1660**) zeitweise seine Eigenständigkeit verlor. Englische Truppen besetzten das Land, und Cromwell regierte als Lordprotektor über England, Schottland und Irland. Nach Cromwells Tod (1658) zerfiel sein Regime rasch, und 1660 kam es in England zur **Restauration** der Monarchie durch **Karl II.** (Charles II.). Auch in Schottland gewann Karl II. daraufhin wieder die Königswürde.

Viele Schotten begrüßten dieses Ende der englischen Besatzung. Sie hofften, nun kehre Stabilität und größere Autonomie zurück. Doch die neue Epoche brachte eigene Konflikte mit sich: Die Frage, wie sich König und Kirche zueinander verhielten, spitzte sich erneut zu. Obwohl Schottland das Königshaus der Stuarts (Stewarts) traditionell unterstützte, erwiesen sich die Könige Karl II. und später Jakob VII. (James II. von England) als sehr kritisch gegenüber den radikalen Presbyterianern. Für Schottland begann eine bewegte Zeit, in der man einerseits von den Lasten der Militärherrschaft befreit war, andererseits neue Zwänge erlebte.

# Karl II. – Ein angespannter Neuanfang (ab 1660)

Karl II. (*1630–†1685) war der Sohn des hingerichteten Königs Karl I. Er hatte einige Zeit im Exil verbracht, unter anderem auch in Schottland, wo er sich 1651 zum König hatte krönen lassen, bevor Cromwell das Land unterwarf. Nach der Restauration 1660 in England kehrte Karl II. auf den britischen Thron zurück und wurde gleichzeitig König von Schottland und Irland.

Vordergründig schien damit die alte Ordnung wiederhergestellt. Die Adligen in Schottland konnten aufatmen, da Cromwells harte Militärregierung endete. Karl II. versprach, frühere Rechte und Gesetze wiederherzustellen und das schottische Parlament (Estates of Parliament) erneut tagen zu lassen. Dennoch war die Lage brüchig:

1. **Politische Abrechnung**: Manche schottische Adlige, die Cromwell gedient hatten, fürchteten jetzt Vergeltung.
2. **Kirchenfrage**: Karl II. neigte zum Episkopalismus, wollte also Bischöfe und einen königlichen Einfluss auf die Kirche. Doch die Mehrzahl der Schotten hing am presbyterianischen System.
3. **Handlungsspielraum**: Da Karl II. seinen Regierungssitz überwiegend in London hatte, kümmerte er sich selten persönlich um die Belange Schottlands. Er setzte stattdessen königstreue Statthalter (z. B. der Duke of Lauderdale) ein, die teilweise willkürlich agierten.

Das schottische Parlament wurde zwar wieder einberufen, agierte aber weitgehend als Erfüllungsgehilfe der Krone. Vor allem in Fragen der Religionspolitik folgte es den Wünschen des Königs – das führte zu Repressionen gegen den radikalen Presbyterianismus.

# Wiederherstellung des Episkopats und die Verfolgung der Covenanter

Eines der ersten Ziele Karl II. in Schottland war die **Wiederherstellung des episkopalen Systems**, das während Cromwells Zeit und schon davor im Bürgerkrieg stark eingeschränkt worden war. Zahlreiche Bischofssitze wurden neu besetzt, und die königstreuen Bischöfe sollten für Ruhe sorgen. Das presbyterianische System, demzufolge jede Gemeinde von gewählten Ältesten (Presbytern) geleitet wird und es keinen hierarchischen Klerus gibt, wurde zurückgedrängt.

Diese Entscheidung beleidigte viele Schotten, vor allem jene, die sich zuvor in den **Covenants** (National Covenant von 1638 und Solemn League and Covenant von 1643) dem presbyterianischen Glauben verschrieben hatten. Man nannte sie oftmals „Covenanter". In ihren Augen verriet Karl II. den Treueeid, den er 1651 geleistet hatte, als er noch auf schottischer Hilfe angewiesen war. Ihre Reaktion: Sie weigerten sich, die neu eingesetzten Bischöfe anzuerkennen, und hielten heimliche Gottesdienste (Conventicles), bei denen sie predigten und beteten – gegen den königlichen Willen.

Karl II. sah darin einen Aufstand gegen die königliche Autorität und ließ die Covenanter verfolgen. Später wurden ganze Truppen ausgeschickt, um solche Feldgottesdienste zu unterbinden. Wer erwischt wurde, riskierte harte Strafen, Gefängnis oder den Tod. Diese **Verfolgungen** prägten die 1660er- und 1670er-Jahre in Schottland und kulminierten in den sogenannten „Killing Times" (vor allem in den 1680er-Jahren).

## Das schottische Parlament und die Stewarts

Das schottische Parlament (Estates of Parliament) wurde nach der Restauration 1660 erneut belebt. Allerdings beschränkten die königlichen Beauftragten (Commisioners), z. B. der Duke of Lauderdale oder der Duke of Rothes, den Spielraum stark. Das Parlament verabschiedete unter Druck Gesetze, die den König in seiner episkopalen Kirchenpolitik unterstützten.

Die meisten schottischen Adligen stellten sich nicht offen gegen den König, denn sie wollten ihre Ländereien und Privilegien sichern. Zugleich nahm der Einfluss der Hofclique aus London zu, was manchem Traditionalisten in Schottland missfiel. In den Highlands galten andere Regeln: Lokale Clanführer agierten teils autonom und kooperierten mit dem König, wenn es um die Verfolgung aufständischer Covenanter in den Lowlands ging.

## Politische Unruhen und Aufstände der Covenanter

Trotz der Repression wagten die Covenanter 1666 einen Aufstand. Sie zogen zunächst ins Südwesten Schottlands, wo ihr Rückhalt stark war (Gebiet von Ayrshire, Lanarkshire). Die königlichen Truppen schlugen den Aufstand bei **Rullion Green** (nahe Edinburgh) nieder. Es folgten harte Bestrafungen, Exekutionen und Konfiszierungen.

In den 1670er-Jahren kam es zu erneuten Unruhen. Einzelne Covenantergruppen – genannt **Cameronians** nach ihrem Führer Richard Cameron – wurden militanter. 1679 kam es zur **Schlacht von Bothwell Bridge**, in der königliche Truppen die Aufständischen erneut besiegten. Karl II. ließ den Widerstand mit brutaler Härte verfolgen, was bei den Betroffenen tiefe Verbitterung hinterließ.

Diese Politik bewirkte eine anhaltende Destabilisierung. Weite Landstriche waren von Militärpatrouillen durchzogen, das Vertrauen zwischen Regierung und Bevölkerung zerrüttete sich. Die Könige sahen sich in einem Teufelskreis: Je mehr sie die Covenanter unterdrückten, desto stärker radikalisierten sich diese, was wiederum die Repression verstärkte.

# Veränderung der europäischen Großwetterlage – Folgen für Schottland

Im späten 17. Jahrhundert veränderte sich das geopolitische Umfeld. Frankreich unter Ludwig XIV. wurde mächtiger, die Habsburgermonarchie rang mit den Osmanen, und in England kämpften Whigs und Tories um die politische Zukunft. Karl II. neigte zu einer pro-französischen Politik, was auf Skepsis stieß, weil Frankreich als katholische Großmacht galt.

Für Schottland, das seit der Reformation überwiegend protestantisch war, war die Vorstellung einer engen Allianz mit Frankreich und eine mögliche Rekatholisierung bedrohlich. Manche Adlige hatten jedoch ein Interesse daran, gute Beziehungen zum mächtigen Frankreich zu pflegen – sie hofften auf Handelsvorteile oder Subsidien. Andere fürchteten den Katholizismus und sahen eher in den protestantischen Niederlanden ein Vorbild.

Diese Spaltungen schlugen sich in den Konflikten um den Thronerben nieder. Karl II. hatte keine legitimen Kinder. Sein Bruder James, Duke of York (später Jakob VII. von Schottland / Jakob II. von England), war offen zum Katholizismus konvertiert. Für protestantische Schotten war das eine Schreckensvorstellung: Ein katholischer König, der womöglich die presbyterianische Kirche zerstören würde.

## Jakob VII. (James II.) und die Eskalation

Als Karl II. 1685 starb, folgte ihm sein Bruder **Jakob VII.** (James II. in England) nach. Er war Katholik und versuchte, die religiöse Toleranz für Katholiken zu erweitern. In England wie in Schottland reagierte man mit Argwohn, denn die Mehrheit wollte keine Wiederherstellung des Katholizismus. Insbesondere in Schottland, wo die Covenanter soeben gegen episkopale Einmischung gekämpft hatten, wuchs die Furcht vor einer noch stärkeren monarchisch-katholischen Dominanz.

Jakob VII. setzte Bischöfe ein, duldete heimliche katholische Missionare und versuchte, das königliche Heer mit loyale(re)n Offizieren zu besetzen. Er stieß damit nicht nur bei den Covenanters, sondern auch beim Hochadel auf Widerstand, der keine katholische Herrschaft wollte. Die Folge war eine Konspiration, die auf eine Absetzung Jakobs hinarbeitete.

## Die Glorious Revolution in England & die Absetzung Jakobs

1688 lud eine Gruppe einflussreicher englischer Adliger den Statthalter der Niederlande, **Wilhelm von Oranien** (Prinz William of Orange), ein, gegen Jakob II. zu intervenieren. Dieser Wilhelm war ein Schwiegersohn Jakobs (verheiratet mit dessen Tochter Maria, einer Protestantin). Wilhelm landete in England mit einer Armee, stieß auf wenig Widerstand, weil viele englische Offiziere zu ihm überliefen. Jakob II. floh nach Frankreich – damit war die Herrschaft der Stuarts in England vorerst beendet.

Diese Ereignisse nennt man die **Glorious Revolution** (1688/89), weil sie ohne große Kämpfe ablief und eine konstitutionelle Monarchie in England etablierte. Das englische Parlament erklärte Jakob II. für abgesetzt und setzte Wilhelm und Maria als gemeinsame Herrscher ein. **Wilhelm III. und Maria II.** erhielten die Krone, verbunden mit der „Declaration of Rights", die die königliche Macht einschränkte.

In Schottland entstand eine ähnliche Situation: Das schottische Parlament (Convention of Estates) tagte 1689 und erklärte, Jakob VII. habe seine Befugnisse missbraucht und sei somit abgesetzt. Man bot die schottische Krone ebenfalls Wilhelm und Maria an. Diese nahmen sie an, unterzeichneten den **Claim of Right** (1689), ein Dokument, das den presbyterianischen Glauben in Schottland bestätigte. So erreichte die Glorious Revolution auch Schottland.

## Die Folgen der Glorious Revolution für Schottland

Mit der Glorious Revolution war in Schottland eine neue Phase angebrochen. Wilhelm III. (of Orange) akzeptierte im Wesentlichen das presbyterianische Kirchensystem, womit die Episkopalkirche beendet wurde. Bischöfe verloren ihre Ämter, und viele Geistliche, die dem Episkopat anhingen, wurden abgesetzt oder flohen. Die presbyterianische Kirk war somit staatlich anerkannt, was den Covenanters späten Triumph bescherte.

Doch die Lage blieb unsicher. Manch ein Teil des Adels favorisierte weiterhin die Stuarts, vor allem in den Highlands, wo man Jakob VII. noch als legitimen König ansah. Dort entflammten nach 1689 Aufstände, die man als **Jakobitenaufstände** bezeichnen kann. In den Lowlands hingegen war man froh, dass der leidige Konfessionskonflikt scheinbar gelöst war.

Der Thronwechsel tat außerdem Schottlands Beziehungen zu England gut, zumindest formell. Da in beiden Ländern nun derselbe Monarch (Wilhelm) regierte, kam es zur engeren Abstimmung. Allerdings sah man in England Schottland immer noch als armen und gelegentlich aufsässigen Teil Britanniens. In Schottland ihrerseits gab es das Gefühl, man müsse wirtschaftlich und politisch mehr vom Handel profitieren, sonst drohe Dauerabhängigkeit von England.

## Konflikte in den Highlands – Killiecrankie & die Jakobiten

Noch 1689 brach ein Aufstand in den Highlands aus, bei dem **Viscount Dundee** (John Graham of Claverhouse, genannt „Bonnie Dundee") gegen Wilhelm III. kämpfte. Er wollte Jakob VII. restaurieren und stützte sich auf die Loyalität etlicher Highland-Clans. In der **Schlacht von Killiecrankie** (27. Juli 1689) besiegten die Jakobiten zwar eine Regierungstruppe, doch Dundee fiel im Kampf. Ohne ihn zerfiel der Widerstand, und die Highlands unterwarfen sich zögerlich Wilhelms Herrschaft.

Ähnliche Unruhen kamen 1692 zum traurigen Höhepunkt beim **Massaker von Glencoe**, wo Regierungsanhänger einen Verrat gegen den Clan MacDonald begingen, der als Jakobitenclan galt. Dieser Vorfall hinterließ tiefe Wunden im Verhältnis zwischen Highlands und Lowlands und zeigte, wie rücksichtslos die neue Regierung vorging, wenn sie Jakobiten witterte.

## Wirtschaftliche Spannungen und das Darien-Projekt

Nach der Glorious Revolution versuchte Schottland, seine wirtschaftliche Lage zu verbessern. Da man vom englischen Handel weitgehend ausgeschlossen war (Navigation Acts verhinderten freien Zugang zu englischen Kolonien), suchten schottische Händler nach Alternativen. Eines der ambitioniertesten Projekte war die **Darien Company**, die um 1695 gegründet wurde, um auf der Landenge von Panama (im heutigen Mittelamerika) eine Kolonie namens „Caledonia" aufzubauen.

Man hoffte, damit ein Drehkreuz für Handelsrouten zwischen dem Pazifik und Atlantik zu schaffen. Zahlreiche schottische Adlige und Bürger investierten ihre Ersparnisse in diese Expedition. Doch das **Darien-Projekt** scheiterte kläglich: Krankheit, falsche Planung, spanische Gegenwehr und fehlende Unterstützung aus England führten zur Aufgabe der Kolonie 1700/01. Der Bankrott der Darien Company ruinierte viele Investoren, was Schottlands Wirtschaft ins Straucheln brachte.

Diese wirtschaftliche Katastrophe verstärkte bei vielen schottischen Eliten das Gefühl, man brauche einen besseren Zugang zu den englischen Kolonien und Märkten – sonst drohe dauerhafte Armut. Man begann, ernsthafter über eine engere Union mit England zu verhandeln, in der Hoffnung, dann von den Handelsvorteilen des englischen Empires zu profitieren.

## Wilhelm III. und die Konsolidierung in Schottland

Wilhelm III. (1689–1702) bemühte sich, nach der Glorious Revolution Ordnung herzustellen. Er bestätigte die Presbyterianer als leitende Kirche in Schottland, beendete offiziell die religiösen Verfolgungen, allerdings mit Ausnahme harter Maßnahmen gegen Jakobiten. Das Parlament in Edinburgh erhielt wieder mehr Freiraum, gleichzeitig aber hielt Wilhelm ein wachsames Auge auf jakobitische Umtriebe.

Die Wirtschaftspolitik brachte wenig Fortschritt, da England den Schotten keine Handelsprivilegien gewährte. Parallel dazu verschärfte sich in England die Rivalität zwischen Whigs und Tories – auch Schottland blieb davon nicht unberührt. Die Debatte, ob man eine vollständige politische Union anstrebe, flammte auf.

## Der Act of Settlement (1701) und seine Wirkung in Schottland

In England verabschiedete das Parlament 1701 den **Act of Settlement**, der die Thronfolge neu regelte. Wenn Königin Anne (die Nachfolgerin Wilhelms III.) ohne Nachkommen sterbe, solle die Krone an die protestantischen Nachfahren der Winterkönigin von Böhmen (Sophia of Hanover) fallen. Für Schottland war das brisant: Hatte das schottische Parlament nicht das Recht, einen eigenen König zu wählen? Theoretisch schon, doch praktisch war klar, dass ein getrennter schottischer Thronfolger das Land in neue Konflikte stürzen könnte.

Manche Schotten spielten mit dem Gedanken, einen eigenen Stuart-Kandidaten (Jakob VIII., den Sohn des im Exil lebenden Jakob VII.) als König einzusetzen. Dieser Prinz war allerdings katholisch, was die protestantische Mehrheit ablehnte. So entstand ein Patt: Weder wollte man den englischen Act of Settlement blind übernehmen, noch wollte man einen katholischen Stuart.

Das englische Parlament drohte Schottland, im Falle einer abweichenden Nachfolgeregelung den Handel zu blockieren und Schotten in England zu benachteiligen. Der Druck wuchs: Entweder man einigte sich auf ein gemeinsames Königshaus, oder es drohte ein erneuter Krieg. Auf schottischer Seite begann man zu erkennen, dass eine formale Union Vorteile haben könnte: Zugang zu englischen Kolonialmärkten, Schuldenerlass (insbesondere wegen Darien), Sicherheit vor englischen Sanktionen.

# Königin Anne und der Weg zur Union

Wilhelm III. starb 1702, seine Schwägerin Anne (eine Tochter Jakobs II. und Protestantin) bestieg den englischen und schottischen Thron. Sie wollte eine endgültige Union, um künftig Thronfolgekrisen zu vermeiden. Außerdem sollte eine Handelsunion die beiden Königreiche wirtschaftlich enger verbinden.

Im schottischen Parlament war der Widerstand gegen die Union anfangs groß. Patriotische Kreise fürchteten, Schottland verliere seine Eigenständigkeit. Presbytern befürchteten eine Angleichung an die anglikanische Kirche. Andererseits ließ das gescheiterte Darien-Projekt viele Adlige verarmen, die nun hofften, dass eine Union finanzielle Entschädigungen bringen würde.

Ab 1704 verhandelte man intensiv. Das englische Parlament setzte Anreize, indem es versprach, schottische Investoren zu entschädigen und den Handelszugang zu öffnen. Auch die schottische Kirche erhielt Zusicherungen, ihr presbyterianisches System beizubehalten. Langwierige Debatten fanden statt, in denen Volksproteste aufkamen. Doch die schottische Politik war gespalten: Manche Lairds und Kaufleute sahen in der Union einen Rettungsanker, andere nannten es „Verrat an Schottland".

# Die inhaltlichen Bausteine der Union

Die schließlich ausgehandelten Verträge umfassten mehrere Kernpunkte:

1. **Vereinigtes Parlament**: Die schottischen Estates wurden mit dem englischen Parlament verschmolzen, woraus das neue **Parlament von Großbritannien** entstand. Schottland erhielt aber nur eine begrenzte Zahl an Sitzen im House of Commons und Peerwürden im House of Lords.
2. **Zoll- und Handelsunion**: Schottland wurde in den englischen Binnenmarkt integriert, die Navigation Acts galten fortan auch für Schotten, aber sie konnten nun in den Kolonien handeln.
3. **Entschädigung für Darien**: Ein „Equivalent" von knapp 400.000 Pfund Sterling wurde an schottische Investoren gezahlt, die durch das Darien-Scheitern verloren hatten.
4. **Kirchliche Zusicherungen**: Der presbyterianische Charakter der Church of Scotland blieb garantiert. Keine Bischöfe oder königliche Eingriffe mehr in ihre Synodenordnung.
5. **Staatsname**: Das neue „Kingdom of Great Britain" entstand, wobei England und Schottland nicht mehr als eigenständige Staaten zu betrachten waren.

Diese Eckpunkte waren in den **Acts of Union 1707** festgehalten.

# Debatte und Protest im schottischen Volk

Im Vorfeld der Ratifizierung kam es in Edinburgh und anderen Städten zu massiven Protesten. Viele Bürger empfanden die Union als „Verkauf Schottlands an England". Flugschriften kursierten, in denen stand, die Politiker hätten sich mit englischem Gold kaufen lassen. Slogans wie „No Union!" wurden skandiert.

Die Parlamentsabstimmung in Edinburgh erfolgte dennoch zugunsten der Union. Zahlreiche Abgeordnete sahen schlichtweg keine realistische Alternative. Das englische Druckmittel war hoch: Hätte Schottland eine separate Thronfolge erlassen und z. B. den katholischen Jakob VIII. anerkannt, wäre ein Krieg mit England fast unausweichlich gewesen. Außerdem lockte der finanzielle „Equivalent" und der große englische (und koloniale) Markt.

So kam es, dass das schottische Parlament am 16. Januar 1707 dem Union Act zustimmte. Am 1. Mai 1707 trat die Union formell in Kraft. Schottland hatte damit sein eigenes Parlament verloren, war aber fortan Teil des „Vereinigten Königreichs Großbritannien".

## Wirkungen der Union auf Schottland

Die unmittelbaren Folgen waren unterschiedlich:

- **Politische Einflussnahme**: Das schottische Parlament hörte auf zu existieren. Schottland entsandte nur 45 Mitglieder ins House of Commons und 16 ins House of Lords. Kritiker spotteten, man habe Schottland dort zu einer Minderheit gemacht.
- **Wirtschaftliche Erholung**: Mit Zugang zu den englischen Kolonien verbesserten sich die Handelschancen. Städte wie Glasgow wuchsen durch den Tabakhandel (v. a. mit Nordamerika) rasch.
- **Kirche und Justiz**: Das schottische Rechtssystem und die presbyterianische Kirche blieben eigenständig. Das bewahrte einen Teil der nationalen Identität und schützte vor einer vollständigen Angleichung an England.
- **Widerstand**: Teile der Highlands empfanden die Union als Verrat. Dort hielt sich der Jakobitismus, der das alte Stuart-Königtum wiederhaben wollte und die Union ablehnte.

Insofern war die Union ein Kompromiss. Sie schuf einen einheitlichen Staatenbund, ließ aber Raum für schottische Eigenheiten. Das Königreich war nicht mehr souverän, sondern Teil einer größeren britischen Einheit, was verschiedene Reaktionen auslöste: Profiteure (Kaufleute) befürworteten die Union, Traditionalisten oder Jakobiten hassten sie.

## Die Jakobiten als Union-Gegner

Für jene, die den rechtmäßigen Stuart-König (Jakob VII. und später dessen Sohn „James Francis Edward Stuart", genannt „the Old Pretender") anerkannten, war die Union ein

Unrechtsakt. Sie meinten, man habe den Thron an eine fremde Dynastie – die protestantischen Nachkommen der Hannoveraner-Linie – vergeben.

Diese Jakobitenbewegung fand in den Highlands und in einigen Lowland-Gemeinden Anhänger, die auf eine Rückkehr der Stuarts hofften. In den kommenden Jahren sollten sie mehrmals rebellieren (Aufstände 1715 und 1745), um die Union rückgängig zu machen und die Stuart-Monarchie wiederherzustellen.

## Gesamtbilanz der Union von 1707

Aus schottischer Perspektive lässt sich folgendes feststellen:

1. **Ende der eigenständigen Staatlichkeit**: Mit dem Verlust des Parlaments verlor Schottland formell seine Souveränität.
2. **Beibehaltung von Kirche und Recht**: Presbyterianische Kirche und schottisches Recht blieben intakt, was die schottische Identität fortbestehen ließ.
3. **Wirtschaftlicher Aufschwung**: Die Integration in den britischen Markt eröffnete große Chancen, speziell für Händler, Reeder und städtische Kaufleute. Die folgenden Jahrzehnte sahen einen merklichen Prosperitätsschub in den Lowlands.
4. **Soziale und kulturelle Spannungen**: Die Highlands blieben ärmer und stärker traditionell ausgerichtet. Dort regte sich Ablehnung gegenüber einer Londoner Zentralregierung.

Die Union war also einerseits ein friedlicher Kompromiss, der das Land in die moderne Weltwirtschaft einband, andererseits auch ein Verlust an Eigenständigkeit und Symbol für jene, die eine unabhängige schottische Monarchie wünschten.

# KAPITEL 16: DIE UNION VON 1707

## Einleitung – Schottland und England am Scheideweg

Zu Beginn des 18. Jahrhunderts standen Schottland und England vor einer historischen Entscheidung. Beide Königreiche teilten sich seit 1603 in Personalunion denselben Monarchen (der sogenannte „Union of the Crowns"), aber jedes Land behielt weiterhin eigene Institutionen: ein eigenes Parlament, eine eigene Kirche, ein eigenes Rechtssystem. Obwohl Schottland ab 1689 wieder offiziell eine protestantische Monarchie besaß – nun in Gestalt der Nachfahren Wilhelms von Oranien und Marias (bzw. nach 1702 Königin Anne) – blieb die Frage ungelöst, ob man sich zu einer engeren politischen Einheit zusammenschließen sollte.

Einerseits trieben wirtschaftliche Zwänge und dynastische Unsicherheiten die Länder näher zusammen: Schottland litt unter mehreren Krisen (Missernten, dem gescheiterten Darien-Projekt) und fürchtete, ohne engere Bindung an England dauerhaft benachteiligt zu sein. Andererseits war der Widerstand der schottischen Patrioten groß, die eine Aufgabe ihrer Eigenständigkeit nicht wollten.

Das englische Parlament wiederum sah Vorteile in einer formellen Union: Man konnte die schottische Bedrohung an der Nordgrenze ausschalten und musste sich nicht in jeder Thronfolgekrise mit einem potenziell abweichenden schottischen Kurs befassen. Der englische Act of Settlement (1701) hatte die protestantische Thronfolge im Haus Hannover geregelt, doch Schottland war rechtlich nicht verpflichtet, denselben Monarchen anzuerkennen. Um eine Trennung der Kronen zu verhindern und Schottland voll ins britische Handels- und Kolonialsystem einzubinden, drängte England auf Verhandlungen.

**Diese zwei Anliegen** – Schottlands Suche nach wirtschaftlicher Sicherheit und Englands Wunsch nach Stabilität im Inselverband – führten schließlich zu den Verhandlungen über die **Union von 1707**. Dieses Kapitel beschreibt die Hintergründe, die Inhalte und die Folgen dieses Zusammenschlusses, der Schottlands Geschichte nachhaltig prägte.

## Schottlands prekäre Lage nach 1689

### 2.1. Das Scheitern des Darien-Projekts

Ende des 17. Jahrhunderts unternahm Schottland einen ambitionierten Versuch, sich als Handelsnation zu etablieren: **Das Darien-Projekt** (1695–1700). Es sah vor, eine schottische Kolonie auf der Landenge von Panama zu gründen (bei Darién), um einen Handelsstützpunkt zwischen Atlantik und Pazifik zu schaffen. Man hoffte, somit eine Art „Weltknoten" zu kontrollieren und enorme Gewinne zu erzielen.

Dazu gründete man die „Company of Scotland Trading to Africa and the Indies", in die viele Schotten investierten, vom Adligen bis zum Kleinbürger. Über die Hälfte des verfügbaren Kapitals in Schottland floss hinein – eine enorme Summe für ein vergleichsweise armes Land. Doch das Projekt scheiterte aus mehreren Gründen:

1. **Klimatische Härten**: Tropische Krankheiten wie Malaria und Gelbfieber dezimierten die Siedler.
2. **Spanische Gegenwehr**: Spanien beanspruchte die Region und bekämpfte die Schotten.
3. **Keine englische Unterstützung**: England betrachtete das Darien-Projekt als Konkurrenz zu den eigenen Kolonien und verweigerte Hilfe; englische Kolonien durften nicht kooperieren.
4. **Fehlerhafte Organisation**: Die Expeditionsleitung war uneins, Versorgungslinien brachen zusammen.

Die Kolonisten gaben auf, und der Kolonieversuch endete in einem Fiasko. Viele Schotten verloren ihre gesamten Ersparnisse, was eine tiefe wirtschaftliche Depression auslöste. Politiker und Investoren in Edinburgh sahen sich nun gezwungen, neue Wege zu suchen – und das bedeutete, man musste irgendwie Zugang zu den englischen Kolonialmärkten erlangen.

### 2.2. Englischer Druck und Act of Settlement

Zeitgleich bereitete das englische Parlament den **Act of Settlement** (1701) vor. Darin wurde geregelt, dass die englische Krone nach dem Tod von Königin Anne (ohne Nachkommen) an die protestantische Linie des Hauses Hannover (Sophia of Hanover und ihre Nachkommen) fallen sollte.

Für Schottland war das ein Problem, denn man hatte ein eigenes Parlament, das theoretisch frei war, einen anderen Monarchen zu erwählen, etwa den katholischen „James Francis Edward Stuart". Hätte sich Schottland anders entschieden, wären die Kronen wieder getrennt gewesen. In England fürchtete man eine Restauration der Stuarts in Schottland, was eine Bedrohung an der Nordgrenze bedeuten konnte. Daher signalisierte das englische Parlament, dass man Schottland im Falle einer abweichenden Thronfolge wirtschaftlich isolieren würde.

In diesem Dilemma sah sich Schottland gezwungen, über eine weitergehende Union zu verhandeln, um den einheitlichen protestantischen Erbgang sicherzustellen und gleichzeitig wirtschaftliche Vorteile zu erlangen (etwa die Beteiligung am englischen Kolonialhandel).

# Verhandlungen und Konfliktlinien (1702–1706)

### 3.1. Regierungswechsel: Königin Anne

Nach dem Tod Wilhelms III. (1702) folgte **Königin Anne** auf den Thron. Sie war die letzte Stuart-Monarchin (Tochter Jakobs II., jedoch protestantisch erzogen). Anne unterstützte die Idee einer vollen Union, weil sie fürchtete, Schottland könne bei der nächsten Thronfolge abtrünnig werden und wieder einen katholischen Stuart anerkennen. Das englische Kabinett setzte auf Anreize und Drohungen zugleich: Schottische Abgeordnete bekamen signalisiert, dass eine Union finanzielle Vorteile bringen würde – alternativ würden die Engländer einen „Alien Act" erlassen, der die Einfuhr schottischer Waren blockierte.

### 3.2. Innerer Widerstand in Schottland

In Edinburgh regierte das schottische Parlament (Estates of Parliament) weiterhin. Dort gab es drei Fraktionen:

1. **Court Party (Pro-Union)**: Diese Gruppe stand im Dienst der Krone, erwartete Geld („Equivalent") und Aufstiegschancen in der englisch-britischen Politik.
2. **Cavaliers/Jakobiten (contra-Union)**: Sie wollten eine Restauration der Linie James Francis Edward Stuarts, lehnten englische Dominanz ab.
3. **Country Party**: Nationale Patrioten, die zwar keine Jakobiten sein mussten, aber eine eigene schottische Identität verteidigten. Sie fürchteten den Verlust der Souveränität.

Die Mehrheit der einfachen Bevölkerung galt als **unionkritisch**. Es gab Proteste in den Straßen von Edinburgh, Flugblätter kursierten: Man warf den Politikern vor, sie „verkauften Schottland an England" für Geld.

## 3.3. Verhandlungsdelegationen

1705/06 bildeten sich zwei Delegationen – eine englische und eine schottische –, um die **Unionsverträge** auszuarbeiten. Sie tagten teils in London. Man diskutierte über:

- **Handelsfragen**: Zölle, Steuern, Zugang zu Kolonien.
- **Finanzen**: Schottland wollte Entschädigung für das gescheiterte Darien-Projekt.
- **Kirche**: Die presbyterianische Ordnung in Schottland sollte bestehen bleiben, während in England das Episkopalsystem (Anglikanische Kirche) galt.
- **Rechtssystem**: Schottlands eigenständiges Privatrecht, Strafrecht und Gerichtsordnung sollten erhalten werden.
- **Parlament**: Schottland würde sein eigenes Parlament verlieren, aber Sitze im neuen „Parliament of Great Britain" bekommen.

Am Ende einigte man sich auf einen umfangreichen Vertragsentwurf, der später als **Treaty of Union** bekannt wurde.

# Die Kernpunkte des Unionsvertrags

## 4.1. Politische Union

- **Ein gemeinsames Königreich** namens „Great Britain" (Großbritannien) entstand.
- Das englische Parlament und das schottische Parlament verschmolzen zu einem **britischen Gesamtparlament** in Westminster.
- Schottland erhielt 45 Abgeordnete im House of Commons und 16 „Representative Peers" im House of Lords – ein Bruchteil dessen, was England an Sitzen hatte, weshalb Kritiker spotteten, Schottland werde marginalisiert.

## 4.2. Erbfolge und Monarchie

- Man einigte sich, dass nach Königin Anne automatisch der protestantische Nachkomme aus dem Haus Hannover folgen sollte. Damit war ausgeschlossen, dass Schottland künftig einen anderen, etwa katholischen, König wählen konnte.

## 4.3. Wirtschaftliche und finanzielle Bestimmungen

- **Zoll- und Handelsunion**: Schottland durfte wie England in den gesamten Kolonien frei handeln, ohne zusätzliche Zölle. Vorher war Schottland von den englischen Kolonien ausgeschlossen (Navigation Acts).
- **The Equivalent**: Eine Abfindungssumme von rund 398.000 Pfund Sterling (eine sehr hohe Summe für Schottland) als Ausgleich für die Übernahme schottischer Schulden, unter anderem wegen Darien. Dieses Geld ging vor allem an die Investoren, die beim Darien-Projekt bankrottgegangen waren.

## 4.4. Erhalt von Kirche und Recht

- **Presbyterianische Kirche**: Das „Act for Securing the Protestant Religion and Presbyterian Church Government" garantierte, dass Schottlands Kirche nicht angetastet würde. Episkopale Strukturen oder die anglikanische Kirchenordnung sollten nicht eingeführt werden.
- **Eigenständiges Rechtswesen**: Schottland behielt sein Zivil- und Strafrecht, sein eigenes Gerichtswesen (Court of Session, High Court of Justiciary). London durfte keine volle Angleichung erzwingen.

Damit war gewährleistet, dass Schottland zwar das Parlament verlor, aber seine religiöse und rechtliche Identität bewahrte.

# Verabschiedung und Proteste

## 5.1. Verhandlungen im schottischen Parlament

Das schottische Parlament diskutierte von Oktober 1706 bis Januar 1707 über den Treaty of Union. Heftige Debatten entbrannten, und in den Straßen Edinburghs formierten sich Protestkundgebungen. Die Country Party und die Jakobiten wetterten gegen den „Verrat" der Court Party. Redner wie Andrew Fletcher of Saltoun warnten, Schottland werde zu einer „Provinz" Englands.

Trotzdem verfügten die Pro-Union-Vertreter über die Mehrheit, oft durch königliche Pensionszahlungen oder das Versprechen, im neuen britischen Staat mit lukrativen Posten bedacht zu werden. Die Abstimmungen erfolgten Abschnitt für Abschnitt, letztlich stimmte eine Mehrheit den Artikeln des Union Treaty zu.

## 5.2. Volksempfinden

Das einfache Volk in den Lowlands war mehrheitlich gegen die Union. Pamphlete sprachen vom „Handel mit der schottischen Souveränität". In vielen Orten gab es Aufstände, die allerdings nicht eskalierten. Ein Teil der Elite argumentierte, die Union bringe Stabilität und wirtschaftliche Chancen. Insbesondere jene, die durch Darien ruiniert waren, erhofften sich Kompensation.

In den Highlands war man teils uninformiert, teils skeptisch, besonders die Clans, die dem Jakobitismus nahestanden. Sie sahen es als Schritt der englischen Regierung, Schottland endgültig zu dominieren. Allerdings fehlte eine schlagkräftige Organisation, um die Union gewaltsam zu verhindern.

### 5.3. Offizielle Ratifikation

Am 16. Januar 1707 billigte das schottische Parlament die Unionsartikel. Im Frühjahr tat das englische Parlament dasselbe. Königin Anne gab per königlichem Siegel ihre Zustimmung. So trat der **Act of Union** am 1. Mai 1707 in Kraft – Schottland und England wurden rechtlich zum Königreich Großbritannien verschmolzen.

## Sofortige Auswirkungen

### 6.1. Auflösung des schottischen Parlaments

Mit Inkrafttreten der Union hörten die Estates of Parliament in Edinburgh auf zu existieren. Die schottischen Abgeordneten zogen nach Westminster, wo sie als Minderheit fungierten. In Schottland blieb die Privy Council bis 1708 bestehen, dann wurde sie abgeschafft. Die legislative und exekutive Macht lag fortan in London.

### 6.2. Handel und Wirtschaft

Der Zugang zu englischen Kolonien und zur East India Company war nun frei. Schottische Kaufleute konnten in den transatlantischen Handel einsteigen, ohne Zollschranken. Dies beflügelte vor allem den Tabakhandel in Glasgow, später den Zucker- und Baumwollimport. Binnen weniger Jahrzehnte begann in den Lowlands ein merklicher Aufschwung.

Gleichzeitig entstanden neue Steuern, die bisherigen englischen Sätze galten nun auch für Schottland. Das traf die Landbevölkerung, die bislang geringere Abgaben gewohnt war. Die zugesagte Abfindung („Equivalent") wurde an jene ausgezahlt, die am Darien-Unternehmen beteiligt waren, also tendenziell reichere Investoren. Das einfache Volk ging leer aus.

### 6.3. Kirche und Recht

Kurzfristig änderte sich in Religion und Justiz wenig, da diese Bereiche laut Unionstext unangetastet blieben. Die Church of Scotland blieb strikt presbyterianisch, Bischöfe hatten keinen Zugriff. Die Gerichte (Court of Session, Justiciary) funktionierten wie zuvor, lediglich Appelle an ein gemeinsames britisches Oberhaus waren selten. Im Alltag blieb Schottland also ein eigenes Rechtsland.

## Reaktionen in den folgenden Jahrzehnten

### 7.1. Jakobitischer Widerstand

Obwohl die Union formell beschlossen war, lehnten Teile der schottischen Elite, insbesondere im Hochland, den Zusammenschluss ab. Als 1708 Königin Anne und das englische Parlament den Nachfolger weiter auf die Hannoveraner festlegten, gab es erste

Aufstandsversuche von Jakobiten, die James Francis Edward Stuart (den „Old Pretender") zurückholen wollten. Doch diese scheiterten. 1715 kam es zum großen Jakobitenaufstand, der ebenfalls niedergeschlagen wurde. Diese Rebellionen zeigten, dass die Union unter manchen Schichten keinen Rückhalt hatte.

### 7.2. Wirtschaftlicher Erfolg für Kaufleute

Im Handel erwies sich die Union als Segen für viele Kaufleute aus Glasgow, Edinburgh oder Dundee. Sie nutzten die britische Flottenmacht, den erweiterten Binnenmarkt und das Kolonialnetz, um Gewinne zu machen. Schiffsbau, Transithandel und Manufakturen expandierten. Damit entstanden in den Lowlands erste Schichten, die sich als britische Patrioten sahen und zugleich stolz auf ihr schottisches Erbe waren.

### 7.3. Kulturelle Eigenständigkeit

Manche Befürchtungen, Schottland werde seine Kultur verlieren, erfüllten sich nicht. Im Gegenteil: Das 18. Jahrhundert sah eine Art „Kulturblüte" in Literatur, Wissenschaft und Philosophie (Stichwort: Schottische Aufklärung). Edinburgh wurde zum geistigen Zentrum, auch dank des Zugangs zu englischem Buchmarkt und Mäzenen. Gleichzeitig blieben Gälisch und Highland-Bräuche in den Randregionen lebendig, wenngleich allmählich zurückgedrängt.

# Langfristige Folgen für das Königreich

### 8.1. Zentralisierung in London

Die politische Macht wanderte schrittweise an das gemeinsame Parlament in Westminster. Schottische Themen wurden oft zu Randthemen, da englische Angelegenheiten und Kolonialpolitik dominierten. Schottische Adelige versuchten, in London Einfluss zu nehmen, bildeten Klüngel und Allianzen, um die Interessen ihrer Grafschaften zu verteidigen. Währenddessen wuchs in Schottland selbst das Gefühl, in vielen Entscheidungen nicht ausreichend vertreten zu sein – doch Protestbewegungen hielten sich in Grenzen, angesichts der Möglichkeiten, die das Empire bot.

### 8.2. Industrielle Revolution und Empire

Die Union von 1707 legte den Grundstein, dass Schottland im 18. und 19. Jahrhundert am britischen Empire teilhatte. Durch Handel und Rohstoffimporte blühte in Glasgow die Baumwollverarbeitung, später der Schiffsbau. Edinburgh entwickelte sich zu einem Verwaltungs-, Kultur- und Bildungszentrum, die ländlichen Regionen modernisierten ihr Agrarsystem.

So entstand eine doppelte Dynamik: Einerseits profitierte Schottland von britischer Machtpolitik, andererseits gab es soziale Umbrüche (z. B. Highland Clearances). Die Union war also Katalysator für beides: **Aufstieg** in Handel und **Verlust** an traditionellen Strukturen.

### 8.3. Erosionsprozess alter Fehden

Mit der Union verlor das Grenzgebiet (die Borders) an Bedeutung als politischer Zankapfel. Auch rivalisierende Adelsfamilien sahen im neuen System bessere Chancen, sich in die britische Elite zu integrieren. Die Zeit der ständigen Grenzkonflikte war vorbei. Insofern stabilisierte die Union das politische Gefüge.

# Historische Einschätzungen der Union

### 9.1. Kontroverse Bewertungen

- **Pro-Union Ansicht**: Viele Historiker argumentieren, die Union habe Schottland wirtschaftliche Entwicklung und Sicherheit gebracht, den Weg zur Aufklärung geebnet und die Beteiligung am Empire ermöglicht. Man verweist darauf, dass Schottland in den folgenden Jahrhunderten zahlreiche Erfolge als Teil Großbritanniens erzielte.
- **Kritische Perspektive**: Andere sehen in der Union einen „Ausverkauf" der schottischen Souveränität. Das Volk sei nie befragt worden, die Proteste auf den Straßen seien ignoriert. Man betont, dass Adel und reiche Investoren von der Union profitierten, während breite Schichten wenig davon hatten. Das gestiegene Elend in den Highlands, verbunden mit einer kulturfeindlichen Politik nach den Jakobitenaufständen, führe man teils auf die Union zurück.

## 9.2. Taktischer Kompromiss

In einer vermittelnden Deutung kann man sagen, die Union war **ein Kompromiss aus Not**: Schottland drohte bei Alleingang die englische Handelssperre und politische Isolation; zudem war man verschuldet (Darien). England wollte die Sicherheit einer einheitlichen Thronfolge und wirtschaftlichen Harmonie auf den Britischen Inseln. Beide Seiten sahen in der Union eine langfristige Lösung, auch wenn man Zugeständnisse machen musste.

# Schlussfolgerung – Nachhaltige Prägung Schottlands

Der **Act of Union 1707** blieb einer der einschneidendsten Punkte in der Geschichte Schottlands. Von da an war Schottland kein eigenständiges Königreich mehr, sondern Teil des entstehenden Königreichs Großbritannien. Seine Institutionen (Kirche, Recht) blieben jedoch eigen, was eine gewisse kulturelle Selbstbehauptung erlaubte. Die ökonomischen Möglichkeiten erweiterten sich deutlich, insbesondere im atlantischen Kolonialhandel.

Doch die Union war auch Grundstein für weitere innere Spaltungen. Jakobiten rebellierten mehrere Male (1715, 1745), was zu harten Strafen und schmerzlichen Änderungen in den Highlands führte. Trotz gewisser Wunden entwickelte sich Schottland im 18. Jahrhundert zu einem kulturell und wirtschaftlich lebendigen Land, dessen Aufklärer (David Hume, Adam Smith u. a.) Europas Geistesleben prägten.

So markierte die Union den Schritt in eine **neue Epoche**: Schottland war zwar in vielen Fragen ein eigener Kulturraum, aber fest eingebettet in ein größeres britisches Macht- und Wirtschaftssystem. Diese doppelte Identität – schottisch und britisch – zieht sich bis in die Gegenwart, kann aber auch schon in dieser Phase bis ins frühe 19. Jahrhundert beobachtet werden: Schotten engagierten sich als „Briten" im Empire, ohne ihre historischen Traditionen aufzugeben.

# KAPITEL 17: DIE JAKOBITISCHEN AUFSTÄNDE

## Überblick und Hintergründe

Nach der **Union von 1707** hatte sich Schottland politisch mit England zum Königreich Großbritannien vereinigt. Doch viele Schotten – vor allem in den Highlands – lehnten diese Vereinigung ab. Sie hingen weiterhin an der Linie der **Stuarts**, die in männlicher Linie durch den im Exil lebenden „Old Pretender" (James Francis Edward Stuart) fortbestand. Dessen Vater, der ehemalige König Jakob VII. (James II. von England), war 1688/89 durch die **Glorious Revolution** entmachtet worden. Da James Francis Edward Stuart katholisch war, erkannten das englische und schottische Parlament nach der Union die protestantische Linie der Hannoveraner als Thronfolger an.

Für Jakobiten – also die Anhänger des exilierten Stuart-Königs – stellte das eine Usurpation dar. Sie sahen in den Hannoveranern (ab 1714 regierte Georg I. aus dem Haus Hannover) Fremdkönige, die Schottland wenig beachteten und das Land im Schatten Englands hielten. Dazu kam, dass sich die wirtschaftliche Lage vieler Highland-Clans nach der Union nicht verbesserte. Aus dieser Gemengelage erwuchs der Wunsch, die Stuarts wieder auf den Thron zu setzen und die Union rückgängig zu machen.

Die sogenannten **Jakobitischen Aufstände** (u. a. 1715, 1719 und 1745/46) prägten die ersten Jahrzehnte des 18. Jahrhunderts in Schottland. Sie zeigten, wie stark in Teilen der

Bevölkerung – vor allem im traditionell-katholischen oder episkopalen Hochland – die Loyalität zu den Stuarts verankert war. Diese Rebellionen beeinflussten nicht nur die Innenpolitik, sondern auch das Verhältnis zum englisch dominierten Parlament in London. Die Niederschlagung der Aufstände führte letztlich zu tiefgreifenden Veränderungen in der Highland-Gesellschaft.

# Der Aufstand von 1715 („The Fifteen")

## 2.1. Thronfolge und die Rolle Georgs I.

Als Königin Anne 1714 starb, folgte ihr nach dem **Act of Settlement** (1701) Georg I. (George I.) aus dem Haus Hannover. Damit wurde ein König eingesetzt, der kaum Englisch sprach und vornehmlich die Interessen Englands im Blick zu haben schien. Für die Jakobiten war dies ein Skandal, denn sie sahen James Francis Edward Stuart, den „Old Pretender", als wahren Thronerben.

In Schottland löste diese Thronbesteigung Empörung in jenen Kreisen aus, die ohnehin die Union von 1707 ablehnten. James Francis Edward Stuart, der Sohn des 1688/89 entmachteten Jakob VII., befand sich im französischen Exil. Er beschloss, die Unzufriedenheit in Schottland zu nutzen, um einen Aufstand zu starten und den Thron zurückzugewinnen.

## 2.2. Der Aufstand beginnt

Im Spätsommer 1715 kam es zu gezielten Vorbereitungen. Der Earl of Mar, John Erskine (genannt „Bobbing John"), rief im September 1715 in Braemar (Aberdeenshire) zum Aufstand auf. Viele Highland-Clans, die traditionell den Stuarts anhingen, folgten diesem Aufruf. Auch in den Lowlands gab es Adlige, die ein Ende der Union wünschten und sich den Jakobiten anschlossen, doch der Schwerpunkt des Aufstands lag klar in den Highlands.

Die Jakobiten gewannen zunächst ein beachtliches Territorium im Nordosten Schottlands. Ihre Armee marschierte nach Süden, um möglichst schnell Edinburgh zu erreichen und die Hauptstadt in die Hand zu bekommen. Gleichzeitig erfolgte ein Aufstand in Nordengland, wo sich einige englische Katholiken und Tory-Adlige ebenfalls zu James Stuart bekannten. Doch die Koordination war mangelhaft, und die königlichen Truppen (der Hanoveraner-Regierung) handelten entschlossen.

## 2.3. Schlacht von Sheriffmuir und Niederschlagung

Im November 1715 kam es zur **Schlacht von Sheriffmuir** in der Nähe von Dunblane. Auf jakobitischer Seite führte der Earl of Mar die Truppen, während der Duke of Argyll (ein Campbell, loyal zur Regierung) auf Regierungskurs stand. Die Schlacht verlief weitgehend unentschieden, doch strategisch konnte der Earl of Mar seine Stellung nicht halten. Im selben Zeitraum scheiterte ein jakobitischer Vorstoß in Nordengland bei Preston.

Schließlich landete James Francis Edward Stuart selbst in Schottland, traf aber zu spät ein (Dezember 1715). Die Moral der Aufständischen war bereits gesunken, und der Earl of Mar hatte Mühe, die Armee zusammenzuhalten. Als die königlichen Kräfte näher rückten, entschieden sich James Stuart und Mar zur Flucht zurück nach Frankreich. Damit endete der Aufstand ohne große Schlachten, doch die Regierung reagierte mit harter Hand: Enteignungen, Verhaftungen, teils Hinrichtungen. Einige Clans verloren ihre traditionellen Rechte.

### 2.4. Folgen des Aufstands von 1715

Die gescheiterte Rebellion zeigte, dass die Stuarts ohne massive Hilfe Frankreichs oder einer starken Koordination zwischen Highlands und England keine Chance hatten, den Thron zu erlangen. Für Schottland bedeutete die Niederschlagung eine weitere Stärkung der Hannoveraner-Verwaltung: Burgen in den Highlands wurden teilweise ausgebaut, und man begann, den Clan-Chefs schärfere Bedingungen zu setzen.

Gleichzeitig blieb die jakobitische Idee lebendig. Viele Adlige, die am Aufstand teilgenommen hatten, flohen ins Exil, wo sie weiter auf eine neue Chance warteten. Die Bevölkerung im Hochland spürte erste Ansätze einer Regierungsrepression, wobei noch keine umfassende Zerschlagung der Clanstruktur stattfand.

## Kurzer Aufstand 1719 und scheiternde Auslandshilfe

Nach dem Misserfolg von 1715 hofften die Jakobiten auf Unterstützung durch fremde Mächte, besonders Frankreich und Spanien. 1719 kam es zu einem kleineren Versuch: Spanien, in Fehde mit Großbritannien, sandte ein Expeditionskorps, das in Nordwestschottland landen sollte. Die Anzahl der Truppen war jedoch gering, und der Plan war schlecht koordiniert.

Der kurze „**1719er Aufstand**" endete rasch, als die Spanier in der **Schlacht von Glen Shiel** (10. Juni 1719) geschlagen wurden. Die Highlander, die sich anschlossen, mussten sich zurückziehen. Damit war ein weiteres Mal klar, dass ohne umfangreiche internationale Hilfe kein ernsthafter Umsturz zu erzielen war.

## Die „Goldene" Zwanzigjahrespause & aufkeimender Unmut

Nach 1719 folgte eine ruhigere Phase. Die Hanoveraner sicherten ihre Herrschaft, die meisten schottischen Clans akzeptierten notgedrungen die Realität. Manche Adlige versuchten, sich mit der neuen Ordnung zu arrangieren, Handel zu treiben oder Ämter in London zu bekommen. Die schottische Wirtschaft profitierte zunehmend vom Zugang zu den Kolonialmärkten, was Städten wie Glasgow Auftrieb gab.

Doch im Kern blieb eine Ressentimentschicht bestehen: Kulturelle Unterschiede zwischen Lowlands und Highlands, die religiöse Frage (in den Highlands gab es mehr Katholiken oder episkopal Gesinnte), die Unzufriedenheit mit dem Parlament in London, das Schottland weiterhin als Juniorpartner behandelte. Diese Faktoren nährten die Sehnsucht nach einem Stuart-König, der die Union von 1707 infrage stellen könnte.

In Frankreich reifte zudem eine neue Generation der Stuarts heran: Charles Edward Stuart, bekannt als **Bonnie Prince Charlie**, der Enkel James Francis Edward Stuarts. Er verkörperte in den Augen der Jakobiten den künftigen, charismatischen König Schottlands.

## Vorbereitung und Ausbruch des Aufstands von 1745

### 5.1. Charles Edward Stuart („Bonnie Prince Charlie")

Charles Edward Stuart (*1720–†1788) wuchs am französischen Hof auf, durch die Gunst König Ludwigs XV. Er war jung, ehrgeizig und überzeugt, den Thron zurückzugewinnen.

Viele Jakobiten in Schottland erwarteten ihn seit Langem, obgleich das Vertrauen in ausländische Invasionen gelitten hatte.

1740er-Jahre: In Europa tobte der Österreichische Erbfolgekrieg. Frankreich und Großbritannien standen sich feindlich gegenüber. Das bot den Jakobiten eine Chance, da Frankreich abermals erwog, eine Invasion auf die britischen Inseln zu unterstützen, um England militärisch zu schwächen.

### 5.2. Landung in den Highlands

Charles Edward Stuart segelte im Juli 1745 mit einem winzigen Gefolge an die Westküste Schottlands (Eriskay in den Äußeren Hebriden, dann aufs Festland bei Moidart). Anfangs war die Resonanz zögerlich: Viele Clan-Chefs waren sich unsicher, ob eine erneute Rebellion Erfolg haben könnte. Doch Bonnie Prince Charlie zeigte Charisma, überzeugte einige bedeutende Highland-Clans (Cameron of Lochiel, MacDonald of Clanranald, MacDonnell of Glengarry) und stellte Ende August 1745 in Glenfinnan seine Standarte auf.

Ein kleines Heer formierte sich, zog nach Süden, eroberte rasch Edinburgh, wo die Regierung nur schwache Garnisonen hatte. In der **Schlacht von Prestonpans** (21. September 1745) schlugen die Jakobiten eine königstreue Armee unter Sir John Cope eindrucksvoll. Der Sieg beflügelte den Aufstand, die Highland-Armee wuchs.

### 5.3. Marsch nach England und Wendepunkt

Im November 1745 überschritten die Jakobiten die Grenze zu England. Das Ziel war London – man hoffte, englische Katholiken oder Unzufriedene würden sich anschließen. Sie rückten bis Derby vor, nur rund 200 km von London entfernt. Doch Unterstützung blieb aus, und die Regierung hatte inzwischen reguläre Truppen zusammengezogen. In der Führungsspitze der Jakobiten kam es zu Streit: Einige Lords wollten zurück in die sicheren Highlands, andere plädierten für ein waghalsiges Weiterziehen nach London. Letztlich entschied man, den Rückzug anzutreten – eine Entscheidung, die sich als entscheidend erwies.

### 5.4. Rückzug und Schlacht von Falkirk

Die Jakobiten zogen sich nach Schottland zurück, wobei sie in der **Schlacht von Falkirk Muir** (Januar 1746) noch einmal erfolgreich waren. Doch bald wurde klar, dass die Übermacht der britischen Regierungstruppen, geleitet vom Duke of Cumberland (ein Sohn König Georgs II.), immer größer wurde. Die Jakobiten verloren an Momentum, da sie in England keinen Aufruf zu den Waffen auslösten.

# Die Schlacht bei Culloden (16. April 1746) & ihr Nachspiel

## 6.1. Vorbereitung der Entscheidungsschlacht

Die erschöpfte Hochland-Armee sammelte sich bei Inverness, während Cumberland sie verfolgte. Bonnie Prince Charlie hoffte auf einen Überraschungsangriff, doch sein Plan misslang. In den Morgenstunden des 16. April 1746 kam es bei Culloden Moor zum großen Showdown.

## 6.2. Ablauf der Schlacht

Die Schlacht von Culloden dauerte kaum eine Stunde. Die Jakobiten, viele in traditioneller Highland-Kleidung mit Claymore-Schwertern, versuchten einen Frontalsturm (Highland Charge). Doch Cumberlands disziplinierte Infanterie, unterstützt von Artillerie und Musketen, richtete ein Blutbad an. Die Jakobiten hatten weder genügend Munition noch ausreichend moderne Waffen. Das Moorgebiet erschwerte ihren Angriff. Binnen kurzer Zeit waren sie entscheidend geschlagen, hunderte, wenn nicht tausende Highlander starben auf dem Feld.

Charles Edward Stuart entfloh, begleitet von wenigen Anhängern. Er irrte monatelang durch die Highlands, versteckt von loyalen Sympathisanten (berühmt die Hilfe von Flora MacDonald). Schließlich fand er Fluchtwege nach Frankreich.

## 6.3. Cumberlands Vergeltung und Unterdrückung der Highlands

Nach der Schlacht ließ Cumberland gnadenlos aufräumen. Verwundete Jakobiten wurden erschossen, ganze Dörfer niedergebrannt, Viehbestand geraubt, mutmaßliche Unterstützer hingerichtet oder deportiert. Die **Highlands** wurden systematisch befriedet. Das britische Parlament beschloss Gesetze, die das Tragen von Tartan und den Dudelsackbesitz untersagten. Das Clan-System, das Erbrecht und die feudale Clanjustiz, wurden radikal unterdrückt. Viele Clanchefs verloren ihre Ländereien oder mussten hohe Strafzahlungen leisten.

Culloden galt als blutiger Schlusspunkt der großen jakobitischen Erhebungen. In den Folgejahren begann eine neue Epoche, in der die Highlands verstärkt in das britische System integriert wurden – oft zum Leidwesen der Bewohner.

# Konsequenzen für Schottland

Mit dem Ende des **1745/46-Aufstands** war klar, dass die Stuart-Restauration gescheitert war. Ein Teil der Führungselite der Highlands wurde enteignet oder ins Exil getrieben. Die schottische Regierung – jetzt fest eingebettet in das Londoner Parlament – förderte den Handel in den Lowlands, während die Highlands länger wirtschaftlich zurückblieben.

Die symbolträchtigen Handlungen wie das Verbot von Kilt und Tartans (Dress Act 1746) sollten die gälische Kultur brechen. Zwar wurden diese Verbote später im 18. Jahrhundert wieder aufgehoben, doch der Riss zwischen Hoch- und Tiefland blieb. Vor allem war das Clanwesen nachhaltig geschwächt, was im späteren 18. und 19. Jahrhundert zu weiteren Umwälzungen (Highland Clearances) führte.

## Das Schicksal Bonnie Prince Charlies

Charles Edward Stuart verbrachte den Rest seines Lebens im Exil, größtenteils in Frankreich oder Italien. Anfangs genoss er Ruhm als romantischer Held des „Forty-Five", doch im Alter galt er als verbittert und verschuldet. Er starb 1788 in Rom. Sein jüngerer Bruder, Henry Benedict Stuart (Kardinal York), blieb letzter männlicher Stuart in direkter Linie.

Trotz des Scheiterns wurde Bonnie Prince Charlie in der schottischen Erinnerung zum romantischen Helden: Gedichte und Lieder wie „Will Ye No Come Back Again?" oder „The Skye Boat Song" preisen seine Flucht und sein Charisma. Mit der Zeit überdeckte die Romantik die tatsächlichen Härten dieser Rebellion und ihres brutalen Endes.

## Jakobitischer Widerhall in der schottischen Kultur

Die Jakobenrevolten hinterließen tiefe Spuren in Liedern, Traditionen und Sagen, besonders in den Highlands. Barden und Geschichtenerzähler bewahrten die Erinnerung an Culloden, an Helden wie Donald Cameron of Lochiel, Lord George Murray oder Flora MacDonald. Vieles davon wurzelt in der Sehnsucht nach einem eigenständigen Schottland.

Erst im späteren 18. und frühen 19. Jahrhundert, in der Epoche der **Romantik**, griff man diese Themen literarisch auf (z. B. Werke von Sir Walter Scott). So verklärte man die Jakobitenzeit zunehmend und schuf ein Gefühl von stolzer, tragischer Vergangenheit, das Schottlands Identität weiter formte.

## Gesamtbewertung der Jakobitischen Aufstände

- **Politische Dimension**: Das Hauptziel, die Stuart-Restauration und Auflösung der Union, wurde nicht erreicht. Die Niederlagen 1715 und 1745 führten zu einer noch stärkeren Einbindung Schottlands in den britischen Staat.
- **Soziale Folgen**: Die Highlands litten massiv unter den Vergeltungsmaßnahmen nach Culloden. Das Clanwesen brach allmählich zusammen, wodurch die Grundlage der altgälischen Gesellschaft erschüttert wurde.
- **Kulturelle Wirkung**: Die Jakobitenzeit blieb ein Mythos, der später nationalromantisch verherrlicht wurde. Tatsächlich war sie eine harte Auseinandersetzung, die Schottland tief spaltete.
- **Union stabilisiert**: Die Bundesregierung in London verwendete fortan mehr Mittel, um Schottland zu kontrollieren, Kasernen zu errichten und das Recht gleichzuschalten. Damit wurde die Union in ihren Grundfesten abgesichert, ungeachtet der Verzweiflung zahlreicher Highland-Familien.

Somit endeten die großen jakobitischen Revolten als tragische, aber prägende Episode. Die Stuarts behielten im Ausland noch ihren Titel, doch faktisch war ihr politischer Anspruch tot

# KAPITEL 18: AUFKLÄRUNG UND WIRTSCHAFTLICHER WANDEL

## Politische Konsolidierung nach den Jakobiten

Nach den Aufständen (insbesondere nach 1746) begann in Schottland eine Phase der **politischen Beruhigung**. Die Regierung in London ermöglichte Schottland, am wachsenden Empire-Handel teilzuhaben, sofern man sich loyal verhielt. Viele schottische Adlige und Geschäftsleute integrierten sich in das britische Wirtschaftssystem.

Die Lowlands erlebten einen **Aufschwung**: Glasgow, Edinburgh, Aberdeen expandierten durch Seeverkehr und Handel mit den nordamerikanischen Kolonien. Insbesondere der Tabakhandel (Glasgow Tobacco Lords) brachte enorme Gewinne. Die Stadt Glasgow stieg vom bescheidenen Ort zu einem wichtigen Handelszentrum auf.

Allmählich setzte sich auch die Kontrolle über die Highlands durch. Britische Forts und Garnisonen sorgten für Ordnung, Straßen (General Wade's roads) wurden gebaut, um militärisches Eingreifen zu erleichtern und Handel zu fördern. So begann eine allmähliche Einbindung der gälischen Gebiete, zugleich eine Entfremdung von den alten Clanstrukturen.

# Die Schottische Aufklärung – Geistige Wende

Parallel entwickelte sich ab der Mitte des 18. Jahrhunderts ein geistiger Aufschwung, den man als **Scottish Enlightenment** (Schottische Aufklärung) bezeichnet. Basierend auf europäischer Aufklärungsphilosophie und dem Skeptizismus gegenüber traditionellen Autoritäten, entfaltete sich in Schottland eine rege intellektuelle Szene:

- **Philosophie**: David Hume (*1711–†1776) formte den Empirismus und Skeptizismus. Er kritisierte dogmatische Glaubenssätze, betonte sinnliche Wahrnehmung.
- **Moralphilosophie**: Francis Hutcheson (Lehrer in Glasgow) prägte das Konzept moralischer Sinneswahrnehmung. Auch Thomas Reid entwickelte die „Common Sense Philosophy".
- **Ökonomie**: Adam Smith (*1723–†1790), Professor in Glasgow, schrieb „The Wealth of Nations" (1776), ein zentrales Werk der modernen Nationalökonomie, das die Ideen des Freihandels und der Arbeitsteilung popularisierte.
- **Geschichtsschreibung**: William Robertson, John Millar u. a. trugen zu einem rationalistischen Verständnis der Historie bei.

Edinburgh wurde zum Zentrum dieser Aufklärungsbewegung, bekannt als das „Athen des Nordens". Man diskutierte in Clubs und Societies, wie der Philosophical Society of Edinburgh. Diese Intellektuellen waren oft bürgerlicher Herkunft oder gehörten dem aufgeklärten Klerus an. Sie pflegten Kontakte zu London, Paris, Genf.

Die Schottische Aufklärung basierte auf Vernunft, Empirie, Toleranz und wissenschaftlichem Fortschritt. Dennoch existierte weiterhin eine fromm-calvinistische Kirchentradition. Interessanterweise schafften die schottischen Aufklärer oft eine Balance zwischen Rationalität und religiöser Praxis.

# Auswirkungen der Aufklärung auf Gesellschaft & Bildung

## 3.1. Universitäten und Schulen

Die Gründung oder Reformierung schottischer Hochschulen (Universitäten in Edinburgh, Glasgow, Aberdeen, St Andrews) führte zu mehr wissenschaftlicher Spezialisierung. Man forschte in Medizin, Naturwissenschaften, Moral- und Rechtsphilosophie. Schon zuvor war Schottland für einen hohen Bildungsgrad bekannt, doch jetzt entstand ein förmlicher Bildungsboom.

Zudem wirkten die Pfarrer in den Gemeinden als Träger der Aufklärung, indem sie Lesekurse oder Debattierzirkel förderten. Da Schottland schon durch die Reformation eine relativ gut ausgebaute Schulstruktur besaß, konnten aufklärerische Ideen rasch verbreitet werden.

## 3.2. Alltagsleben

Im städtischen Bereich verbesserte sich die Hygiene, Krankenhäuser, Armenhäuser und öffentliche Bibliotheken wurden gegründet. Die Bürger machten sich Gedanken über Stadtplanung, wie man Straßen, Beleuchtung und Wasserleitungen gestalten könnte. Edinburghs „New Town" (ab 1767) ist ein Beispiel dafür: in geometrisch-klassizistischem Stil errichtet, spiegelt sie das aufgeklärte Stadtideal wider.

Gleichzeitig blieb in ländlichen Regionen vieles beim Alten. Besonders in den Highlands wirkte sich die Aufklärung nur langsam aus. Dort dominierte teils noch Armut, archaische Landwirtschaft und der schwelende Konflikt mit den pro-englischen Eliten.

## Landwirtschaftliche Umwälzungen

Im 18. Jahrhundert setzte in Schottland eine **Agrarrevolution** ein, ähnlich den Entwicklungen in England. Grundbesitzer, inspiriert von aufgeklärten Ideen, experimentierten mit neuen Anbaumethoden, Fruchtwechseln (Turnip Townshend-Prinzip), Viehzucht und verbesserten Geräten.

In den Lowlands führten Grundherren wie der Duke of Buccleuch oder der Duke of Argyll große Ländereien zusammen, schlossen Allmenden und vertrieben Kleinpächter. Diese „Enclosure"-Prozesse sorgten für höhere Produktivität, jedoch auch für soziale Verwerfungen. Viele Kleinbauern mussten zu Tagelöhnern werden oder in die Städte abwandern.

In den Highlands lief das ähnlich, aber erst später und radikaler, als **Highland Clearances**. Clanchefs, die zu Grundbesitzern mutierten, vertrieben bisherige Kleinstpächter (Crofter), um Platz für Schafzucht zu schaffen, die lukrativer war. Dieser Prozess begann vereinzelt schon im späteren 18. Jahrhundert, beschleunigte sich jedoch im 19. Jahrhundert. Es führte zur Zerstörung vieler traditioneller Dorfgemeinschaften und zu Auswanderungswellen nach Nordamerika.

## Industrieller Aufbruch und Urbanisierung

Während des 18. Jahrhunderts entwickelte sich in Schottland eine frühe Form der **Industrialisierung**. Vor allem in den Lowlands entstanden Manufakturen für Textilien (Leinen, Baumwolle), erste Eisenwerke und Destillerien. Glasgow und Paisley wurden Zentren der Textilverarbeitung.

Die Nähe zu reichlich Kohlevorkommen im Central Belt (Lanarkshire, Fife) erleichterte die Brennstoffversorgung. Flüsse wie Clyde, Tay und Forth boten Transportwege und Wasserkraft. Schottische Erfinder und Ingenieure (z. B. James Watt, though seine Hauptwirkungsstätte war in England) beteiligten sich an der Verbesserung der Dampfmaschine.

Glasgow profitierte zusätzlich vom transatlantischen Handel, insbesondere Tabak und später Zucker. So entstand eine neue städtische Oberschicht, die sog. „Tobacco Lords". Edinburgh hingegen blieb ein Zentrum für Verwaltung, Jura und Aufklärung. Dundee entwickelte sich zum Leinen-Exporthafen. Aberdeen wuchs durch Fischerei und Handel mit Skandinavien.

Diese Urbanisierungsprozesse zogen Binnenwanderung nach sich. Immer mehr Menschen verließen das karge Land, um in den entstehenden Industriezweigen oder im Hafenhandel Arbeit zu finden. Daraus ergaben sich Probleme wie Wohnungsmangel, mangelnde Hygiene und soziale Spannungen. Noch war die Urbanisierung nicht so stark wie im 19. Jahrhundert, doch erste Grundlagen waren gelegt.

# Kulturblüte und nationale Identität

## 6.1. Literatur

Die Schottische Aufklärung wirkte sich auch auf die literarische Szene aus. Dichter wie **Robert Burns** (*1759–†1796) vereinten Volkskultur und Aufklärungsgeist. Burns schrieb in Scots-Dialekt über Liebe, Freiheit, Gleichheit, wobei er Humor und Volksnähe einfließen ließ. Seine Gedichte wie „Auld Lang Syne" wurden zum Symbol schottischer Identität.

Zur selben Zeit begann **James Macpherson** (1736-1796) mit seinen angeblichen „Ossian"-Dichtungen, die er als alte gälische Epen ausgab. Diese „Ossianischen Gesänge" stießen europaweit auf Begeisterung, obwohl sie später als Teilfälschung entlarvt wurden. Trotzdem trugen sie zur Romantisierung der Highland-Kultur bei.

## 6.2. Historische und volkskundliche Aufarbeitung

Historiker wie William Robertson oder John Pinkerton setzten sich mit Schottlands Geschichte auseinander und beteiligten sich an Debatten um die keltische Vergangenheit. Gelehrte sammelten Volkslieder, Sagen und Bräuche, um das gälische Erbe zu dokumentieren, das in Folge der Jakobitenniederlagen gefährdet war.

Parallel arbeitete man an einer bewussten **Rehabilitation** schottischer Kultur: Kilt und Dudelsack blieben formell verboten nach den Jakobitenaufständen, doch allmählich schwand dieser Druck. Der Adel in den Lowlands begann (unter dem Einfluss des Romantizismus) wieder, sich für die Highlands zu interessieren, was später zu einer Mythologisierung des Clanlebens führte.

# Religiöse Vielfalt und innerkirchliche Entwicklungen

Nach der Glorious Revolution war die presbyterianische Church of Scotland offizielle Staatskirche, Episkopale und Katholiken nur Minderheiten. Trotzdem gab es in den Highlands weiterhin einzelne katholische Gemeinden. Auch die episkopale Tradition lebte fort, zumal sie von Jakobiten geschätzt wurde.

Innerhalb der Presbyterianer kam es zu Spaltungen: Einige konservative Kreise waren gegen jede Modernisierung (Seceders), andere moderate Pfarrer lehnten allzu strenge Lehrmeinungen ab. Diese Differenzen führten zu mehreren Abspaltungen im 18. Jahrhundert, die das spektrumreiche Bild der schottischen Kirchentümer prägten.

Besonders in den Lowlands hatten die Kirchen große gesellschaftliche Bedeutung: Pfarrer waren oft die Bildungsförderer, zugleich moralische Instanz. Sie wirkten in Armenfürsorge, Schulen und hielten Kontakt zu den aufgeklärten Intellektuellen. So blieben Religion und Aufklärung in Schottland keine Feinde, sondern koexistierten.

## Politische Position Schottlands in Großbritannien

Nach den Jakobitenaufständen und der Konsolidierung war Schottland de facto ein Teil des Königreichs Großbritannien. Das Parlamentsleben spielte sich überwiegend in London ab, wo Schottland nur eine kleine Vertretung hatte (45 Abgeordnete im House of Commons, 16 schottische Peerwürden im House of Lords).

Trotzdem gewannen einzelne Schotten in Westminster an Einfluss, zumal sie als gut ausgebildet galten (dank der schottischen Universitäten). Einige wandten sich den Whigs zu, andere den Tories. Die schottischen Abgeordneten vertraten oft Handelsinteressen, indem sie für Zollfreiheit und globale Expansion stimmten. So wurden englische Kolonialkriege (z. B. gegen Frankreich) auch von Schotten unterstützt, in der Hoffnung auf wirtschaftliche Teilhabe.

Im 18. Jahrhundert gelang Schottland durch die Union eine allmähliche Integration ins Empire. Schottische Kaufleute und Soldaten wirkten in Nordamerika, der Karibik oder Indien. Das schuf neue Einkommen und veränderte gesellschaftliche Strukturen: Mancher Clanführer wurde zum imperialen Offizier, mancher Lowland-Bürger avancierte zum kolonialen Händler.

## Spannungsfelder und Kritik an der Union

Trotz des wirtschaftlichen Aufschwungs gab es Kritik an der Union:

1. **Regionale Ungleichheiten**: Die Highlands blieben arm, litten unter den Nachwirkungen der Militärmaßnahmen.
2. **Kulturelle Entfremdung**: Die Gälischsprechenden fühlten sich vernachlässigt, da das Lowland-Englisch (Scots bzw. englische Hochsprache) dominierten.
3. **Fehlende politische Autonomie**: Manche Eliten wollten ein eigenes schottisches Parlament zurück.
4. **Korruption und Begünstigung**: Es wurde moniert, dass gewisse schottische Lords sich durch Londoner Ämter bereicherten, ohne das Volk zu repräsentieren.

Dennoch war ein breiter Aufstand unwahrscheinlich, da die Mehrheit den ökonomischen Nutzen sah. Die harten Lektionen aus den Jakobitenkriegen saßen tief, und man fürchtete erneute Unterdrückung bei Aufbegehren. So blieb die Union stabil.

## Ausblick auf das frühe 19. Jahrhundert

Bis zum **Beginn des 19. Jahrhunderts** hatte sich Schottland weiterentwickelt:

- **Aufklärerische Denker** hatten Edinburgh zum intellektuellen Zentrum gemacht.
- **Wirtschaftlich** war Schottland in den globalen Handel eingebunden, erste Industrialisierungsschübe begannen im Central Belt.
- **Politisch** war das Land Teil des britischen Staatswesens, das sich zu einer frühen Kolonialmacht aufschwang.
- **Highlands** blieben ein Sonderfall: Erst in der beginnenden Highland Clearances (späteres 18. und 19. Jh.) wurden sie radikaler umgewandelt.

Die Epoche der Aufklärung führte zu einem bemerkenswerten kulturellen und wirtschaftlichen Aufschwung. Dieser formte die Basis für das Schottland der **Romantik**, des **Literatur-Booms** (Walter Scott) und der beginnenden **Industriellen Revolution** im 19. Jahrhundert. Gleichwohl wurden etliche negative Konsequenzen sichtbar, vor allem für die ländliche Bevölkerung in den Highlands.

Auf politischer Ebene wuchsen Forderungen nach Reformen, die sich später im 19. Jahrhundert in der britischen Reformbewegung niederschlugen. Auch das Selbstverständnis der Schotten als gleichberechtigte Partner in Großbritannien verstärkte sich. Man begriff die gemeinsame Teilhabe am Empire als Chance, was den Nationalstolz mit einem britischen Imperiumsdenkens mischte.

# KAPITEL 19: ROMANTIK, LITERATUR UND DAS AUFKEIMENDE NATIONALGEFÜHL

## Schottland am Ende des 18. Jahrhunderts

Nach den **Jakobitischen Aufständen** und der folgenden Phase der **Aufklärung** hatte Schottland im späten 18. Jahrhundert eine deutliche Wandlung erfahren. Die Lowlands prosperierten wirtschaftlich: Städte wie Glasgow, Edinburgh und Dundee waren Handels- und Bildungszentren. Die Highlands waren dagegen noch von den Nachwirkungen der harten Regierungsmaßnahmen nach Culloden (1746) geprägt, und das traditionsreiche Clan-System löste sich weiter auf.

Zugleich veränderte sich Europas Geisteswelt: Auf die rational geprägte Aufklärung folgte der **Aufstieg der Romantik**. Viele Intellektuelle, Künstler und Dichter kehrten sich gegen die nüchterne Vernunfthaltung und entdeckten das **Gefühl, die Natur und die nationale Geschichte** als neue Inspirationsquellen. Dies wirkte in Schottland besonders stark, weil das Land eine vielfältige Landschaft, eine bewegte Geschichte und eine reiche Volkskultur besaß.

In dieser Epoche begann sich das moderne Bild Schottlands herauszubilden: Highlands mit ihren eindrucksvollen Bergen und Tälern, Heldengestalten aus der Vergangenheit wie Robert the Bruce oder die verklärten Jakobiten, sowie die Sehnsucht nach althergebrachten

Traditionen (Kilt, Tartan, Dudelsack). Dies führte zu einem **Aufblühen der Literatur**, die schottische Vergangenheit, Mythologie und Landschaft als romantisches Ideal entdeckte und damit ein **Nationalgefühl** befeuerte, das in Teilen bis heute nachwirkt.

# Robert Burns (1759–1796)

Einer der wichtigsten Vorreiter der romantischen Strömung in Schottland war **Robert Burns**. Geboren 1759 in Ayrshire als Sohn eines Bauern, wuchs er in einfachen Verhältnissen auf. Trotzdem erhielt er dank presbyterianischer Bildungsbemühungen (Schule, Pfarrunterweisung) eine ausreichende Grundbildung, um zu lesen, zu schreiben und bald eigene Gedichte zu verfassen.

## 2.1. Dialekt und Volksnähe

Burns schrieb zu einem großen Teil in der schottischen Sprachvariante „Scots", um das Lebensgefühl der einfachen Leute wiederzugeben. Er thematisierte bäuerlichen Alltag, Naturverbundenheit, Liebe und sozialkritische Gedanken. Mit seiner unverstellten, manchmal ironischen Sprache erreichte er ein breites Publikum, das sich in seinen Versen wiederfand.

Werke wie „To a Mouse", „Tam o' Shanter" und „Ae Fond Kiss" erlangten rasch Popularität. Burns sammelte außerdem alte Volkslieder, bearbeitete sie und gab ihnen neuen literarischen Glanz. Das berühmte Lied „Auld Lang Syne", das zu Neujahr weltweit gesungen wird, geht auf seine Sammlung und Bearbeitung zurück.

## 2.2. Nationaler Impuls

Burns' Gedichte betonten die Würde des einfachen Menschen, die Schönheit des ländlichen Lebens und das schottische Erbe. Dadurch beförderte er ein **nationales Selbstbewusstsein**: Anders als die gelehrten Aufklärer (z. B. Hume, Adam Smith), die meistens in Englisch publizierten, griff Burns gezielt auf das volkstümliche Scots zurück und rückte so die schottische Identität ins Zentrum seiner Kunst.

Obwohl Burns zu seinen Lebzeiten nur mäßigen Wohlstand erreichte und früh starb, wurde er nach seinem Tod zum **Nationaldichter** verklärt. Sein Einfluss auf die späteren romantischen Autoren war immens. Viele sahen in ihm den Beweis, dass Schottland eine originäre Kultur besaß, die nicht einfach in der britischen Einheit aufgehen musste.

# James Macpherson und die Ossian-Debatte

Neben Burns prägte **James Macpherson** (1736–1796) den frühen romantischen Aufbruch. Er behauptete, alte gälische Epen aus der Zeit des legendären Barden **Ossian** gefunden und übersetzt zu haben. Zwischen 1760 und 1765 veröffentlichte er Werke wie „Fingal" und „Temora", die er angeblich nur aus mittelalterlichen Handschriften ins Englische übertrug.

## 3.1. Begeisterung in Europa

Diese „Ossian"-Gesänge malten ein Bild heroischer Krieger, melancholischer Landschaften und mystischer Stimmungen in den schottischen Highlands. Europas Leser waren fasziniert: Gelehrte, Dichter und sogar Herrscher wie Napoleon bewunderten das kraftvolle Pathos dieser Dichtung. Man sah darin die keltische Antwort auf die antiken Epen Homers.

## 3.2. Fälschungsvorwürfe und bleibender Einfluss

Schon bald äußerten einige schottische Philologen Zweifel an der Echtheit. Sie wiesen nach, dass Macpherson große Teile frei erfunden hatte oder kleine Fragmente zu großen Epen ausbaute. Obwohl sich die Kritiker später durchsetzten und Macphersons Werke teils als Fälschung betrachteten, blieb der Einfluss enorm. Die „Ossianic Poems" stärkten das Bild der Highlands als geheimnisvolles Land heldenhafter Vergangenheit.

Die Ossian-Debatte zeigte zwei Tendenzen: Einerseits ein starkes Verlangen nach **heroischen, alten Traditionen**; andererseits die Gefahr, mittels „erfundener" Überlieferungen den Nationalstolz zu füttern. Dennoch trug das Ossianische Konzept zur **Romantisierung** Schottlands bei, weckte Neugier auf gälische Kultur und Naturmythen.

# Sir Walter Scott (1771–1832) – Romancier der schottischen Vergangenheit

### 4.1. Leben und Werke

Ein wichtiger Vertreter der Romantik in Schottland war der Schriftsteller **Sir Walter Scott**. Geboren in Edinburgh als Sohn eines Anwalts, zeigte er früh Interesse an volkstümlichen Balladen und der Geschichte seines Landes. Scott sammelte alte Erzählungen, reiste in die Borders (Südschottland) und nahm Inspiration aus den Ruinen der Vergangenheit.

Bekannt wurde er durch epische Gedichte (z. B. „The Lay of the Last Minstrel", 1805) und später durch historische Romane wie „Waverley" (1814), „Rob Roy" (1817), „The Heart of Midlothian" (1818) und „Ivanhoe" (1819, letzterer thematisiert England, doch trägt viele schottische Elemente). Scott verknüpfte historische Hintergründe – z. B. die Jakobitenzeiten – mit fiktionalen Heldengeschichten und schuf damit ein neues Genre des **historischen Romans**.

### 4.2. Romantisierung Schottlands

Scott pflegte engen Kontakt zur schottischen Oberschicht und setzte sich dafür ein, königliche Zeremonien schottisch zu „inszenieren". Als König Georg IV. 1822 nach Edinburgh kam, organisierte Scott einen prunkvollen Empfang mit Tartan und Kilt. Diese Veranstaltung war ein Meilenstein in der Wiederbelebung der Highland-Symbole, die nach Culloden lange unterdrückt waren.

Scott's Romane prägen das Bild Schottlands als Land **wildromantischer Natur, stolzer Clans und heroischer Traditionen**. Zwar kritisierten manche ihn für eine **verharmlosende Darstellung** der sozialen Probleme und der harten Realität in den Highlands. Doch sein Einfluss war beachtlich: Europäische Leser verbanden Schottland fortan mit mystischen Landschaften, braven „Highlandern" und edlen Traditionen. Gleichzeitig verhalf er der **schottischen Geschichte** zu breiter Anerkennung im englischsprachigen Raum.

# Das aufkommende Nationalgefühl

### 5.1. Romantik als Katalysator

Die literarische Romantik förderte eine neue Form des **Nationalgefühls**. Menschen, die sich in den rational-kühlen Zeiten der Aufklärung eher als Briten empfunden hatten, entdeckten ihre spezifisch schottische Identität. Sie blickten auf Helden wie William Wallace, Robert the Bruce, die Jakobiten oder mythische keltische Barden.

Dieses Nationalgefühl äußerte sich in **Symbolen**: Kilt, Tartan-Muster, Dudelsackmusik und Highlands wurden zum Inbegriff schottischer Besonderheit. So wandelte sich der Kilt vom praktisch-ländlichen Kleidungsstück zum städtischen „Identitätsgewand". Englische Besucher und europäische Reisende kamen in die Highlands und schwärmten von den romantischen Bergtälern (Glens), was den Tourismus stimulierte.

### 5.2. Ambivalenz

Allerdings gab es eine **Spannung** zwischen dieser romantischen Selbstdarstellung und der realen Situation vieler Schotten. Die wirtschaftlich profitablen Regionen lagen in den Lowlands, wo ein zunehmend englisch geprägtes Bürgertum wohnte. Das Hochland, das die Romantiker so priesen, war von Armut, Auswanderung und harten Lebensbedingungen gezeichnet. So fungierte der Romantikboom teils als **Ablenkung** von sozialen Missständen.

Zudem blieb Schottland politisch im britischen System eingebunden. Das wachsende Nationalgefühl war nicht gleichbedeutend mit Streben nach Unabhängigkeit (wie in früheren Jahrhunderten). Vielmehr mischte es sich mit dem Stolz, Teil des britischen Empire zu sein, insbesondere in den gebildeten Schichten.

# Die literarische Szene und Volkskultur

### 6.1. Volksliedersammlungen und Balladen

Parallel zu den Werken von Burns, Scott oder Macpherson florierte das Sammeln von Volksliedern (Ballads) und gälischen Gedichten. Leute wie John Pinkerton, Joseph Ritson oder Robert Jamieson trugen mündliche Überlieferungen aus den Borders und Highlands zusammen. Dies stärkte das Bewusstsein, dass Schottland über eine eigenständige mündliche Literatur verfüge.

## 6.2. Gälische Renaissanceansätze

In den Highlands existierte noch eine Tradition gälischer Poesie, die jedoch oft schriftlos weitergegeben wurde. Manche Geistliche oder lokale Gelehrte begannen, gälische Gedichte und Erzählungen schriftlich festzuhalten. Damit rettete man Teile der keltischen Kultur vor dem Vergessen, wenngleich der gälische Sprachschwund rasant fortschritt, besonders in den Lowlands.

# Entwicklung der Städte – Edinburgh und Glasgow

## 7.1. Edinburgh – Athen des Nordens

Edinburgh, bereits im 18. Jahrhundert ein Zentrum der Aufklärung, wandelte sich im 19. Jahrhundert weiter. Die „New Town", ein ausgedehntes Stadtviertel nördlich der Altstadt, wurde ab 1767 im klassizistischen Stil gebaut. Großzügige Plätze, monumentale Bauten und geordnete Straßenzüge zeugten von den Ambitionen einer urbanen Elite, die Schottland als modernes Land präsentieren wollte.

Die Altstadt (Old Town) blieb hingegen sehr dicht besiedelt und von ärmlichen Gassen gekennzeichnet. Dieses Nebeneinander von New Town und Old Town veranschaulichte den Kontrast zwischen aufgeklärtem Bürgertum und traditioneller Volkskultur. Zugleich war Edinburgh der Sitz wichtiger Institutionen: Universitäten, Anwaltskammern, Verlage. So entstand eine lebendige Literaturszene, in der Autoren und Verleger eng zusammenarbeiteten.

## 7.2. Glasgow – Handelsmetropole und Industrieansatz

Glasgow hingegen wuchs dank des Seehandels mit Nordamerika und der Karibik. Tabak, Zucker und später Baumwolle brachten Reichtum. Die „Tobacco Lords" investierten in prächtige Bauten und Straßen, was Glasgow zu einer dynamischen Handelsstadt machte. Um 1800 begann zudem die Textilindustrie zu boomen, gefolgt vom Schiffbau an den Ufern des Clyde.

Glasgow verkörperte den **Proto-Industrialisierungs**-Geist Schottlands: Fabriken entstanden, Zuwanderer aus dem Umland suchten Arbeit. Die Bevölkerungszahl stieg. Die Stadt war weniger literarisch-romantisch geprägt als Edinburgh, dafür sehr geschäftstüchtig und praktisch ausgerichtet. Trotzdem gab es in Glasgow ebenfalls Bildungsinitiativen und intellektuelle Kreise, oft an der Universität Glasgow, wo etwa Adam Smith gelehrt hatte.

# Die Rolle der Kirche im späten 18. Jahrhundert

Die Church of Scotland behielt ihre Struktur als presbyterianische Staatskirche. Einzelne Gemeinden waren stark von pietistischer Frömmigkeit (die sog. „Evangelicals") geprägt, andere nahmen moderat-aufklärerische Positionen ein. Dieser innere Zwiespalt führte später zu Abspaltungen (etwa die secessions, culminating in der Disruption of 1843, die aber über unseren Zeitrahmen hinausgeht).

Im ausgehenden 18. Jahrhundert gab es auch in der Kirche romantische Tendenzen: Pfarrer widmeten sich der Naturtheologie (Begeisterung für Gottes Schöpfung in den Highlands), förderten Sammlungen von Hymnen und gälischen Psalmgesängen. Manche Pfarrer waren zugleich Dichter oder lokale Historiker, was half, das Erbe der Highlands und Lowlands zu dokumentieren.

## Kontakte nach Europa und Nordamerika

Durch den wachsenden Handel und die Verbreitung der Romantik stand Schottland in engem Kontakt mit Kontinentaleuropa. Französische, deutsche und skandinavische Reisende besuchten die Highlands, fasziniert von den Erzählungen über Ossian oder den Malereien von dramatischen Landschaften.

Schotten wiederum wanderten in großer Zahl nach Nordamerika aus, teils aus wirtschaftlicher Not (besonders aus den Highlands), teils in der Hoffnung auf Landbesitz und Erfolg. Viele gründeten dort Siedlungen, die schottische Ortsnamen trugen (wie Nova Scotia). Die emigranten pflegten oft ihr Tartan und ihre Traditionen, was zu einer **Diaspora**-Kultur führte, in der schottische Identität mit dem romantischen Brauchtum vermischt wurde.

Auch in Indien oder der Karibik wirkten schottische Kaufleute und Offiziere: Sie gründeten Plantagen, dienten als Kolonialbeamte oder als Militärs der East India Company. Auf diese Weise förderten sie indirekt die Verbreitung schottischer Ideen, prägten aber auch Kolonialstrukturen mit, die in späterer Zeit kritisch beurteilt wurden (Stichwort Sklavenhandel, Plantagenwirtschaft).

# KAPITEL 20: ABSCHLIESSENDE ENTWICKLUNGEN BIS ZUM FRÜHEN 19. JAHRHUNDERT

## Politischer Rahmen um 1800

Am **Übergang vom 18. zum 19. Jahrhundert** war Schottland fest in das britische Königreich eingegliedert. Das Londoner Parlament regelte Steuer-, Zoll- und Außenpolitik. In Schottland gab es nur noch regionale Parlamente in rudimentärer Form. Adlige und Großbürger nutzten ihre Sitze im House of Lords oder Commons, während weite Teile der Bevölkerung ohne direktes Wahlrecht blieben.

Die **Französische Revolution** (1789) und die nachfolgenden Kriege (Koalitionskriege gegen das revolutionäre bzw. napoleonische Frankreich) beeinflussten auch Schottland. Zwar gab es Sympathien für die Freiheitsideen, doch die königstreue Elite duldete keine radikalen Veränderungen. Das schottische Militär stellte Regimenter im Kampf gegen Frankreich. In Glasgow profitierten Rüstungsfabriken vom Krieg. Zugleich fürchteten die Obrigen revolutionäre Umtriebe, weshalb sie kritisch auf jegliche Arbeiterorganisationen blickten.

# Wirtschaftliche Dynamik und beginnende Industrialisierung

## 2.1. Textil- und Metallverarbeitung

Im frühen 19. Jahrhundert beschleunigte sich die **Industrialisierung**. Spinn- und Webmaschinen (z. B. die Mule von Samuel Crompton) fanden ihren Weg nach Schottland, wodurch die Baumwoll- und Leinenindustrie expandierte. Fabriken entstanden vermehrt in der Region um Glasgow und Paisley. Dort war die Wasserkraft des Clyde nutzbar, später die Dampfkraft.

Auch erste Eisenwerke (in Lanarkshire, Falkirk, Carron) entwickelten sich, wo man Kanonen und Gusseisenprodukte herstellte. Eisenbahnen gab es zu dieser Zeit erst in Ansatzform, doch Transportwege über Kanäle und Kutschennetze verbesserten den Handel.

## 2.2. Handel und Kolonialwaren

Glasgow blieb führend im Import von Tabak, Zucker und Baumwolle. Man verschiffte diese Rohstoffe ins Landesinnere. Edinburgh war kein großer Hafen, sondern fungierte vor allem als Verwaltungs- und Finanzzentrum. Dundee spezialisierte sich auf Leinen und später auf Jute (im 19. Jahrhundert). Die maritime Vernetzung stützte Schottlands Wirtschaft: Schiffe aus Glasgow, Greenock und Leith fuhren in die Karibik, nach Nordamerika, später nach Indien.

## 2.3. Soziale Probleme

Mit der beginnenden Industrialisierung ging eine soziale **Umwälzung** einher. Lohnabhängige Arbeiter zogen in städtische Ballungsgebiete, hausten oft in überfüllten Mietskasernen, z. B. in den „tenements" von Glasgow. Gesundheitszustände blieben mangelhaft. Kinderarbeit und lange Arbeitszeiten waren üblich.

Gleichzeitig formierte sich eine kleine, aber wachsende **Mittelschicht**: Kaufleute, Fabrikbesitzer, Ingenieure, die vom Fortschritt profitierten. Diese Schicht nahm teil an der Kultur des Lesens und Diskutierens, schrieb in Zeitungen und Pamphleten über politische Reformen. In Edinburgh existierten schon früh Debattierrunden, in denen bürgerliche Reformer über Wahlrechte, Armenhilfe und Bildungsfragen sprachen.

# Veränderung im Hochland – Erste Highland Clearances

## 3.1. Auflösung traditioneller Clanstrukturen

Nach den Jakobitenaufständen wurden die Clanhäuptlinge mehr zu Landbesitzern, die ökonomisch kalkulierten. Im späten 18. Jahrhundert entdeckte man, dass **Schafzucht** (v. a. Cheviot-Schafe) rentabler war als Ackerbau in den kargen Highlands. Also begannen manche Lairds, kleine Pächter (Crofter) zu vertreiben, um die Flächen großflächig in Schafweiden zu verwandeln.

## 3.2. Erste Welle der Clearances

Die als **Highland Clearances** bekannten Räumungen erfassten einzelne Regionen bereits vor 1800: Sutherland, Ross-shire, Caithness. Bauern, deren Familien seit Generationen dort lebten, wurden zwangsweise umgesiedelt in Küstenregionen, wo sie vom Fischfang leben sollten, oder sie wanderten nach Kanada oder den USA aus. Manche wehrten sich verzweifelt, aber die Lairds zogen bewaffnete Räumungstrupps heran.

Diese Entwicklung stand im deutlichen Kontrast zum romantischen Bild vom stolzen Highland-Clan. Während in London oder Edinburgh in Romanen die Heldentaten der Highlander bejubelt wurden, litten viele real existierende Highland-Familien unter Armut, Verlust ihrer Landwirtschaft und erzwungener Emigration. So vertiefte sich der Riss zwischen verklärter Romantik und sozialer Wirklichkeit.

# Kulturelle Wiederentdeckung und Emanzipation

## 4.1. Gaelic Revival und Sprachwandel

Obwohl die Highlands sprachlich und kulturell im Umbruch waren, bemühten sich einzelne Pfarrer, Schullehrer und Adlige um den **Erhalt des Gälischen**. Sie gründeten Gesellschaften, die Lieder sammelten, Grammatikbücher druckten und Bibelübersetzungen ins Gälische anfertigten. Dennoch nahm der **Sprachverlust** zu, denn jüngere Generationen sahen im Englischen (Scots) bessere Chancen.

## 4.2. Das Bildungswesen

Die kirchlichen Schulen, die in Lowland-Pfarreien weit verbreitet waren, ermöglichten weiten Teilen der Bevölkerung Grundkenntnisse im Lesen, Schreiben und Rechnen.

Hochschulen in Edinburgh, Glasgow, Aberdeen und St Andrews genossen Ansehen. So entstand eine relativ gebildete Gesellschaft, in der auch Schichten jenseits des Adels an Bildung partizipierten.

### 4.3. Gesellschaftliche Reformideen

Parallel kam es zu Diskussionen über **Wahlrechtsreformen**, Armenfürsorge und wirtschaftliche Gerechtigkeit. Im frühen 19. Jahrhundert regten sich erste sozialkritische Bewegungen – noch ohne große Strukturen, aber mit klarer Kritik an der Oligarchie des Besitzbürgertums. Allerdings wollte man nicht die Monarchie abschaffen, sondern mehr Repräsentation erreichen.

## Literatur, Musik & Architektur im späten 18. Jahrhundert

### 5.1. Weiterführung der Romantik

Nach Burns und dem frühen Sir Walter Scott verfassten andere Dichter und Schriftsteller ebenfalls Werke, die den schottischen Kontext romantisch verklärten. Man sammelte auch vermehrt **Piping-Traditionen** (Dudelsackmusik), entstanden Piper Societies in Edinburgh. Die Malerei wandte sich Landschaften zu: Künstler wie Jacob More oder Alexander Nasmyth malten spektakuläre Highlands.

### 5.2. Klassizistische Architektur

In der Architektur blieb der **Klassizismus** vorherrschend, wie man an Edinburghs „New Town" oder der Neugestaltung Glasgows erkennen kann. Baumeister wie Robert Adam (1728-1792) gestalteten Schlösser und Stadtvillen in einem eleganten Stil, der schottische Burgelemente mit antiken Formen verband.

Die Kluft zwischen der realen Armut (besonders in den Highlands und in wachsenden Industriestädten) und dem künstlerisch hochstilisierenden Bauen und Dichten war groß. Doch in der aufstrebenden Mittelschicht herrschte Begeisterung für diese neue Ästhetik, die Schottland als fortschrittliches, kultiviertes Land im britischen Verbund erscheinen ließ.

## Positionierung in Europa und in den britischen Kriegen

Schottland war Teil des **Britischen Königreichs**, weshalb es in die globalen Konflikte Englands hineingezogen wurde. Das betraf den Siebenjährigen Krieg (1756-1763), die Amerikanische Unabhängigkeitsrevolution (1775-1783) und später die Französischen Revolutionskriege (1792-1802).

1. **Amerikanische Revolution**: Manche Schotten sympathisierten mit den Kolonisten in Amerika, da diese sich gegen die Bevormundung Londons wehrten. Andere, vor allem Kaufleute aus Glasgow, wollten weiterhin Tabakhandel mit loyalen Kolonien betreiben. Das schottische Parlament gab es nicht mehr, aber einzelne schottische Abgeordnete in Westminster vertraten unterschiedliche Ansichten.
2. **Französische Revolution und Napoleonische Kriege**: Viele schottische Soldaten kämpften in den britischen Regimentern gegen das revolutionäre Frankreich, z. B. in den Highland-Regimentern (Black Watch, Gordon Highlanders). Dies bot manch einem armen Highlander eine Alternative zu Armut oder Emigration, doch sie mussten dafür in fremden Feldzügen dienen.

Gleichzeitig führten die Kriege zu einer Verstärkung der britischen Identität: Schotten, Engländer und Waliser kämpften gemeinsam gegen Frankreich. Das brachte zwar neue Opfer, trug aber zu einem gewissen Zusammenwachsen als „Briten" bei, ohne die schottische Kultur zu leugnen.

## Robert Burns' späte Wirkung und die Sammelkultur

Nach Robert Burns' frühem Tod (1796) entstand um seine Person ein echter **Kult**. Freiwillige Vereine, sogenannte Burns Clubs, wurden gegründet, um alljährlich sein Gedächtnis zu feiern. Auch seine Gedichte, oft satirisch oder von tiefer Humanität, beeinflussten die wachsende literarische Szene. Dies förderte ein **demokratischeres Nationalgefühl**: Burns hatte stets die Belange der „einfachen Leute" ins Zentrum gestellt.

Viele Sammler setzten sein Erbe fort, indem sie schottische Volkslieder, Sprichwörter und Geschichten aufschrieben. Damit entstand eine **Sammelkultur**, die das heimatliche Brauchtum in Heften und Büchern bewahrte. Diese Arbeiten, die Ende des 18. und im frühen 19. Jahrhundert intensiv wurden, festigten das Bewusstsein, dass Schottland neben der britischen Einheit eine eigene Volksseele besaß.

## Die gesellschaftlichen Veränderungen im Rückblick

- **Politische Integration**: Schottland blieb fest in Großbritannien verankert, nach den Jakobitenaufständen gab es keine ernsthaften Revolten mehr.
- **Kulturelle Selbstfindung**: Die Romantik verstärkte das Bewusstsein für Highlands, Gälisch, Clangeschichte, aber auch für schottische Mythologien und Helden.
- **Wirtschaftlicher Wandel**: Industrialisierung, Agrarrevolution und Kolonialhandel verhalfen den Lowlands zu Wohlstand, während die Highlands verarmten und Emigration stieg.
- **Nationalgefühl**: Schottland sah sich als Teil des britischen Empires, bewahrte jedoch eine eigene Identität, die in Literatur, Musik, Trachten und Traditionen zum Ausdruck kam.

Somit zeichnen die Jahrzehnte um 1800 ein **ambivalentes Bild**: Fortschritt und Modernisierung in den Städten, romantische Verklärung und harte Realität in den ländlichen Regionen, ein wachsender Stolz auf die eigene Vergangenheit.

## Überleitung zum frühen 19. Jahrhundert

Wenn wir **bis ins frühe 19. Jahrhundert** blicken, sehen wir, dass sich Schottland auf den Weg machte, eine führende Rolle in der industriellen Revolution zu übernehmen – zumindest im Central Belt. Gleichzeitig stieß die Agrarrevolution im Hochland an ihre sozialen Grenzen, was den **Clearances** Vorschub leistete. Viele Schotten gingen in städtische Fabriken oder wanderten nach Übersee aus.

Wegen der anhaltenden Konflikte mit Frankreich (Napoleonische Kriege bis 1815) blieb das Land in kriegerische Auseinandersetzungen eingebunden. Doch Schottland litt nicht unter direkten Invasionen. Im Gegenteil, die Shipyards am Clyde begannen, Kriegsschiffe zu bauen, und Soldaten aus Schottland kämpften in Europa.

Insgesamt formte sich in den ersten Jahrzehnten des 19. Jahrhunderts das **fundamentale Gerüst für das moderne Schottland**: urbanes Wachstum, Bildungsbürger, romantische Nationalkultur, zunehmende Integration ins britische Reich. Gleichzeitig nahm der Abstand zu den Clangemeinschaften weiter zu, was das Land tiefgreifend verändern sollte.

## Fazit und Ausblick

Mit dem Abschluss dieses Kapitels haben wir den historischen Bogen von den **Jakobitischen Aufständen** bis zur **Romantik und zum aufkeimenden Nationalgefühl** gespannt und anschließend die **Abschließenden Entwicklungen bis ins frühe 19. Jahrhundert** nachgezeichnet. Schottland entwickelte sich in dieser Zeit zu einem Land, das politisch in Großbritannien aufgehoben war, kulturell aber eine eigene Identität zu bewahren und sogar zu intensivieren wusste.

Die Highlands erfuhren nach Culloden eine strenge Befriedung und allmähliche Transformation, während die Lowlands in Handel, Industrie und Aufklärung aufblühten. Romantische Dichter und Sammler rückten das schottische Erbe in den Mittelpunkt, inspirierten Patriotismus, ohne die britische Zugehörigkeit grundsätzlich zu kippen. So entstand ein **doppeltes Bewusstsein**: Man war stolzer Schotte und Teil des expandierenden britischen Reichs.

Diese Epoche legte die Fundamente für das **weitere 19. Jahrhundert**, in dem Schottland zentrale Beiträge zur Industriellen Revolution leisten sollte – insbesondere in Schiffbau, Lokomotiven- und Maschinenproduktion. Gleichzeitig wuchs die schottische Diaspora in Amerika, Australien und anderen Teilen des Empire. Doch die grundlegenden Linien bis **ins frühe 19. Jahrhundert** sind gesetzt: Eine Nation mit starker literarischer und historischer Eigenart, eingebettet in ein größeres britisches Staatsgefüge, und in vielen Bereichen auf einem Weg zu fortschrittlicher Modernität – mit allem Licht und Schatten, den dieser Pfad mit sich brachte.

Damit endet unsere umfassende Darstellung der **schottischen Geschichte** bis zur **frühen Neuzeit** und dem **19. Jahrhundert**. Wir haben die wichtigsten Stationen beleuchtet, von den frühesten Besiedlungen über Pikten, Skoten, Christianisierung, Wikinger, Alba, Normannische Einflüsse, Unabhängigkeitskriege, Stewarts, Reformation, Union von 1707 bis hin zu den Jakobiten, der Romantik und der Aufklärung. Dieses Werk hat in 20 Kapiteln ein geschlossenes Bild der schottischen Entwicklung geschaffen, das aufzeigt, wie reich und facettenreich die Geschichte dieses Landes ist.

# Helfen Sie uns, Ihre Gedanken zu teilen!

**Lieber Leser,**

vielen Dank, dass Sie sich die Zeit genommen haben, dieses Buch zu lesen. Wir hoffen, es hat Ihnen Spaß gemacht und ein paar neue Ideen zum Nachdenken gebracht. Wenn es etwas gab, das Ihnen nicht gefallen hat, oder wenn Sie Vorschläge haben, wie wir uns verbessern können, lassen Sie es uns bitte unter **kontakt@skriuwer.com** wissen. Ihr Feedback bedeutet uns sehr viel und hilft uns, unsere Bücher noch besser zu machen.

Wenn Ihnen dieses Buch gefallen hat, wären wir Ihnen sehr dankbar, wenn Sie auf der Website, auf der Sie es gekauft haben, eine Rezension hinterlassen würden. Ihre Rezension hilft nicht nur anderen Lesern, unsere Bücher zu finden, sondern ermutigt uns auch, weitere Geschichten und Materialien zu erstellen, die Sie lieben werden.

Wenn Sie sich für **Skriuwer** entscheiden, unterstützen Sie auch die friesische Sprache - eine Minderheitensprache, die hauptsächlich im Norden der Niederlande gesprochen wird. Obwohl **Friesisch** auf eine reiche Geschichte zurückblicken kann, schrumpft die Zahl der Sprecher, und die Sprache ist vom Aussterben bedroht. Mit Ihrem Kauf tragen Sie zur Finanzierung von Ressourcen zur Erhaltung und Förderung dieser Sprache bei, z. B. Bildungsprogramme und Lernmittel. Wenn Sie mehr über die friesische Sprache erfahren oder sie sogar selbst erlernen möchten, besuchen Sie bitte **www.learnfrisian.com**.

Vielen Dank, dass Sie Teil unserer Gemeinschaft sind. Wir freuen uns darauf, in Zukunft weitere Bücher mit Ihnen zu teilen.

**Mit freundlichen Grüßen,**

Das Skriuwer-Team

www.ingramcontent.com/pod-product-compliance
Lightning Source LLC
LaVergne TN
LVHW012044070526
838202LV00056B/5593